AF289951

Robert Tanania

Transition in Brasilien

Eine Analyse des politischen Systemwechsels

disserta Verlag

Tanania, Robert: Transition in Brasilien: Eine Analyse des politischen Systemwechsels, Hamburg, disserta Verlag, 2014

Buch-ISBN: 978-3-95425-492-7
PDF-eBook-ISBN: 978-3-95425-493-4
Druck/Herstellung: disserta Verlag, Hamburg, 2014
Covermotiv: © carlosgardel – Fotolia.com

Bibliografische Information der Deutschen Nationalbibliothek:
Die Deutsche Nationalbibliothek verzeichnet diese Publikation in der Deutschen Nationalbibliografie; detaillierte bibliografische Daten sind im Internet über http://dnb.d-nb.de abrufbar.

Überarbeitete Neuausgabe der Originalausgabe, die im Jahr 2010 ebenfalls unter dem Titel "Transition in Brasilien. Eine Analyse des politischen Systemwechsels" erschienen ist.

© disserta Verlag, Imprint der Diplomica Verlag GmbH
Hermannstal 119k, 22119 Hamburg
http://www.disserta-verlag.de, Hamburg 2014
Printed in Germany

Meinen Eltern

Danksagung

Ich möchte ganz herzlich Herrn Dipl.-Volkswirt Dr. Ulf Heinsohn von der Fachhochschule für Wirtschaft in Berlin und Herrn Dr. Peter Thiery vom Centrum für angewandte Politikforschung (CAP) an der LMU München für ihre Hilfe bei der Literatursuche und für ihren Rat danken.

Eine Ausstellung über die Yanomani in Brasilien im Jahr 1990 im Völkerkundemuseum in München hinterließ auch einen bleibenden Eindruck bei mir.

Ganz besonderer und herzlicher Dank gilt meinen Eltern, Aldo und Renate (geb. Mönch) Tanania, die mir dieses umfangreiche Studium ermöglicht haben und mir auch in den schwierigen Phasen meines Studiums halfen.

Ferner möchte ich Herrn Rafael Marin vom Center for Latin American Issues der George Washington University wie auch den Mitarbeitern des Lehrstuhls Prof. Pfister vom Lateinamerika-Zentrum der Universität Münster (Frau Howein u. a.), Frau Kristin Smith und Herrn Adam Stubits vom Latin America Program des Woodrow Wilson International Center for Scholars in Washington DC und den Mitarbeitern der Außenhandelskammer in Porto Alegre danken, die mir in einer großzügigen Art und Weise Unterlagen zur Verfügung gestellt haben.

Mein ehemaliger Mitschüler Martin Wurm (University of Wisconsin, Milwaukee) gab mir auch wertvolle Hilfe bei meiner Recherche zu dieser Arbeit, vor allem im wirtschaftlichen Bereich.

Auch die Professoren Wendy Hunter (University of Texas – Austin), Thomas Bruneau (Naval Postgraduate School – Monterey), Octavio Amarim (Vargas Stiftung), Wayne A. Selcher (Elizabethtown College, Pennsylvania) und Stefan Schirm (Ruhr-Universität Bochum) haben mir bei meiner Recherche sehr geholfen.

Ein Professor meinte sogar in einem Antwortschreiben auf eine Anfrage von mir bezüglich Brasilien:

„The Brazilians don't seem to care if others study them or not these days; in fact, they may prefer that others don't. That way they have fewer things to justify or worry about".

Zuletzt möchte ich Herrn Professor Dr. Theo Stammen und Herrn Professor Dr. Andreas Brunold für die Betreuung bei der Erstellung dieser Arbeit und für die Vergabe dieses Themas ganz herzlich danken.

Robert Tanania   München, im Oktober 2010

Inhaltsverzeichnis

„Ordem e Progresso" ("Ordnung und Fortschritt") – nat. brasilianisches Motto

Jede Veränderung eines politischen Regimes betrifft Millionen Leben, indem es ein Spektrum an Emotionen hervorruft, das von der Angst bis zur Hoffnung reicht. (...) Die dramatischen Momente, die den Machtwechsel symbolisieren, bewahren sich in der Erinnerung der Menschen als Schlüsseldaten ihrer Existenz, aber die Fakten an sich sind in Wirklichkeit der Gipfelpunkt eines langen Prozesses.

Juan J. Linz[1]

Perhaps the most striking example of democratization introduced from above by a military elite that realized and indeed supported the need to move toward democracy.

Samuel Huntington[2]

Democracy is not just a nice little extra. It`s fundamental to our life as human beings.

Interview mit **Luís Inácio da Silva** („Lula"), 20. Juni 1996[3]

We have a regime change of liberty, but we are not living under a regime of democracy. (…) We have not created up until now institutions capable of functioning democratically.

Fernando Henrique Cardoso

Veja[4]

Up to a certain point, trading posts and favors is a normal fact of any political system. What has become abnormal in our current political situation is that favor is traded for favor, post for post. In other words, there is no more politics, no more political debate. (…) The result is that we are witnessing a restoration of oligarchical power, the same type of power that was utilized in 1964 to contain popular pressure.

Fernando Henrique Cardoso

Interview mit *Veja*, 29. Juni 1988

---

[1] Linz, *Qulebra*, 1987, S. 11.
[2] Huntington, *One Soul*, 1988, S. 7.
[3] Kingstone/Power, *Brazil*, 2000, S. 126.
[4] *Veja*, 29.06.1988, S. 5-8.

(Quelle: Cammack, *Politics*, 1988, S. 114)

1 Einleitung

Seit den 1970er Jahren hat die politikwissenschaftliche Literatur zu Lateinamerika den Regimewandel und den Transformationsprozess in dieser Region als Schwerpunkt[5]. Im Vergleich zu allen anderen Transitionen in Lateinamerika und Südeuropa stellt die Transition in Brasilien die längste, bei weitem komplexeste von einem autoritären Regime hin zu einer Demokratie und von den neuesten Transitionen (Argentinien, Bolivien, Ecuador, Peru und Uruguay) die wichtigste dar[6]. Die Frage, ob die neuen Demokratien in Lateinamerika bereits konsolidiert sind, oder sich noch in der Phase eines noch nicht abgeschlossenen Transitionsprozesses befinden, wird in den USA, Lateinamerika und in Europa seit den 1990er Jahren kontrovers diskutiert[7]. Das Regime in Brasilien nach 1945 war zugänglicher als andere lateinamerikanische Regime wie z. B. Argentinien, Chile und Uruguay[8]. Dies lag u.a. daran, dass die politische Kultur in Brasilien nach 1945 offener war und die politische Unterdrückung in Brasilien nicht die Strenge hatte wie es in anderen Regimen in dieser Region der Fall war[9]. Diese Zugänglichkeit und relative Offenheit trugen so zu einer umfangreichen wissenschaftlichen Auseinandersetzung mit Brasilien nach 1945 bei[10]. Lebten 1960 noch 70% der Bevölkerung in Lateinamerika ländlich, so wandelte sich diese Zahl bis zum Jahr 2000 hin zu einer zu 70% urban lebenden Bevölkerung, in Brasilien hauptsächlich in den küstennahen Ballungsgebieten des Nordostens, Südosten und Südens, und der Alphabetisierungsgrad veränderte sich mit demselben Prozentniveau[11]. Seit 1950 hat sich die Bevölkerungszahl in Brasilien verdreifacht und 2002 waren 50% der Bevölkerung jünger als 20 Jahre alt[12]. Brasilien erreichte so in der Skala der bevölkerungsreichsten Länder Platz 8[13].

Bereits in den 1950er Jahren erschien den Modernisierungstheoretikern die Demokratisierung als eine direkte Folge wirtschaftlicher Entwicklung, sozialer Differenzierung und Mobilisierung[14]. Eine Intensivierung der Transformationsforschung begann

---

[5] Codato, *Transition*, 2006, S. vi.
[6] Bruneau/Hewitt, *Church*, 1989, S. 39 und Mainwaring, *Transition*, 1986, S. 149).
[7] Heinz, Militär, 2001, S. 13.
[8] Skidmore, *Politics*, 1988, S. vi.
[9] Skidmore, *Politics*, 1988, S. vi.
[10] Skidmore, *Politics*, 1988, S. vi.
[11] Wiarda/Kline, *Politics*, 2000, S. xii. Vgl. auch Nohlen, Lexikon Dritte Welt, 2002, S. 128.
[12] Nohlen, Lexikon Dritte Welt, 2002, S. 128.
[13] Pereira, *Development*, 1984, S. xiii.
[14] Krüger, Transformation, 2005, S. 33.

jedoch erst ab Mitte der 1970er Jahre, als die autoritären Regime in Südeuropa, Lateinamerika, Asien und Afrika zusammenbrachen, mit einer weiteren Intensivierung nach dem Ende des real existierenden Sozialismus[15]. Bis dahin war in der Forschung die *Breakdown-of-Democracy*-Theorie vorherrschend, die sich mit dem Zusammenbruch von demokratischen Regimen zwischen den beiden Weltkriegen und in den Entwicklungsländern befasste[16]. In den 1980er Jahren beschäftigte man sich in der Lateinamerikaforschung noch vornehmlich mit der Transition hin zu einer Demokratie, während man später in den 1990er Jahren dazu überging, sich mehr mit der Frage zu beschäftigen, wie sich diese neuen Demokratien in der Zukunft entwickeln würden[17]. Brasilien stellt bezüglich dieser Thematik eines der am meisten in der Fachwelt diskutierten Länder dar. In den USA wurde die Transitionsforschung entscheidend Mitte der 1980er Jahre von der Projektgruppe *„Transition to Democracy"* um Guillermo O`Donnell und seinen Mitarbeitern (Schmitter/Whitehead) beeinflusst, in Deutschland von der Heidelberger Projektgruppe „Lateinamerikaforschung" (Nohlen/Thibaut)[18].

Brasilien ist das nach seiner Fläche und Bevölkerungszahl - 192 Millionen im Jahr 2008 laut WamS (161,7 Millionen Einwohner nach einer Schätzung von 1998, 1990 noch 150 Millionen) - nach Russland, Kanada, China und den USA das fünftgrößte Land der Erde[19]. Es ist 24 mal größer als Deutschland und ca. 206 mal größer als die Schweiz[20]. Durch seine sehr große Atlantikküste ist Brasilien für den weltweiten Handel über Schiffswege geradezu prädestiniert[21]. Die meisten Menschen leben entlang einer 200 Meilenzone an der Atlantikküste von der Grenze zu Uruguay bis südlich von Fortaleza[22]. Im Nordosten lebten im Jahr 1996 nur 7,2% der Bevölkerung, während im Südosten 42,7% der Bevölkerung lebten[23]. Brasilien hat von allen lateinamerikanischen Ländern die größte Bevölkerungszahl mit indianischer und afrikanischer Abstammung[24]. Die ethnische Bevölkerung Brasiliens gliedert sich wie

---

[15] Krüger, Transformation, 2005, S. 33.
[16] Krüger, Transformation, 2005, S. 33.
[17] Codato, *Transition*, 2006, S. vi.
[18] Coerw, Transformation, 2005, S. 33.
[19] http://de.wikipedia.org/wiki/Brasilien (Zugriff: 18.03.2007). Vgl. auch Wiarda, *Brazil*, 2000, S. 129, Waldmann/Krumwiede, Lateinamerika, 1992, S. 60 und Buch, „Ein ruheloser Kontinent", in: Welt am Sonntag v. 11.05.2008, S. 11.
[20] Finke, Landflucht, 1998, S. 2.
[21] Wiarda, *Brazil*, 2000, S. 129.
[22] Wiarda, *Brazil*, 2000, S. 129.
[23] Wiarda, *Brazil*, 2000, S. 131.
[24] Wiarda/Kline, *Politics*, 2000, S. 6.

folgt auf: 53% Weiße, 22% Mulatten, 12 % Mestizen, 11 % Schwarze und 2% Sonstige; ca. 80% sind Katholiken und 18% Protestanten[25].

Die ersten demokratischen Gehversuche in Lateinamerika wurden in den 30er Jahren des 20. Jahrhunderts gemacht. Während Chile und Uruguay eine sehr ausgeprägte demokratische Tradition entwickelt haben, gab es in Brasilien einen mehrfachen Wechsel zwischen Demokratie und autoritärer Herrschaft, man spricht hier von mehreren „Redemokratisierungsphasen"[26]. Noch in den 1960er und frühen 1970er Jahren galt Lateinamerika als eine Region, in der Diktaturen und politische Instabilität vorherrschten. In unmittelbarer Folge der dritten Demokratisierungswelle (1974-1994)[27], die in Südeuropa begann, entwickelten sich die lateinamerikanischen Staaten größtenteils von autoritären in demokratische Systeme[28]. Bis auf das Kuba Fidel Castro`s wurden in allen lateinamerikanischen Ländern die bisherigen autoritä-ren Machthaber durch demokratisch gewählte zivile Regierungen ersetzt. Dabei sind diese neuen Regierungen nicht durch Gewaltaktionen, sondern durch demokratische Prozesse an ihre Positionen gelangt. Der Wunschtraum von John Fitzgerald Kenne-dy, dass die kubanische Revolution von 1959 für die lateinamerikanischen Oligar-chien eine Art Schockwelle auslösen würde, wurde nicht erfüllt[29]. Brasilien ist eines von insgesamt 89 Autokratien weltweit, die sich seit 1974 zu einer Demokratie transformiert haben[30]. Es ist mit 47,3% der Fläche Südamerikas das größte Land in dieser Region und zweitgrößter Agrarexporteur der Welt. Die Bevölkerung hat sich seit 1950 fast vervierfacht, was fast 50% der Bevölkerungszahl des südamerikani-schen Kontinents entspricht[31]. Der Name Brasilien kommt von dem von den Indígenas, den Nachkommen der Ureinwohner Brasiliens, geschaffenen Wort *„pau brasil"*, das eine tropische Holzart beschreibt, die als Färbemittel in der Manufaktur verwendet wurde[32]. In Brasilien wie in Argentinien und Uruguay fand der Wandel vom Militärregime hin zu einem demokratischen Regime friedlich statt[33]. Gerade auch für das Verständnis der Transformation der osteuropäischen Länder nach dem

---

[25] Waldmann/Krumwiede, Lateinamerika, 1992, S. 60.

[26] Nohlen/Thibaut, Lateinamerika, 1996, S. 197.

[27] Bei Huntington zählen zur 3. Demokratisierungswelle in Lateinamerika u.a. Brasilien, Ekuador, El Savador, Guatemala und Peru. Vgl. Huntington, *Third Wave*, 1991, S. 15 und Müller, Globalisierung, 2002, S. 25 ff.

[28] Merkel/Thiery, Systemwechsel, 2002, S. 181.

[29] Hacke, Weltmacht, 2005, S. 82.

[30] Merkel, Institutionen, 2000, S. 4.

[31] Nohlen, Lexikon Dritte Welt, 2000, S. 119. Vgl. auch Sukup, Zeitbombe Südamerika, 1988, S. 200 und Waldmann/Krumwiede, Lateinamerika, 1992, S. 62.

[32] Sukup, Zeitbombe Südamerika, 1988, S. 201.

[33] Mainwaring, *Democracy in Brazil*, 1995, S. 120.

Ende des Kalten Krieges ist ein Verständnis der Transformation in Lateinamerika von Vorteil. Infolge der Einwanderung im 20. Jahrhundert leben heute sogar 1,5 Millionen japanischstämmige Menschen in Brasilien[34]. Mit Beginn der Amtszeit Lulas im Jahr 2005 begann Brasilien stärkere Aktivitäten in der Sicherheitspolitik und in den internationalen Wirtschaftsbeziehungen, als dies noch in den 1990er Jahren der Fall war, zu entwickeln[35]. Der Historiker Burns schreibt in dem Vorwort zu seiner Geschichte Brasiliens, dass in den 1960er Jahren nicht mehr als 10 Studenten seine Kurse zu Brasilien besuchten, während die Zahl dieser Studenten einige Jahre nach dem Putsch der Militärs in den 1970er Jahren auf über 70 anstieg. Deutschsprachige Literatur ist bis heute nach wie vor nur sehr rar vertreten im Gegensatz zur englischen und spanischen Literatur, die sich sehr stark mit der Transition in Brasilien beschäftigt, wie schon Veser (1993) festgestellt hat. Im Besonderen sind die Werke von Wöhlcke, Veser (1993, Diss.), Schirm (Habil.), Fritz, Heinz (2001, Habil.), Krause (2006, Diss.) und Rumpf (2003, Diss.) hervorzuheben.

In dieser Arbeit sollen zunächst die theoretischen Grundlagen der Transformationsforschung erklärt werden (Teil 2) und danach die zeitliche Dimension (Teile 3 und 4) zusammen mit der sachlich-empirischen Dimension mit ihren Teilsystemen Politik, Wirtschaft und Gesellschaft (Teil 5)[36].

---

[34] Hecking, Welt am Sonntag, 30.09.2007, S. 97.
[35] Schirm, Strukturpolitik, 2007, S. 1.
[36] Vgl. auch Merkel/Puhle, Transformationen, 1999, S. 19 und Couto, *Reforma*, 1998, S. 51-86.

2 Theoretischer Teil

Im theoretischen Teil der Arbeit sollen zunächst Begriffe wie Demokratie, Autoritarismus und Systemwechsel erklärt werden.

Bevor man eine Entscheidung treffen kann, ob eine Transformation eines politischen Systems, also ein echter Systemwechsel vorliegt, ist eine Typologisierung der verschiedenen politischen Systeme notwendig. Bei einer solchen Typologisierung ist die Einteilung in Idealtypen sinnvoll, weil auf diese Weise die „Vielfalt unterschiedlicher realer Systeme auf wesentliche charakterisierende Merkmale zusammengefasst werden kann"[37].

Merkmale zur Unterscheidung sind nach Linz der Grad des politischen Pluralismus, der Grad der staatlich gelenkten politischen Mobilisierung und der Charakter der Legitimation in der Bevölkerung[38].

2.1 Autoritarismus

<u>Definition</u>

Als autoritäre Systeme bezeichnet man Systeme, bei denen nur ein begrenzter Pluralismus besteht, die keine ausformulierte Ideologie besitzen, die keinen hohen Grad an politischer Mobilisierung besitzen und die durch eine starke Exekutive gekennzeichnet sind, die in keiner Weise einer politischen Verantwortung unterliegt, obwohl eine solche durch beschränkte Wahlen legitimiert sein kann[39]. Nach Juan Linz sind autoritäre Regime zwischen totalitären und demokratischen Regimen einzuordnen und stellen eine eigene Herrschaftsform dar[40].

Er definiert die wesentlichen Merkmale autoritärer Systeme folgendermaßen:

„Autoritarian regimes are political systems with limited not responsible political pluralismus: without eleborate and guiding ideology (but with distinctive mentalities), without intensive nor extensive political mobilization (except at some points in their development), and in which a leader (or occasionally a smalll group) exercises power within formally ill-defined limits but actually quite predictible ones"[41].

---

[37] Merkel, Systemtransformation, 1999, S. 25.
[38] Lauth, Vergleichende Regierungslehre, 2002, S. 116.
[39] Linz, *Spain*, 1970, S. 255
[40] Lauth, Vergleichende Regierungslehre, 2002, S. 116.
[41] Linz, *Spain*, 1970, S. 251.

Einen guten Überblick über die verschiedenen Typen politischer Regime gibt Munck
(**Abb. 1**).

2.1.1 Traditioneller und neuer Autoritarismus in Lateinamerika[42]

In Lateinamerika gab es zum Zeitpunkt des Transitionsbeginns sowohl einen **modernen** als auch einen **traditionellen** Autoritarismus[43].

2.1.2 Merkmale des lateinamerikanischen neuen Autoritarismus[44]

Der neue Autoritarismus in Lateinamerika ist typisch für Länder, die sich auf einer
bestimmten Stufe der industriellen Entwicklung befinden und eine gewisse historisch-
politische Stabilität aufweisen[45]. Der Führungszirkel entsteht hier im Umfeld des
Militärs, in welchem dieser eine führende Rolle als Institution spielt[46]. Um diesen
Zirkel bildet sich ein weiteres Umfeld kapitalistischer und technokratischer Gruppen[47]. Dieser Autoritarismus steht für das Modell einer „neuen Gesellschaft" mit dem
Ziel, in der Zukunft eine neue politische Ordnung zu errichten[48]. Aus dem Streben zur
Erreichung dieses Ziels entwickelte sich ein hohes Maß an Repression und Gewalt
gerade auch gegenüber der eigenen Bevölkerung[49]. Dabei hatte der Autoritarismus
in den kommunistischen Ländern eine viel schlimmere Wirkung auf die Zivilgesellschaft als derjenige in Lateinamerika[50]. Von 1900 bis 1939 lag der Anteil von autoritären, nicht-demokratischen Regimen in Lateinamerika bei 52%, während er in der
Periode von 1940 bis 1977 auf 55% anstieg und dann in der Periode 1978 bis 2000
auf 24% fiel (siehe Schaubilder 1 bis 3 – *Changing Incidence of Political Regimes*)[51].

---

[42] Araya, Chile, 1992, S. 8 ff.
[43] Nohlen/Thibaut, Lateinamerika, 1996, S. 196
[44] Araya, Chile, 1992, S. 29 ff.
[45] Araya, Chile, 1992, S. 30.
[46] Araya, Chile, 1992, S. 31.
[47] Araya, Chile, 1992, S. 31.
[48] Araya, Chile, 1992, S. 31.
[49] Araya, Chile, 1992, S. 31.
[50] McDonough et. al., *Democratization*, 1998, S. 922.
[51] Smith, *Democracy*, 2004, S. 10.

2.1.3 Der brasilianische Autoritarismus

Der Coup d`Etat und die folgende Politik waren nicht absichtlich darauf hin ausge-
richtet, sich zu einem bürokratisch-autoritaristischen Regime und Staat hinzuent-
wickeln[52]. Während es in Chile einen Prozess der Denationalisierung gab, expandier-
te hingegen der staatliche Sektor in Brasilien[53]. In Brasilien wurden die Parteien und
damit das Parlament zwar kontrolliert, das Parlament war auch einmal zeitweise
aufgelöst, in Chile und Argentinien dagegen wurden die Parteien und das Parlament
durch eine symbolische Schließung vom politischen Prozess ausgeschlossen[54].
Nach Kinzo ist das Militärregime in Brasilien ein „hybrides" Regime, d. h. dass in
diesem Regime neben den autoritaristischen Elementen auch demokratische Elemente enthalten waren[55].

2.2 Transition, Transformation und Systemwechsel

Die theorieorientierte Transformationsforschung hat ihren Ursprung in der makroso-
ziologisch orientierten Forschung der 1950er und 1960er Jahre[56]. In den 1980er
Jahren waren mikropolitologisch-akteurstheoretische Theorien in der Forschung
dominierend[57]. Die Transitionsforschung hat den Wandel vom Autoritarismus zur
Demokratie nicht nur begleitet, sondern sie war in einigen Ländern in der Modellsu-
che voraus, um den Wandlungs- und Öffnungsprozess zu beschleunigen[58]. Normati-
ves Referenzmodell in der lateinamerikanischen Transformationsforschung war hier
im Besonderen Spanien[59].

2.2.1 Transition

Die Transitionsforschung entwickelte sich direkt aus der Autoritarismusforschung, die
versucht hatte, in der Entwicklungsdynamik der autoritären Regime Ansatzpunkte für
Demokratisierungsstrategien zu finden[60]. Die Lehre von der Transitionsforschung ist

---

[52] Cardoso, *Regime,* 1981, S. 4.
[53] Cardoso, *Regime,* 1981, S. 3 f.
[54] Cardoso, *Regime,* 1981, S. 3.
[55] Kinzo, *MDB*, 1988, S. 96 f.
[56] Merkel/Thiery, Systemwechsel, 2002, S. 183.
[57] Merkel/Thiery, Systemwechsel, 2002, S. 183.
[58] Nohlen/Thibaut, Lateinamerika, 1996, S. 196.
[59] Nohlen/Thibaut, Lateinamerika, 1996, S. 196.
[60] Nohlen/Thibaut, Lateinamerika, 1996, S. 201.

ein Zweig der Vergleichenden Regierungslehre[61]. In dieser Arbeit soll der Begriff der Transition ganz im Sinne Merkels verwendet werden, d. h. als ein Vorgang, der ausschließlich den Übergang von autokratischen bzw. totalitären (nichtdemokratischen) zu liberaldemokratischen und pluralistischen Systemen bezeichnet[62]. Das neue demokratische System ist mit dem Abschluss der Transition noch nicht konsolidiert[63]. Die Phase der Transition fand in Lateinamerika hauptsächlich in den 1970er und 1980er Jahren bis 1990 statt[64]. Sie erfolgte zeitgleich mit der schwersten ökonomischen Krise, die Lateinamerika seit den 1930er Jahren erlebte[65]. Die meisten Transitionen zur Demokratie folgten auf einen Kollaps oder einen Zusammenbruch des Regimes (nach dem II. Weltkrieg: Deutschland, Japan, Österreich, Italien; 1974: Portugal und Griechenland; 1948: Costa Rica)[66].

2.2.2 Transformation

Der Begriff Transformation wird nach dieser Theorie als Oberbegriff ohne spezifische Bedeutung verwendet, der sowohl Regime- und Systemwechsel, Regime- und Systemwandel als auch die Transition und den Übergang von der Diktatur zur Demokratie beinhaltet[67]. Von einer tatsächlichen Transformation lässt sich erst dann sprechen, wenn „die Substanz politischer Entscheidungen der Kontrolle der alten Machthaber entgleitet und dem unsicheren Ausgang der demokratischen Konkurrenz übergeben wird"[68], was in Brasilien ab 1974 schrittweise geschah.

2.2.3 Systemwechsel

Unter Systemwechsel versteht man den allgemeinen meist durch politische Kreise hervorgerufenen Prozess des Übergangs von einem Regimetyp zu einem anderen[69].

Nach Merkel bedeutet ein Systemwechsel die Auflösung der alten Herrschaftsstruktur, wobei

---

[61] Nohlen/Schultze, Lexikon, 2005, S. 1037.

[62] Merkel, Systemtransformation, 1999, S. 34. Vgl. auch Merkel/Thiery, Systemwechsel, in: Lauth, Vergleichende Regierungslehre, 2002, S. 182.

[63] Merkel/Puhle, Transformationen, 1999, S. 135.

[64] Nohlen/Thibaut, Lateinamerika, 1996, S. 196.

[65] Nohlen/Thibaut, Lateinamerika, 1996, S. 197.

[66] Mainwaring/Viola, *Brazil*, 1985, S. 196.

[67] Merkel/Thiery, „Systemwechsel", 2002, S. 182. Vgl. auch Wolf, Transformation, 1998, S. 40 ff. und Merkel/Puhle, Transformation, 1999, S. 105.

[68] Rüb, Die Herausbildung politischer Institutionen, in: Merkel, Systemwechsel, Bd. 1, S. 115.

[69] Nohlen, Systemwechsel, in: ders., Kleines Lexikon der Politik, 2001, S. 507-510.

„grundlegende Missbildungen in den Verfahren, fehlerhafte soziale Integration und unsensible fundamentale politische Herrschaftspositionen institutionalisiert werden"[70].

2.2.4 Transformationsphasen

Die verschiedenen Phasen des Systemwechsels von einer autokratischen zu einer demokratischen Ordnung haben O`Donnell, Schmitter und Merkel ausgearbeitet. Nach Merkel liegen zwischen dem autokratischen System und der konsolidierten Demokratie die drei Phasen des tatsächlichen Systemwechsels: Ende des autokratischen Regimes[71], Institutionalisierung der Demokratie und demokratische Konsolidierung[72] (analog auch Huntington[73]).

2.2.4.1 Liberalisierung (Ende des autokratischen Regimes)

Unter Liberalisierung versteht man nach O`Donnell und Schmitter den Versuch der herrschenden Eliten, das autoritäre System ohne Gefährdung der bestehenden Machtverhältnisse kontrolliert zu öffnen[74]. Dabei wird die beginnende demokratische Öffnung infolge des Drucks von politischen Oppositions- und Reformkräften ausgelöst[75].

2.2.4.2 Demokratisierung (Institutionalisierung der Demokratie)

Als zweite Phase folgt die Einführung demokratischer Institutionen, die die Partizipationsmöglichkeiten der Bürger am politischen Geschehen und den politischen Wettbewerb garantieren soll[76]. Es gibt in diesem Stadium der Transformation noch keine ausgewogene Balance der einzelnen Kräfte, die die Funktion der Begrenzung und der Legitimierung von politischen Entscheidungen übernimmt[77]. Diese Phase beginnt, wenn die alten Machteliten die Kontrolle über die politischen Entscheidungen verlieren und diese auf demokratische Verfahren übertragen wird, deren substantielle Resultate nicht mehr bestimmt werden können[78]. Sie endet mit der Verabschiedung einer neuen demokratischen Verfassung und, wenn diese sowohl den politischen

---

[70] Merkel, Systemwechsel: 1, 1994, S. 13.

[71] Bei O`Donnell und Schmitter (O`Donnell/Schmitter, 1986, S. 7 ff) ist dies die Liberalisierungsphase (vgl. auch Przeworski, 1991, S. 51 ff).

[72] Merkel, Systemtransformation, 1999, S. 119 ff)

[73] Huntington, *Third Wave*, 1991, S. 35.

[74] O`Donnell/Schmitter, *Transitions*, 1986, S. 7.

[75] O`Donnell/Schmitter, *Transitions*, 1986, S. 7 ff.

[76] Merkel, Systemtransformation, 1999, S. 119 ff.

[77] Merkel, Systemtransformation, 1999, S. 137.

[78] Rüb, Die Herausbildung politischer Institutionen in Demokratisierungsprozessen, in: Merkel, Systemwechsel: 1, 1994, S. 114.

Wettbewerb als auch die politischen Entscheidungsverfahren verbindlich normiert[79]. Es handelt sich bei dieser Art von Phase also um einen Abschnitt in einem Systemwechsel, in welchem die neuen demokratischen Institutionen und Verfahren etabliert werden[80].

2.2.4.3 Konsolidierung der Demokratie

Auf die Phase der Demokratisierung folgt in der Regel eine Phase der demokratischen Konsolidierung, die schon mit den ersten demokratischen Wahlen beginnt und mit einem stabilen Zustand des politischen Systems ihr Ende findet[81]. Diese ersten freien Wahlen werden als sogenannte Gründungswahlen (*founding elections*) bezeichnet[82]. Man kann auch die Verabschiedung der Verfassung oder die Revision der alten Verfassung als Beginn der Konsolidierung ansehen[83]. Nohlen, Linz, Garreton, Gasiorowski und Power grenzen die Übergangsphase (Systemwechsel) von der Konsolidierungsphase ab, weil die Übergangsphase eine politische Transformation darstellt, mit der ein politisches System abgelöst wird, während hingegen die Konsolidierungsphase die Transformationsprozesse innerhalb eines politischen Systems beschreibt[84]. Uneins ist man in der Fachwelt noch, welche politischen und gesellschaftlichen Institutionen stabilisiert sein müssen, damit man von einer Konsolidierung sprechen kann[85]. Wann dieser stabile Zustand des politischen Systems erreicht sein soll, darüber gibt es in der Fachwelt aufgrund der Ungenauigkeit dieses Begriffs verschiedene Meinungen[86]. Die Konsolidierung dauert länger als die Transformation[87]. In der dritten Demokratisierungswelle des 20. Jahrhunderts[88] gab es mehr Übergänge zur Demokratie, die mit der Institutionalisierung demokratischer Systeme abgeschlossen wurden als sich Demokratien am Ende konsolidieren konnten[89]. Sie kann bereits vor der Etablierung der demokratischen Institutionen oder bevor einzelne Gesetze entstanden sind in einzelnen Teilbereichen beginnen[90]. Ein wichtiges

---

[79] Merkle, Systemtransformation, 1999, S. 137.
[80] Merkel, Systemtransformation, 1999, S. 137. Vgl. auch Coerw, Transformation, 2005, S. 39.
[81] Merkel//Puhle, Transformation, 1999, S. 135.
[82] Merkel, Systemtransformation, 1999, S. 143.
[83] Merkel, Systemtransformation, 1999, S. 143.
[84] Nohlen, Demokratie, 1988, S. 5. Vgl. auch Linz, *Transiciones*, 1990, S. 28; Garretón, *Problems*, 1988, S. 364 f. und Gasiorowski/Power, *Consolidation*, 1998, S. 742 f.
[85] Merkel, Systemtransformation, 1999, S. 144.
[86] Bos, Eliten, 1994, S. 86.
[87] Merkel//Puhle, Transformationen, 1999, S. 135
[88] Griechenland, Portugal, Argentinien u. a. Vgl. Merkel, Systemtransformation, 1999, S. 136.
[89] Merkel//Puhle, Transformationen, 1999, S. 135
[90] Merkel, Systemtransformation, 1999, S. 143.

Merkmal zur Einordnung des Begriffs der Konsolidierung ist die Analyse der Verhaltens- und Einstellungsebene eines Staatsvolks zu seinem neuen demokratischen System[91]. Smith zeigt, dass der Anteil von demokratischen Regimen von 5% in der Periode 1900 bis 1939 über 30% in der Periode 1940-1977 auf 55% in der Periode 1978 bis 2000 anstieg[92].

2.2.4.4 Abgrenzung der Begriffe Redemokratisierung – Demokratisierung – Demokratie[93]

Nach Wiarda ist einer der 11 Kategorien für den lateinamerikanischen Demokratiebegriff die ausgeprägte personalistische Führung (*Caudilismo*)[94]. Eine Unterscheidung zwischen Redemokratisierung und Demokratisierung ist nicht notwendig, da beide Begriffe synonym den gleichen Vorgang meinen, nämlich den Übergang vom autoritären System hin zur Restituierung demokratischer Institutionen[95]. Stepan bezeichnet die brasilianische Redemokratisierung als *„redemocratization initiated by `Military-as-Government`"*[96].

2.3 Ursachen für einen Umschwung

In Lateinamerika waren es vor allem wirtschaftliche neben sozialen Gründen, die eine Transition von autoritären zu demokratischen Systemen begünstigten: viele Diktatoren wollten in dieser Region die ökonomischen Zustände verbessern[97].

2.4 Demokratieform

Bei Brasilien handelt es sich nach O`Donnell wie bei Argentinien, Peru und Ecuador um eine „delegative Demokratie" (O`Donnell 1994)[98]. In diesem Subtyp der defekten Demokratie wird die Kontrolle der Exekutive durch die Legislative und durch die dritte Gewalt eingeschränkt oder gestört[99]. Die horizontalen rechtsstaatlichen Kontrollme-

---

[91] Barios, Konsolidierung, 1999, S. 9 ff.
[92] Smith, *Democracy*, 2004, S. 11 f.
[93] Veser, Brasilien, 1993, S. 18-21.
[94] Wiarda, Struggle, 1980, zitiert nach Veser, Brasilien, 1993, S. 19.
[95] Nohlen, Demokratie, 1988, zitiert nach Veser, Brasilien, 1993, S. 20.
[96] Hagopian, *Brazil*, 1990, S. 149.
[97] Fanger, Demokratisierung, 1994, S. 85.
[98] O`Donnell, *Delegative Democracy*, 1994, S. 55.
[99] Merkel et. al., Defekte Demokratie: 1, 2003, S. 71.

chanismen und die *checks and balances* sind hier beeinträchtigt[100]. Neben dem Begriff „delegative Demokratie" werden in der Typologie auch Begriffe wie *„Democradura", „Dictablanda"* (Linz, Schmitter/O`Donnell) oder *„nonliberal electoral democracy"* (Diamond) verwendet[101]. Nach Merkel wandelte sich Brasilien seit der Redemokratisierung 1985 von einer Enklaven- über eine delegative hin zu einer illiberalen Demokratie, wobei das Militär viele Vorrechte für sich behielt und der Übergang zur delegativen Demokratie fließend ist[102]. In einer illiberalen Demokratie sind die Grundprinzipien der Staatsbürgerschaft beschädigt, weil in ihr Grund-, Menschen- Freiheits- und Bürgerrechte verletzt sind[103]. Die beim Aufbau des Rechtsstaats auftretenden Probleme sind hier nicht gelöst[104].

2.5 Demokratie

Nach dem amerikanischen Demokratieforscher Robert Dahl müssen die folgenden Kriterien erfüllt sein, um von einer Demokratie sprechen zu können[105]:

1. Assoziations- und Koalitionsfreiheit
2. Recht auf freie Meinungsäußerung
3. Recht, zu wählen
4. Recht, in öffentliche Ämter gewählt zu werden (passives Wahlrecht)
5. Recht politischer Eliten, um Wählerstimmen und Unterstützung zu konkurrieren
6. Existenz alternativer, pluralistischer Informationsquellen
7. freie und faire Wahlen
8. Institutionen, die die Regierungspolitik von Wählerstimmen und anderen Ausdrucksformen der Bürgerpräferenzen abhängig machen.

Diese Kriterien können nach Dahl nur dann gewährleistet und aufrechterhalten werden, wenn die Rechtsstaatlichkeit und die klassischen Menschen- und Bürgerrechte gesichert sind[106]. Nach Merkel/Puhle ist neben diesen von Dahl genannten

---

[100] Merkel et. al., Defekte Demokratie: 1, 2003, S. 71.
[101] Merkel/Puhle, Transformationen, 1999, S. 18.
[102] Merkel et. al., Defekte Demokratie: 1, 2003, S. 135, 261.
[103] Merkel et. al., Defekte Demokratie: 1, 2003, S. 261
[104] Merkel et. al., Defekte Demokratie: 1, 2003, S. 262.
[105] Dahl, *Polyarchy*, 1971, S. 3.
[106] Dahl, *Democracy*, 1989, S. 221, S. 223.

Kriterien auch die horizontale Gewaltenkontrolle, vor allem die Kontrolle der Exekutive, ein wichtiges Demokratiekriterium[107].

2.6 Die Dependenztheorie (Entwicklungstheorie)

Mitte der 1960er Jahre erschienen in Lateinamerika die ersten wissenschaftlichen Arbeiten, die von dem Begriff *dependencia* handelten[108]. Im Zentrum dieser Dependenztheorie genauso wie in der marxistischen Theorie steht eine kritische Analyse des Einflusses von strukturellen ökonomischen Ungleichheiten und Abhängigkeiten[109]. Als einer der herausragendsten Vertreter dieser Theorie gilt der ehemalige brasilianische Regierungschef Fernando Henrique Cardoso[110]. Er veröffentlichte eines der ersten Bücher zu dieser Theorie mit dem Titel „Abhängigkeit und Entwicklung in Lateinamerika" (1969, deutsche Ausgabe 1976)[111]. Die Dependenztheorie versucht u.a. die Machtergreifung durch das Militär als Institution zu erklären[112]. Dabei betont sie im Gegensatz zur Modernisierungstheorie die externen Verursachungsfaktoren[113]. Nach ihr verhalten sich die herrschenden Schichten in der Dritten Welt entsprechend den Interessen des Kapitals, wobei die Form politischer Herrschaft nur eine Nebenrolle darstellt[114].

---

[107] Merkel/Puhle, Transformationen, 1999, S. 13, 17 f.
[108] Nohlen, Lexikon Dritte Welt, 2002, S. 181.
[109] Weiß/Herrmann, Welthandelsrecht, 2003, Rdnr. 40.
[110] http://www.lateinamerika-studien.at/content/geschichtepolitik/brasilien/brasilien-90.html (Zugriff: 25.03.2007)
[111] http://www.lateinamerika-studien.at/content/geschichtepolitik/brasilien/brasilien-90.html (Zugriff: 25.03.2007)
[112] Nohlen, Militärregime, 1986, S. 5.
[113] Nohlen, Militärregime, 1986, S. 5.
[114] Nohlen, Militärregime, 1986, S. 6.

3 Historischer Teil

In Lateinamerika wechselten die Formen politischer Herrschaftsausübung öfter als in den westlich geprägten Industrieländern[115]. Portugiesisch-Amerika fand im Gegensatz zu Spanisch-Amerika erst später zur Staatsform der Republik[116]. Im Gegensatz zum Blick aus Distanz auf Lateinamerika, bei dem Lateinamerika monoton als eine Einheit erscheint, verfügt Lateinamerika jedoch über eine Vielfalt aus soziokulturellen und wirtschaftlichen Strukturen[117]. Im Folgenden möchte ich zunächst die Situation vor dem Putsch von 1964 erläutern und im Anschluss daran die Entwicklungen in der Militärzeit bis 1985 beschreiben.

3.1 Allgemeines - Die Situation vor dem Putsch von 1964

3.1.1 Von der Alten Republik zum *Estado Nôvo*

a) <u>Die Alte Republik</u> (1889-1930)

Nach der Abdankung Kaiser Pedro I., entstand ein Muster der gegenseitigen Machtverteilung ohne eine zentral lenkende Persönlichkeit, das bis zum Sturz der Monarchie (1889) bestehen blieb[118]. Während sich in Hispanoamerika das sog. System des *caudilismo* bildete, entstand in Brasilien in der zweiten Hälfte des 19. Jahrhunderts das sog. System des *coronelismo*[119]: anders als in den meisten anderen lateinamerikanischen Staaten, deren Gründung die unmittelbare Folge eines Unabhängigkeitskrieges war, waren derartige Entwicklungen wie auch Interventionen des Militärs in der Politik in Brasilien unbekannt[120]. Mit der Verfassung von 1891 wurde in Brasilien der Föderalismus eingeführt[121]. Die ersten demokratischen Zeichen in Lateinamerika wurden um das Jahr 1910 ersichtlich (**Abb. 2**) Den Zeitraum von 1900-1929 in Brasilien beurteilt Smith als oligarchisches System[122]. Die Demokratie in Brasilien

---

[115] Nohlen, Militärregime, 1986, S. 6.
[116] Waldmann/Krumwiede, Lateinamerika, 1992, S. 60 f.
[117] Nohlen, Militärregime, 1986, S. 3.
[118] Moltmann, Militär, 1975, S. 168.
[119] Das Wort „*coronelismo*" kommt von dem Wort „*coroneis*": so ist die brasilianische Bezeichnung für den Dienstrang eines Oberst, den die Großgrundbesitzer in Brasilien augrund ihrer Privilegierung erhielten.
[120] Cammack, *Brazil*, 1991, S. 24. Vgl. auch Cammack, *Brazil*, 1982, S. 54 ff und Heinz, Militär, 2001, S. 121.
[121] Cammack, *Brazil*, 1991, S. 24.
[122] Smith, *Democracy*, 2004, S. 33.

stellt eine eigene kulturelle Leistung dar und ist keine Staatsform, die von außen durch fremde Mächte oktroyiert wurde[123]. Für den Zeitraum nach 1910 spricht man im Falle Brasiliens von intra-oligarchischen Wahlen: die Wahlbeteiligung lag zwischen 1918 und 1926 bei 2,6%, Frauen und Analphabeten waren ausgeschlossen[124]. Die essentiell traditionelle Gesellschaft in Brasilien bildete in der Mitte des 20. Jahrhunderts die Ausgangsbasis für ein gutes und sich kontinuierlich steigerndes Wirtschaftswachstum bis weit in das Jahr 1930 hinein[125]. In den letzten 30 Jahren des 19. Jahrhunderts ist eine aktivere Mittelklasse entstanden[126].

b) <u>Die Weltwirtschaftskrise</u>

Parallel zur Weltwirtschaftskrise kam es zu innenpolitischen Spannungen infolge der kompromisslosen Haltung São Paulos bei der Auswahl des Präsidentschaftskandidaten[127]. In dieser Krise brach 1930 eine Revolution aus[128]. Dadurch wurde die Vorherrschaft der sog. „Kaffeebarone" gebrochen und es entstand eine Art populistischer Pakt zwischen dem Kaffeebürgertum und der Industriearbeiterschaft mit Migrationshintergrund, die Brasilien bis 1964 maßgeblich wirtschaftlich und politisch formte[129]. Bis zu diesem Zeitpunkt wurde die Politik von den einflussreichen Landbesitzern und den Eliten in den größten Staaten bestimmt und das politische System war von Betrügereien und beschnittenem Wahlrecht geprägt[130]. Beide Krisen wirkten aufeinander wie ein Katalysator und trugen zu einer gegenseitigen Verschärfung der angespannten Lage bei.

c) <u>Die Ära Vargas</u> [131]

Die Phase der Transition von der dezentralisierten Oligarchie zur politischen Zentralisierung (1930-1937) und die Phase der zivilen Diktatur (1937-1945)

---

[123] Wöhlcke, Brasilien, 1991, S. 51.
[124] Smith, *Democracy*, 2004, S. 8 und Stepan, *Brazil*, 1971, S. 124.
[125] Pereira, *Brazil*, 1984, S. 7.
[126] Pereira, *Brazil*, 1984, S. 15.
[127] Nohlen, Lexikon Dritte Welt, 2000, S. 120.
[128] Nohlen, Lexikon Dritte Welt, 2000, S. 120. Pereira, *Development*, 1984, S. 1.
[129] Nohlen, Lexikon Dritte Welt, 2000, S. 120. Pereira, *Development*, 1984, S. 1 f.
[130] Hagopian, *Brazil*, 1990, S. 153.
[131] Flynn, *Brazil – A Political Analysis*, 1978, S. 94-132.

aa) 1. Staatsstreich

Der Versuch der Machteliten in São Paulo, die brasilianische Präsidentschaft entgegen dem eigentlichen seit der Alten Republik bestehenden Turnus an sich zu reißen – eigentlich wäre die gewohnheitsrechtliche Rotation auf Minas Gerais gefallen -, führte 1930 zum Ausbruch der von Getúlio Vargas angeführten Revolution und damit auch zum Ende der sog. „Kaffe mit Milch"-Politik[132] (*política do café-com-leite*) der beiden miteinander um die Präsidentschaft konkurrierenden Staaten[133]. Vargas regierte Brasilien von 1930 bis 1954 (Ausnahme 1945-50)[134]. Der Einfluss der oligarchischen Eliten begann sich infolge dieser Revolution zu vermindern und es wurde ein radikaler Wandel weg von der lokal-oligarchischen hin zu einer national-populistischen Politik vollzogen[135]. Bis 1930 war Brasilien ein semikoloniales Land[136]. Mit Beginn von Vargas Machtergreifung und der „liberalen Allianz" aus Militärs, einer neuen städtischen Mittelschicht und den neu entstehenden Arbeitnehmer- und Industrieeliten begann Brasiliens Phase einer modernen Industrialisierung[137]. 1932 wurden in einem kleineren Bürgerkrieg die alten Eliten von São Paulo durch die Anhänger von Vargas besiegt[138].

bb) 2. Staatsstreich

Infolge des Widerstandes der Großgrundbesitzer gegen den Wandel vom exportorientierten Wirtschaftsmodell hin zur importsubstituierenden Industrialisierung kam es am 10. November 1937 zu einem weiteren Staatsstreich von Getúlio Vargas, der die Großgrundbesitzer, die Widerstand gegen diesen Wandel leisteten, zwar nicht völlig entmachtete, sondern sie zusammen mit der nach oben strebenden Stadtbevölkerung und den jungen Industriearbeitern in einen populistischen Sozialpakt einband[139]. Als Vorwand für diesen Staatsstreich wurde ein fingiertes pseudo-kommunistisches Papier herangezogen, welches von dem pro-faschistischen Geheimdienstoffizier Olympio Mourao Filho geschrieben wurde[140]. Mit diesem Sozialpakt schuf Vargas ein

---

[132] http://pt.wikipedia.org/wiki/Pol%C3%ADtica_do_caf%C3%A9_com_leite (Zugriff: 23.11.2006). Minas Gerais war der größte Milchproduzent und São Paulo der größte Kaffeeproduzent.
[133] Wesson/Fleischer, *Brazil*, 1983, S. 91. Vgl. auch Black, *Redemocratization*, 1992, S. 85.
[134] Wesson, *Democracy*, 1982, S. 23.
[135] Pereira, *Brazil*, 1984, S. 11. Vgl. auch Faro de Castro/Valladão de Carvalho, *Brazil*, 2003, S. 467.
[136] Pereira, *Brazil*, 1984, S. 9.
[137] Calcagnotto, Umweltpolitik, 1990, S. 87.
[138] Cammack, *Brazil*, 1991, S. 29.
[139] Nohlen, Lexikon Dritte Welt, 2000, S. 120. Vgl. auch Krumwiede/Waldmann, Lateinamerika, 1992, S. 61; Heinz, Militär, 2001, S. 133 und Stepan, *Brazil*, 1989, S. 5.
[140] Camamck, *Brazil*, 1991, S. 29.

korporativistisches System (*developmentalist model*): Gewerkschaften und Parteien wurden gleichgeschaltet, die herrschenden Eliten wurden symbolisch an der Macht beteiligt[141] und es wurden die folgenden Einrichtungen neu geschaffen: ein Nationaler Kaffeerat (1931), ein Institut für den Cocoaschutz (1932), ein Institut für Zucker und Alkohol und ein Rentenfond für Seearbeiter (1933), ein Rentenfond für Bankarbeiter (1934) und ein Rentenfond für kaufmännische Arbeitnehmer (1935), und sechs weitere ähnliche Einrichtungen (1937, 1938 und 1940 – davon 3 Rentenkassen und jeweils eine Einrichtung für Stahl und Salz)[142]. In Lateinamerika hatten bis zu diesem Zeitpunkt nur Chile und Ecuador bereits ein eigenes Pensionswesen[143]. Ferner löste er die Parteien und den Kongress auf[144]. Die neue Verfassung schuf die Grundlage für ein autoritäres und zentralistisches Regime[145]. Nach dem Zweiten Weltkrieg zwang das Militär infolge der in Lateinamerika erwachenden demokratischen Bewegungen Vargas zum Rücktritt[146].

cc) Der *Estado Nôvo* (1937-1945) [147]

Die Zeit des von Vargas begründeten autoritären Militärregimes bezeichnet man als *Estado Nôvo* (1937-1945) [148]. Smith bezeichnet die Zeit der Ära Vargas (1930-1945) als nicht-demokratisch[149]. Dieser „Neue Staat" war in seiner Form ähnlich dem Regime von Salazar in Portugal und eine Art Diktatur in Anlehnung an den europäischen Faschismus[150]. Mit diesem „Neuen Staat" wurde eine neue Form von Massenloyalität durch die Modernität der mit ihm einhergehenden politischen Agenda geschaffen[151]. Unter Vargas übernahm der Staat eine erweiterte Rolle in der Wirtschaftspolitik und ein Modernisierungsprozess begann[152]. Die ersten Unternehmungen zur Förderung und Verarbeitung von Erz wurden in dieser Zeit mit staatlicher Unterstützung geschaffen[153]. Programm und Politik von Vargas wurden in dieser Zeit

---

[141] Waldmann/Krumwiede, Lateinamerika, 1992, S. 61.

[142] Waldmann/Krumwiede, Lateinamerika, 1992, S. 61 und Faro de Castro/Valladão de Carvalho, *Brazil*, 2003, S. 469.

[143] Orenstein, *New Pension*, 2006, S. 297.

[144] Nohlen, Lexikon Dritte Welt, 2000, S. 120.

[145] Nohlen, Lexikon Dritte Welt, 2000, S. 121.

[146] Nohlen, Lexikon Dritte Welt, 2000, S. 121.

[147] Flynn, *Brazil – A Political Analysis*, 1978, S. 94-132.

[148] Skidmore, *Slow Road*, 1989, S. 5.

[149] Smith, *Democracy*, 2004, S. 33.

[150] Fleischer, *Parties*, 1998, S. 8. Vgl. auch Nolte, Militärregime, 1994, S. 24.

[151] Waldmann/Krumwiede, Lateinamerika, 1992, S. 61.

[152] Fleischer, *Parties*, 1998, S. 1.

[153] Moltmann, Brasilien, 1989, S. 96.

von den nationalistischen Tendenzen und den autoritären Zügen des *tenentismo*[154] beeinflusst[155]. Dabei verließ sich Vargas beim Ausbau seiner Macht jedoch mehr auf höhere Offiziere als auf die unteren Offiziersränge[156]. 1937 löste Vargas mit Hilfe der Streitkräfte außerdem den Kongress auf, um die Macht der Kommunisten einzudämmen und kündigte für 1943 ein Plebiszit für die Neuwahl des Präsidenten an[157]. Während des Zweiten Weltkrieges nahm die Exportorientierung der brasilianischen Wirtschaft zu[158]. Mit dem Ende des Zweiten Weltkriegs in Europa im Mai 1945 setzte Vargas seine 1943 begonnene populistische Politik fort und erlies ein Dekret, mit dem der Einfluss ausländischer Firmen in der brasilianischen Wirtschaft reduziert werden sollte, nachdem er bereits Anfang des Jahres linksgerichtete Politiker aus dem Gefängnis entlassen hatte[159]. Die US-Regierung setzte Vargas daraufhin auf eine Liste lateinamerikanischer Staatsführer, die zurücktreten sollten[160]. Die PSD und die PTB wurden von Vargas in dieser Periode gesteuert und von oben bis unten in ihrer Struktur kontrolliert[161]. In dieser Zeit wurde auch die Bundesbürokratie aufgebaut als eine Art Gegenpol gegen die traditionell orientierten Einzelstaaten, die urbane Arbeiterschaft wurde korporativ integriert und auf diese Weise kontrolliert und Staatsunternehmen wurden eingerichtet, die ein wesentlicher Motor für die Industrialisierung des Landes wurden[162]. Der Staat begann in dieser Zeit sein wirtschaftliches Engagement auszubauen: so wurden mit staatlicher Unterstützung die ersten Unternehmen zur Gewinnung und Verarbeitung von Erzen gegründet und Instrumente zur Beeinflussung des Kreditwesens und des Außenhandels geschaffen[163]. Das Muster der staatlichen Lenkung der Beziehungen zwischen Unternehmen auf der einen Seite und gewerkschaftlichen Organisationen auf der anderen Seite wurde bereits in dieser Zeit geschaffen[164]. Im Oktober 1945 wurde Vargas durch einen Staatsstreich der Militärs zum Rücktritt gezwungen, nachdem diese ihm ein Ultimatum zum Rücktritt gesetzt hatten[165] und ein Mehrparteiensystem eingeführt[166].

---

[154] Von *tenente* = Leutnant.
[155] Moltmann, Militär, 1975, S. 169. Vgl. Punkt 3.2.1.
[156] Moltmann, Militär, 1975, S. 170.
[157] Cammack, *Politics*, 1988, S. 115.
[158] Waldmann/Krumwiede, Lateinamerika, 1992, S. 61.
[159] Skidmore/Smith, *Latin America*, 2005, S. 162.
[160] Skidmore/Smith, *Latin America*, 2005, S. 162.
[161] Lamounier/Meneguello, *Parties*, 1985, S. 2.
[162] Heinz, Militär, 2001, S. 125.
[163] Heinz, Militär, 2001, S. 126.
[164] Moltmann, Brasilien, 1989, S. 96, zitiert nach Skidmore, *Politics*, 1973, S. 31.
[165] Skidmore/Smith, *Latin America*, 2005, S. 163 und Holtz, Brasilien, 1981, S. 272.
[166] Skidmore, *Slow Road*, 1989, S. 5.

3.1.2 Die Phase der kurzen „populistischen" Demokratie (1945-1951, 1954-1964) [167]

Am 28. Februar 1945 verkündete Vargas mit dem konstitutionellen Gesetz Nr. 9, dass innerhalb von 90 Tagen allgemeine Wahlen für einen Präsidenten, die Abgeordnetenkammer und den Bundesrat (seit 1937 Nachfolger des Senats) stattfinden sollten[168]. So fand Brasilien (1946) mit dem Ende des Zweiten Weltkriegs neben vielen anderen Ländern in Lateinamerika seinen Weg zur Demokratie (Guatemala: 1945, Peru: 1945, Argentinien: 1946, Venezuela: 1946 und Ecuador: 1948), während Chile, Uruguay und Kolumbien bereits seit 1942 demokratische Merkmale aufwiesen[169]. Die politische Elite in dieser Zeit rekrutierte sich fast ausnahmslos aus der Ära Vargas und das unter Vargas geschaffene korporatistische System blieb bestehen[170]. Die drei größten Parteien in dieser Zeit im Parlament waren die PSD, UND und die PTB, die zusammen 80% der Sitze im Unterhaus innehatten[171]. Die UND war in dieser Zeit die größte Oppositionspartei[172]. Trotz des formell demokratischen Charakters des politischen Systems in dieser Zeit waren die politischen Parteien nur Akteure zweiten Ranges[173]. Die sog. „demokratische Mehrparteienperiode", die mit der Verfassung von 1946 unter Dura begann, erlebte insgesamt vier direkt gewählte Präsidenten (1945, 1950, 1955 und 1960)[174].

a) <u>Die Regierungszeit **Dura**</u> (1946-1951)

Beide 1945 gegründete Parteien, die PTB und die PSD, sind Kinder des autoritären Regimes der 1930er Jahre und unterstützten die Wahl von Dura zum Staatspräsidenten[175]. Die gute Politik von Vargas zur Belebung der Wirtschaft nach dem Zweiten Weltkrieg wurde durch dessen ehemaligen Kriegsminister Dura mit seiner Konzentration auf den Kaffeeexport und die damit einhergehende Abhängigkeit der brasilianischen Wirtschaft von den Weltmarktpreisen zunichte gemacht[176]. Skidmore beschreibt die Zeit nach Vargas wie folgt:

---

[167] Codato, *Transition*, 2006, S. 4.
[168] Cammack, *Politics*, 1988, S. 117.
[169] Smith, *Democracy*, 2004, S. 8 f.
[170] Wöhlcke, Brasilien, 1991, S. 122 und Mainwaring, *Brazil*, 1988, S. 94.
[171] Amorim Neto/Santos, *Connection*, 2001, S. 216 f.
[172] Amorim Neto/Santos, *Connection*, 2001, S. 217.
[173] Mainwaring, *Brazil*, 1988, S. 94.
[174] Fleischer, *Parties*, 1998, S. 1.
[175] Cammack, *Brazil*, 1991, S. 31.
[176] Skidmore/Smith, *Latin America*, 2005, S. 164.

„it was the military, not the politicicans, who were the immediate custodians of power"[177].

In den 1950er Jahren explodierte die Bevölkerungszahl in Lateinamerika und die Arbeit verlagerte sich immer mehr vom Agrarsektor hin zum Dienstleistungs- und Produktionssektor, was dazu führte, dass der Mittelstand wuchs[178].

b) Die Regierungszeit **Kubitschek** (1955-1961)

Mit der Wahl von Kubitschek zum Präsidenten wurde eine schwere Staatskrise im letzten Augenblick abgewendet[179]. Das politische System mit der Vorherrschaft der Allianz aus PSD-PTB seit 1945 wurde durch die Frage der Landreform erschüttert und das populistische System aus der Vargaszeit fand dadurch ein Ende[180]. Dieser Prozess stellt eine Veränderung des politischen Systems von einem künstlichen Parteiensystem auf der Basis von zeitlich begrenzten Klassenallianzen hin zu einem neuen System dar, das sich parallel zu dem Muster der Klassenveränderung neu ausrichtet[181]. Unter Kubitschek wurden Direktinvestitionen ausländischer Unternehmen zur Produktion von Gütern des gehobenen Konsums gefördert[182]. Mit staatlichen Investitionen wurden der Stahlsektor und Infrastrukturmaßnahmen gefördert[183].

c) Die Regierungszeit **Qadros**

1961 kam der Kandidat der Unionspartei UND und Lehrer Jânino Qadros mit einer absoluten Mehrheit an die Macht[184]. Sein Gegner, Marschall Henrique Lott, der Kubitschek 1955 mittels eines präventiven Putsches an die Macht verhalf, unterlag[185]. Vor seiner Wahl war er bereits Bürgermeister von São Paulo[186].

---

[177] Skidmore, *Politics*, 1967, S. 53, zitiert nach Cammack, *Politics*, 1988, S. 117.
[178] Booth, *National Revolts*, 1991, S. 38.
[179] Cammack, *Brazil*, 1991, S. 33.
[180] Cammack, *Brazil*, 1991, S. 34.
[181] Cammack, *Brazil*, 1991, S. 34.
[182] Moltmann, Brasilien, 1989, S. 94.
[183] Moltmann, Brasilien, 1989, S. 94.
[184] Nohlen, Lexikon Dritte Welt, 2000, S. 121. Vgl. auch Skidmore, *Politics*, 1988, S. 7 und Lins da Silva, *Democracy*, 1993, S. 126.
[185] Heinz, Militär, 2001, S. 126.
[186] Lins da Silva, *Democracy*, 1993, S. 126.

d) <u>Die Regierungszeit</u> **Goulart**

Quadros überließ nach kurzer Zeit mit seinem freiwilligen Rücktritt im Jahr 1963 seinem Vizepräsidenten João („Jango") Goulart, dem ehemaligen Arbeitsminister unter Vargas, die Macht, der durch ein Plebiszit die vollen präsidentiellen Befugnisse zurückerhält[187]. Goulart war ein PTB-Politiker und Protégé von Vargas[188]. Seine Macht wurde jedoch als Gegenleistung für die Unterstützung seiner Amtsübernahme durch die Militärs durch das parlamentarische System geschwächt[189]. Die von Qadros eingeleitete Reformpolitik der Nationalisierung ausländischer Betriebe wurde von Goulart intensiviert[190]. Goulart war während seiner ganzen Amtszeit mit einer starken Opposition der Bundesstaaten konfrontiert[191]. Die wirtschaftlichen Stabilisierungsansätze von Kubitschek, Quadros und Goulart waren mit dem Ende der Amtszeit Goularts endgültig gescheitert, da der Widerstand gegen diese Ansätze in der Gesellschaft und in der Politik zu groß wurde[192]. Zunächst verfolgte Goulart wie Vargas eine konservative Strategie mit dem Campos-Furtado-Dreijahresplan zur Stabiliserung, infolge der verschiedenen Gegensätze um diesen Plan wurde dessen Strategie radikaler[193]. Die konservative Balance der von Vargas organisierten Allianz zur Unterstützung einer von staatlicher Seite geförderten Industrialisierung und zur Eindämmung einer Radikalisierung war gescheitert[194]. Infolge der Rezession, steigenden Inflation und der politischen Isolierung Brasiliens vollzog Goulart 1963 einen Linksruck[195]. Die konservativen parlamentarischen Kräfte aus UND und PSD schlossen sich nun gegen ihn zusammen[196]. Die US-Regierung unterstützte die Gegner von Goulart, da ihr dessen Regime zu linksorientiert wurde[197].

---

[187] Holtz, Brasilien, 1981, S. 273. Vgl. auch Heinz, Militär, 2001, S. 133, Skidmore, *Politics*, 1967, S. 187-205 (Quadros), 205-253 (Goulart); Wöhlcke, Kosten, 1991, S. 177; Lateinamerika II, 1994, S. 25 und Lins da Silva, *Democracy*, 1993, S. 126.

[188] Skidmore, *Politics*, 1988, S. 5.

[189] Cammack, *Brazil*, 1991, S. 34.

[190] Nohlen, Lexikon Dritte Welt, 2000, S. 121.

[191] Mainwaring/Samuels, *Federalism*, 1999, S. 3.

[192] Bernecker et al., Geschichte Brasiliens, 2000, S. 273.

[193] Cammack, *Brazil*, 1991, S. 34.

[194] Cammack, *Brazil*, 1991, S. 34.

[195] Mainwaring/Samuels, *Brazil*, 1999, S. 82.

[196] Cammack, *Brazil*, 1991, S. 35.

[197] Payne, *Industrialists*, 1993, S. xviii f.

3.2 Das Militär in Brasilien

Bezüglich der langfristig ausgelegten Faktoren in der Demokratisierung hat Brasilien einige Besonderheiten, die beispielsweise die politischen Institutionen oder die wirtschaftliche Entwicklung unter der Militärherrschaft betreffen[198]. Es gibt keinen anderen Fall einer von „oben" gesteuerten Transition, in dem die Transition zur Demokratie so lange dauerte wie im Brasilien unter den Militärs[199].

3.2.1 Das Militär als Akteur im Demokratisierungsprozess[200]

Anders als in den USA hatte das Militär in Lateinamerika und in Brasilien seine historischen Wurzeln bereits in der Kolonialzeit, so dass es den Militärs über Jahrhunderte hinweg möglich war, einen sehr großen Einfluss in der Gesellschaft auszubauen und erreichen zu können, mit eigenen Rechten (*fueros*) und eigenem Rechtsstatus[201]. Bereits im 18. Jahrhundert waren Militärangehörige in der Verwaltung zivilen Einrichtungen vorgeordnet[202]. Bis Mitte des 19. Jahrhunderts hatte das Militär keinen herausragenden Einfluss auf die Ämterverteilung und die Verteilung der politischen Macht[203]. Im Krieg gegen Paraguay (1865-1870) hatte das brasilianische Militär den Oberbefehl über die Koalitionsstreitkräfte von Argentinien, Uruguay und Brasilien[204]. In der Verfassung von 1889 wurde die Rolle eines *poder moderador* festgeschrieben: das Militär sollte diese Funktion übernehmen und bei Konflikten zwischen Politikern und Parteien vor dem Ausbruch von Gewalt schützen[205]. Seit 1889 kam es infolge dieses politischen Einflusses gehäuft zu Interventionen des Militärs in der Politik (**Abb. 3**). 40 der 207 Mitglieder in der verfassungsgebenden Versammlung von 1890 waren Mitglieder der Streitkräfte[206]. Der Großteil des Militärs ging in einer neuen Mittelklasse[207] auf (ab dem Krieg mit Paraguay, 1865-1870), während in der Marine der alte brasilianische Adel großen Einfluss hatte und diesen

---

[198] Kinzo, Brazil, 2001, S. 20.

[199] Mainwaring, *Transition*, 1986, S. 158.

[200] Hunter, *Politicians,* 1995, S. 425-443.

[201] Wiarda/Kline, *Politics*, 2000, S. 38.

[202] Heinz, Militär, 2001, S. 127.

[203] Moltmann, Militär, 1975, S. 168.

[204] Heinz, Militär, 2001, S. 127.

[205] Heinz, Militär, 2001, S. 123.

[206] Heinz, Militär, 2001, S. 127.

[207] 1941-1943 stammten 76,4% der Militärs aus der Mittelschicht. 1962-1966 waren es 78,2% (Stepan, *Brazil*, 1971, S. 34)

kontinuierlich ausbaute[208]. Schon in der Zeit bis 1930 hatte das Militär in den einzelnen Bundesstaaten in Milizform dieselbe Stärke wie die brasilianische Nationalarmee[209]. 1925 hatte São Paulo eine 14 000 Mann starke Armee, seine eigene Militärakademie und eine ausländische Militärmission[210]. In den 1920er Jahren entstand auf der Ebene eines Offiziersranges als Folge von Rivalitäten zwischen den einzelnen militärischen Rangstufen im Militär die sog. *tenetismo*-Bewegung der *tenentes*[211]: der etablierte Föderalismus sollte jetzt durch einen neuen Zentralismus ersetzt werden und die politischen Forderungen der Mittelschicht wie eine Verbesserung des Bildungssystems oder eine Verbesserung des Verfahrens zur Integration von Ausländern wurden übernommen[212]. Durch das brasilianische Expeditionskorps in Italien (1941-1945) wurden viele Erfahrungen und Eindrücke über den Westen und die USA von den Militärs[213] nach Brasilien überliefert[214]. Nach 1945 wurde der Einfluss des Militärs so groß, dass die *cobertura militar* (militärische Deckung) für den Erfolg oder das Ende eines Politikers entscheidend werden konnte[215]. 1955 versuchten die Militärminister für alle drei Teilstreitkräfte den Amtsantritt von Juscelino Kubitschek, dem sie kommunistische Sympathien unterstellten, zu verhindern, was jedoch misslang[216]. Marschall Henrique Lott verhalf Kubitschek mittels eines präventiven Putschs an die Macht, was bis zu diesem Zeitpunkt den gewichtigsten Fall der *cobertura militar* darstellte[217]. Seit 1920 ist die Größe des Militärs deutlich und kontinuierlich ohne Unterbrechung angestiegen (**Abb. 4**). Die Anzahl der Militärangehörigen stieg von 272.550 (1981) auf 296.700 (1991), was einem Anteil von 3,6% (1981) bzw. 1,9% (1991) pro 1000 Einwohner entspricht, während die Anzahl der Angehörigen der paramilitärischen Kräfte von 185.00 (1981) auf 243.000 (1991) anstieg (**Abb. 5 und 6**). Bereits im Zeitraum 1954-1964 bildeten sich stark nationalistisch geprägte Gruppen bei den Militärs heraus: die sog. „grün-gelbe"[218] Fraktion war für ein nationales Entwicklungsprogramm mit der Kontrolle über Firmen,

---

[208] Pereira, *Brazil*, 1984, S. 15.

[209] Wiarda/Kline, *Politics*, 2000, S. 36.

[210] Love, *Brasil*, 1993, S. 202.

[211] Von *tenente* = Leutnant.

[212] Moltmann, Militär, 1975, S. 169.

[213] Zu dem Wort „Militärs": der Autor benutzt in diesem Text öfters die Bezeichnung „Militärs". Damit ist das Militär in seiner Gesamtheit gemeint, eben die Streitkräfte, zusammen mit allen Faktoren, die diese Personen-/Machtgruppe unterstützten wie der militärisch-industrielle Komplex etc.

[214] Heinz, Militär, 2001, S. 127.

[215] Moltmann, Militär, 1975, S. 17

[216] Heinz, Militär, 2001, S. 126.

[217] Heinz, Militär, 2001, S. 126..

[218] Diese Farben sind eine Anlehnung an die Farben des brasilianischen Flagge.

Naturressourcen und Finanzen, während die „blaue" (ab 1964 „weiche") Fraktion für eine enge Kooperation mit den USA eintrat[219]. Man kann jedoch beim brasilianischen Militär nicht von einer „politischen Partei" sprechen, sondern es heißt vielmehr in Militärtexten, dass das Militär das nationale Interesse und die moralische Tradition der Nation verkörpert[220]. Mit der zunehmenden Wirtschaftskrise ab 1975 verkleinerte sich die tragende breite Basis der Militärherrschaft, weil diese ihre politische Legitimation mit dem wirtschaftlichen Aufstieg des Landes zu einer führenden Macht in Lateinamerika verbunden hatte[221]. Mitte der 1980er Jahre hatte das Militär im Vergleich zu zehn Jahre davor deutlich an Einfluss verloren, bildete aber trotzdem noch eine autonome Macht im Staat[222]. Auf teilstaatlicher Ebene hatte das Militär bis Mitte der 1980er Jahre eine Demokratisierung zugelassen, auf Bundesebene behielt es jedoch seinen alten Einfluss auch weiterhin[223]. Der Prozentsatz der Befragten, die sich für ein stärkeres Engagement der Militärs in der Politik einsetzten fiel von 79% auf 36% (1994)[224]. Ende der 1970er Jahre und Anfang der 1980er Jahre entwickelte sich Brasilien zu einem der wichtigsten Waffenexporteure (bewaffnete Fahrzeuge, Flugzeuge, Schiffe und Raketen) in der Dritten Welt, was den Einfluss des militärisch-industriellen Komplexes zusätzlich zu dem bis dahin bestehenden politischen und wirtschaftlichen Einfluss um ein Vielfaches vergrößerte[225]. 1989 existierten in Brasilien 350 Unternehmen mit 100 000 Arbeitsplätzen in der Rüstungsindustrie[226]. Die Höhe der militärischen Ausgaben stieg von 1981 bis 1991 um mehr als das Doppelte von 2,378 Milliarden USD (1981) auf 5,295 Milliarden USD (1991) (**Abb. 7**).

3.2.2 Die Zeit der Militärherrschaft (1964-1985)

a) <u>Allgemeines</u>

Ab Mitte der 60er Jahre übernahmen die Streitkräfte in vielen Ländern Lateinamerikas die Macht und ersetzten zivil gewählte Regierungen durch Militärregime[227]. So erlebte Brasilien (1964) wie auch Argentinien (1966,1976), Chile (1973), Peru (1968) und Uruguay (1973,1976) eine Phase der Militärherrschaft, die mit dem Sturz der

---

[219] Heinz, Militär, 2001, S. 143.
[220] Heinz, Militär, 2001, S. 58.
[221] Schirm, Brasilien, 1990, S. 100.
[222] Mainwaring/Viola, *Brazil*, 1985, S. 217.
[223] Mainwaring/Viola, *Brazil*, 1985, S. 217.
[224] Calcagnotto, Politische Kultur, 1994, S. 178 ff.
[225] Conca, *Complex*, 1997, S. 283.
[226] Moltmann, Brasilien, 1989, S. 100.
[227] Nohlen, Militärregime, 1986, S. 3. Vgl. auch Neto, *Intervention*, 1995, S. 61.

bisherigen gewählten Regierung ihren Anfang nahm[228]. Nur in Venezuela und Kolumbien wurden die demokratischen Regime nicht umgestürzt[229]. Bereits vor 1964 (1954, 1955, 1961,1962) nahmen die Teilstreitkräfte oder das Militär allgemein offen oder verdeckt Einfluss auf die Besetzung der Präsidentschaft[230]. Wie in Brasilien hofften die Militärs auch in anderen Ländern, durch Strukturveränderungen in Wirtschaft und Politik eine Rückkehr zu linkspopulistischen Regimen zu verhindern[231]. In vielen Ländern Lateinamerikas wie auch in Brasilien wurden die Spielregeln des politischen Tagesgeschäfts von den Militärs bereits lange Zeit vor deren Machtübernahme festgelegt und Interventionen in der Politik erübrigten sich aus diesem Grund[232]. Aus der Sicht der Militärs steht der Staat der Gesellschaft paternalistisch, klientelistisch und kontrollierend gegenüber[233]. Der Coup von 1964 wie auch die Staatsstreiche in den anderen lateinamerikanischen Ländern widerlegten die These der Modernisierungstheoretiker, wonach mit einer wirtschaftlichen Modernisierung auch die Wahrscheinlichkeit einer Demokratisierung einhergehe[234]. Außerdem führte Erdmann den empirischen Nachweis, dass Demokratien auch in nicht entwickelten Ländern bestehen können[235]. Das Militärregime in Brasilien war nicht so repressiv wie die Militärregime in den anderen lateinamerikanischen Ländern[236]. Diese Militärinterventionen bestätigten die weit verbreitete Theorie, wonach eine Zunahme des Modernisierungsgrades und der Professionalität der Militärs eine Reduzierung der Wahrscheinlichkeit einer militärischen Intervention im politischen System eines Landes zur Folge hatte, nicht, da sich die Militärs in diesen Ländern zum Zeitpunkt der jeweiligen Interventionen in diesen Kriterien auf einem relativ hohen Niveau befanden[237]. In Brasilien waren die Militärs nach dem Zweiten Weltkrieg im Vergleich zu den anderen lateinamerikanischen Ländern die längste Zeit an der Macht (das Regime von General Stroessner in Paraguay wird als eine zivil-militärische Diktatur eingeordnet)[238]. Die brasilianische Gesellschaft war Interventionen des Militärs in der Politik bereits gewohnt: so intervenierten die Militärs bereits 1889, 1930, 1945 und

---

[228] Hagopian, *Change*, 1993, S. 467. Vgl. auch Nohlen, Militärregime, 1986, S. 3.

[229] Nohlen, Militärregime, 1986, S. 3.

[230] Moltmann, Brasilien, 1989, S. 86.

[231] Heinz, Militär, 2001, S. 13.

[232] Heinz, Militär, 2001, S. 56 f.

[233] Heinz, Militär, 2001, S. 58.

[234] Rustow, *Growth*, 1960 und Lipset, *Democracy*, 1959. Vgl. auch Krause, Partizipation, 2006, S. 59.

[235] Erdmann, Demokratie, 1996, zitiert nach Krause, Partizipation, 2006, S. 60.

[236] Bruneau, *Intelligence*, 2007, S. 2.

[237] Huntington, *Soldier*, 1957, zitiert nach: Neto, *Intervention*, 1995, S. 61.

[238] Alvarez, *Brazil*, 1990, S. vii.

1954 in der Politik[239]. Zwischen 1946 und 1964 intervenierten immer wieder Machtgruppen im Militär, die mit zivilen Machtgruppen in Verbindung standen, in der Politik und schreckten auch nicht davor zurück, Gewalt anzuwenden[240]. In Brasilien hatten die Militärs anders als in den anderen lateinamerikanischen Ländern bereits eine längere Tradition in der Regierung (1889-1985): an der Spitze der ersten beiden Regierungen der jungen Republik standen zunächst Generäle[241]. Man bezeichnet diese Art von Militärregimen in der Fachsprache nach O`Donnell als „bürokratisch-autoritäre" Regime, weil in den späteren Phasen dieser Regime auch Technokraten an der Macht teilhaben konnten, speziell parallel zur Phase der beginnenden importsubstituierenden Industrialisierung bzw. der Beteiligung des Staates am Wirtschaftswachstum[242]. Die Militärs stützten sich zur Rechtfertigung ihrer Umstürze auf die Doktrin der Nationalen Sicherheit, die auf militärisch-theoretischen Erwägungen der Geopolitik basiert[243]. Nach dieser Ideologie schützt das Militär den Staat vor inneren Bedrohungen durch sozialrevolutionäre Bewegungen und Parteien, gerade durch Befreiungsbewegungen[244]. Das Hauptziel der Militärs bestand in der Kontrolle der Gesellschaft und in der Freisetzung von Kräften wirtschaftlichen Wachstums (Stabilisierung von Wirtschaft und Währung, schnelleres Wachstum, forcierte Industrialisierung)[245]. Sie legten in der Regel keinen Wert auf die Unterstützung durch die Massen[246]. In den ärmsten Regionen des Landes bildete sich jedoch ein klientelistisches System[247]. Erst Geisel und Figueiredo unternahmen den Versuch, die Militärs von ihrem maßgeblichen Einfluss auf die Regierung und aus der Regierung abzudrängen[248]. Das Militär in Brasilien hatte aufgrund seiner über einen langen Zeitraum entstandenen Besonderheiten eine Art von Vorbildcharakter für die anderen lateinamerikanischen Regime[249]. Im Gegensatz zu Argentinien kam es in Brasilien während der Militärherrschaft nicht zu einer großen Anzahl von Morden durch das Regime, sondern lediglich zu 125 „Verschwundenen"[250]. Während der Militärzeit

---

[239] Lins da Silva, *Democracy*, 1993, S. 126.

[240] Weyland, *Democracy*, 2005, S. 94.

[241] Polyglott Brasilien, 2005/2006, S. 34 f.

[242] Hagopian, *Change*, 1993, S. 467. Vgl. auch O`Donnell, *Modernization*, 1979 und Nohlen, Militärregime, 1986, S. 5.

[243] Nohlen, Militärregime, 1986, S. 3 f.

[244] Nohlen, Militärregime, 1986, S. 4.

[245] Nohlen, Militärregime, 1986, S. 4.

[246] Nohlen, Militärregime, 1986, S. 4.

[247] Mainwaring/Viola, *Brazil*, 1085, S. 201.

[248] Mainwaring/Viola, *Brazil*, 1085, S. 211. Vgl. auch Nolte, Militärregime, 1994, S. 25.

[249] Nolte, Militärregime, 1994, S. 25.

[250] Nolte, Militärregime, 1994, S. 25.

wurden insgesamt fünf Generäle indirekt zu Präsidenten „gewählt" und Brasilien durchlebte eine Phase der Zentralisierung[251]. Bei der „Wahl" neuer Präsidenten wurde das Militär jedes Mal in einzelne Fraktionen gespalten, was ein Merkmal für den Entscheidungsfindungsprozess autoritärer Regime ist[252]. Im Gegensatz zu Argentinien, wo das Militärregime infolge der Niederlage im Falkland-Malvina Krieg sich aufzulösen begann, konnte das Militärregime in Brasilien die Transition bis zu ihrem Ende 1985 von oben „kontrollieren"[253]. Drei der fünf General-Präsidenten sind aus dem Geheimdienst SNI hervorgegangen[254].

b) Der Putsch von April 1964

Der Putsch vom 31. März 1964 und die daraus folgende Militärherrschaft waren eine Folge der chaotischen und sich radikalisierenden innenpolitischen Verhältnisse unter der linkspopulistischen und linksgerichteten Regierung von Präsident João Goulart[255]. Seit 1945 waren die Militärs in die Parteipolitik und in die Wahlen involviert mit engen Kontakten zur UND[256]. Die innenpolitischen Auseinandersetzungen hatten seit Anfang der 1960er Jahre auf die Militärs übergegriffen und die einzelnen Rangstufen in sich gegenseitig bekämpfende Gruppen gespalten[257]. Am 20. März 1964 erklärte Castelo Branco als Chef des Generalstabes des Heeres, dass den Streitkräften die Aufgabe zugewiesen wurde, mit ihren Mitteln die Einheit der Nation zu wahren und das Prinzip von Gehorsam und Befehl innerhalb des Militärs aufrechtzuerhalten[258]. Zehn Tage später wurde er Anführer des Coups. Der Staatsstreich wurde vorwiegend von der zivilen konservativen Mittelklasse getragen und von den Militärs angeführt, das dadurch die herrschende Klasse wurde, jedoch auch zivile Kräfte trugen maßgeblich zu diesem Staatsstreich bei[259]. Die Mittelklasse wurde dabei nur aus dem Grund in den Staatsstreich miteinbezogen, da sich die Militärs daraus eine langfristige Absicherung ihrer politischen Ziele versprachen[260].

---

[251] Fleischer, *Parties*, 1998, S. 1. Vgl. auch Mainwaring/Samuels, *Federalism*, 1999, S. 2.

[252] Mainwaring, *Transition*, 1986, S. 153.

[253] Hagopian/Mainwaring, *Brazil*, 1987, S. 487.

[254] Moltmann, Brasilien, 1989, S. 91.

[255] Selcher, *Liberalization,* 1986, S. 1. Vgl. auch Bernecker et al., Geschichte Brasiliens, 2000, S. 298; Wöhlcke, 1994, S. 51; Stepan, *Brazil*, 1989, S. 5; Skidmore, *Slow Road*, 1989, S. 5; Nohlen/Barrios, Redemokratisierung, 1989, S. 6 und Schneider, *Brazil*, 1996, S. 88.

[256] Jenks, *Parties*, 1979, S. 69.

[257] Moltmann, Brasilien, 1989, S. 88.

[258] Moltmann, Brasilien, 1989, S. 88, zitiert nach Silva, *Golpe*, 1975, S. 342 f.

[259] Codato, *Transition*, 2006, S. xix. Vgl. auch Jenks, *Parties*, 1979, S. 2.

[260] Aydos, Questão, 1984, S. 9, zitiert nach Veser, Reorganisation, 1993, S. 156.

Weder die zivilen Kräfte allein noch die Militärs allein wären in der Lage gewesen, einen Umsturz herbeizuführen[261]. Die Umsturzbewegung war weder als eine „militärische" noch als eine „zivile" Bewegung einzuordnen[262]. Die Militärs waren gegen die Patronagepolitik der Parteien, die nicht auf einer Politik der wirtschaftlichen Rationalität basierte[263]. Anders als bei den früheren Interventionen des Militärs in Brasilien, in denen das Militär seit der Ersten Republik lediglich als *poder moderador* fungierte, übernahm es nun direkte Verantwortung für die Exekutive[264]. Das Militär drang zum ersten Mal in die Gerichtsbarkeit ein und übernahm die zivilen Machtbereiche[265]. In Brasilien (hier die UND) wie auch in Argentinien und Chile beteiligte sich wenigstens eine der großen Parteien an dem Coup, da sich Parteifunktionäre gute Positionen in einer neuen Regierung erhofften, was in Brasilien auch so geschah[266]. Goularts Dekrete aus dem Jahr 1964 über Enteignung von Ländereien zugunsten landloser Arbeiter, die Verstaatlichung von Ölraffinerien, die Förderung von Verfassungsänderungen und die Wiederzulassung der 1947 verbotenen Kommunistischen Partei und die Drohung mit dem Generalstreik führten zu einer steigenden Angst vor einer kommunistischen Subversion in politischen, militärischen und kirchlichen Kreisen, zu einer in dieser Form neuen sozialen Unruhe und zu einem Kontrollverlust der Politik[267]. Infolge des seit 1960/61 anhaltenden sog. „Kuba-Schocks" nach Fiedel Castros Putsch in Kuba wuchs in Brasilien die Angst vor einem möglichen von linken Gruppen ausgehenden Staatsstreich (Desch 1999)[268]. Dazu kamen die Inflationssteigerung, der Abzug von Auslandskapital, wachsende soziale Spannungen und rückläufige Wachstumsraten, die dazu beitrugen, dass die Militärs im April 1964 mit der logistischen Unterstützung der US-Marine die Macht übernehmen konnten[269]. Das Militär sah sich insbesondere dadurch legitimiert, dass es bereits seit langer Zeit eine politische Rolle ausübte und seit Mitte der 1950er mehrere Umsturzversuche angestrengt hatte[270]. Im Unterschied zu vorhergegangenen Staatsstreichen hatte das Militär 1964 nicht mehr die Absicht, die Macht nach kurzer Zeit an die Zivilisten

---

[261] Mainwaring, *Brazil,* 1999, S. 52.

[262] Jenks, *Parties,* 1979, S. 53.

[263] Jenks, *Parties,* 1979, S. 55.

[264] Bahro/Zepp, Mudança, 1988, S. 1, zitiert nach Veser, Reorganisation, 1993, S. 157.

[265] Valle, *Novas Estruturas,* 1977, S. 54 f., zitiert nach Veser, Brasilien, 1993, S. 157.

[266] Mainwaring, *Brazil,* 1988, S. 95.

[267] Holtz, Brasilien, S. 273 und Bernecjer et al., Geschichte Brasiliens, 2000, S. 272. Vgl. auch Lafer, *Sistema,* S. 2 und Corrêa, *Partidos,* S. 14 f, zitiert nach Veser, Brasilien, 1993, S. 154.

[268] Waldmann/Krumwiede, Lateinamerika, 1992, S. 61. Vgl. auch Lion, *Public Security,* 2003, S. 3.

[269] Nohlen, Lexikon Dritte Welt, 2000, S. 121. Vgl. auch Waldmann/Krumwiede, Lateinamerika, 1992, S. 62.

[270] Heinz, Militär, 2001, S. 141. Vgl. auch Lateinamerika II, 1994, S. 25.

44

zurückzugeben und es etablierte sich vielmehr als neue Schicht in Bereichen, die bis zu diesem Zeitpunkt hauptsächlich von Zivilisten besetzt waren[271]. Die Militärs sahen nunmehr die Lösung der Konflikte im Ausschluss der Opposition und nicht mehr in deren Kooptation[272]. Unter der Herrschaft der Junta vollzog Brasilien infolge der Intensivierung der Industrialisierung den Wandel zu einem Schwellenland, wobei die sozialen Unterschiede wuchsen[273]. Das Militär putschte in Brasilien gegen eine sozial-fortschrittliche Regierung, wobei der Grad der Mobilisierung dieser Regierung hoch war[274]. Der Konsolidierungsgrad des Parteiensystems und die Stabilität der Regierung waren zu diesem Zeitpunkt dagegen niedrig[275].

Die Etablierung der Militärherrschaft (Castelo Branco / Costa e Silva)[276]

c) <u>Die Regierungszeit **Castelo Branco**[277]</u> (1964-67)

Bereits in den ersten Tagen nach der Machtübernahme begannen die Militärs um Marechal Humberto de Alencar Castelo Branco damit, dessen Einfluss mit ihrer Hilfe kontinuierlich auszubauen: so entließ man Schritt für Schritt Goulartanhänger aus ihren Ämtern[278]. Die Doktrinen, auf die sich die Militärs ab 1964 stützten, wurden bis dato an der *Escola Superior de Guerra* gelehrt und beinhalteten eine Stärkung des Staates gegenüber der Wirtschaft und Gesellschaft, die wirtschaftlichen Ressourcen des Landes zur vollen Entfaltung zu bringen sowie die Realisierung einer Außen- und Sicherheitspolitik unter geopolitischen und geostrategischen Vorzeichen[279]. Unter der Doktrin der „Sicherheit" wurde die Machtverteilung zwischen den Institutionen und der Bestand der Institutionen wie auch die Aufrechterhaltung der Herrschaftsverhältnisse und der Legitimität des Regimes verstanden[280]. Die Militärs um den konstitutionalisten Castelo Branco waren der sog. „weichen" Linie (*linha branda*) im Militärregime zuzurechnen und als „liberale" Kräfte dazu bereit, nach wenigen Jahren in der Regierung durch Wahlen zur Demokratie zurückzukehren[281]. Trotzdem wurden

---

[271] Bernecker et al., Geschichte Brasiliens, 2000, S. 271 und Aydos, Questão, 1984, S. 9, zitiert nach: Veser, Reorganisation, 1993,S. 157.

[272] Bernecker et al., Geschichte Brasiliens, 2000, S. 272.

[273] Nohlen, Lexikon Dritte Welt, 2000, S. 119.

[274] Nohlen, Militärregime, 1986, S. 8.

[275] Nohlen, Militärregime, 1986, S. 8.

[276] Codato, *Transition*, 2006, S. 1.

[277] Nohlen, Lexikon Dritte Welt, 2000, S. 121.

[278] Schneider, *Brazil*, 1996, S. 89.

[279] Moltmann, Brasilien, 1989, S. 86 f.

[280] Moltmann, Brasilien, 1989, S. 90.

[281] Heinz, Militär, 2001, S. 141 und Chadwick, *Brazil*, 2000, S. 123.

in dessen Amtszeit 1400 Personen aus der öffentlichen Verwaltung entfernt und über 1200 wurden aus den Streitkräften entlassen (*ação limpeza*), was aber nicht verhindern konnte, dass sich Dissidentengruppen in den Streitkräften bildeten[282]. Mit dem Institutionellen Akt Nr. 2 vom 27. Oktober 1965 wurden die Parteien unterdrückt, indirekte Präsidentschaftswahlen zu diesem Zeitpunkt bereits formell zugelassen, was die Macht des Präsidenten stärkte. Die Exekutive konnte in den Bundesstaaten intervenieren, um eine Subversion zu verhindern und Verfassungsänderungen mit einfacher Kongressmehrheit zu ermöglichen[283]. Mit dem Institutionellen Akt Nr. 1 (AI-1) von April 1964 konnten die Militärs bereits politische Rechte und Mandate suspendieren[284]. Ferner erhielt die Exekutive das alleinige Budgetrecht, die Debattenzeit für jede Art von Gesetzesvorhaben wurden drastisch verkürzt und das Regime erhielt die Möglichkeit, den Kongress jederzeit aufzulösen (so 1966 und 1968/69)[285]. Branco verlängerte seine Regierungszeit um ein Jahr und schuf sich zusätzlich außerordentliche Rechte durch sog. „Institutionelle Akte", um die Hardliner in seinem Umfeld zu beschwichtigen[286]. In der Bürokratie, dem Militär und in den Gewerkschaften wurden Säuberungen durchgeführt[287]. U. a. wurden die Bürgerrechte, darunter auch das Institut des *habeas corpus*, aufgelöst (sog. *cassações*)[288]. Branco bemühte sich zudem mit einem Stabilisierungsprogramm die wirtschaftliche Lage des Landes zu verbessern[289]. Seit dem Putsch von 1964 wollten die Militärregierungen in engem Austausch mit den politischen Eliten das Land redemokratisieren, unter der Voraussetzung, dass es zu keinen anarchischen Zuständen wie vor 1964 kommen sollte[290]. Man kann diese Bemühungen auch als eine „Öffnung von oben" bezeichnen[291]. General Castello Branco schuf die Grundlagen für eine Art „relative Demokratie" in Form eines künstlichen Zweiparteiensystems mit der Regierungspartei *Alianca Renovadora Nacional* (ARENA) und der einzigen zugelassenen Oppositionspartei *Movimento Democratico Brasileiro* (MDB) sowie einem gegenüber der Exekutive schwachen Kongress[292]. Er hatte Sympathien für die UND und für liberale internatio-

---

[282] Moltmann, Brasilien, 1989, S. 92.
[283] Codato, *Transition*, 2006, S. 11. Vgl. auch Mainwaring/Samuels, *Federalism*, 1999, S. 5 und Jenks, *Parties*, 1979, S. 51.
[284] Jenks, *Parties*, 1979, S. 51.
[285] Mainwaring/Samuels, *Federalism*, 1999, S. 5.
[286] Skidmore, *Slow Road*, 1989, S. 6.
[287] Skidmore, *Slow Road*, 1989, S. 6.
[288] Skidmore, *Slow Road*, 1989, S. 6. Vgl. auch Cardoso, *Regime*, 1981, S. 5.
[289] Skidmore, *Slow Road*, 1989, S. 6.
[290] Wöhlcke, Brasilien, 1991, S. 40. Vgl. auch Hagopian, *Brazil*, 1990, S. 149.
[291] Mainwaring/Viola, *Brazil*, 1985, S. 193.
[292] Wöhlcke, Brasilien, 1991, S. 40.

nalistische Strömungen innerhalb des Militärs und war wachsam gegenüber den rechtsgerichteten Nationalisten innerhalb des Militärs[293]. Gegen diese Demokratisierungsbemühungen der Militärführung bildeten sich oppositionelle Fraktionen vor allem in den Reihen des Sicherheitsapparats (Militär, Polizei, Geheimdienst), die gegen eine politische Öffnung des Landes arbeiteten[294]. Castelo Branco und die Gruppe um ihn hatten am Ende seiner Amtszeit infolge einer Auseinandersetzung zwischen „weicher" und „harter" Fraktion im Militär keinen Einfluss auf dessen Nachfolge mehr[295]. Mit dem Institutionellen Akt. Nr.3 (AI-3) von 1965 wurden die direkten Gouverneurswahlen abgeschafft und regimetreue Gouverneure von den Militärs eingesetzt[296]. Insgesamt verabschiedeten die Militärs bis 1969 17 institutionelle Akte, um ihre Macht „legal" abzusichern[297]. Man kann hier von einer „Revolution in einer Revolution" sprechen[298]. Ferner kam es zu einschneidenden wirtschaftspolitischen Maßnahmen: so wurde 1966 die Subventionierung von Kaffee durch die Einfrierung des „Kaffeeunterstützungspreises" eingestellt[299]. Seit seinem Tod bei einem Flugzeugabsturz kurz nach seinem Amtsende gilt Castelo Branco als „weiße Legende", da er ein engagierter Konstitutionalist und Reformer war, der die brasilianische Wirtschaft und Gesellschaft verbessern und dem korrupten System ein Ende bereiten wollte[300]. Er bekämpfte mit allen Mitteln vehement die linken Kräfte unter den militärischen Hardlinern und die radikale Linke[301].

---

[293] Cammack, *Brazil*, 1991, S. 36.

[294] Heinz, Verfassung, 1996, S. 107 f.

[295] Cardoso, *Regime*, 1981, S. 8 und Mainwaring, *Transition*, 1986, S. 153.

[296] Mainwaring/Samuels, *Federalism*, 1999, S. 5.

[297] Veser, Brasilien, 1993, S. 154.

[298] Viana, *Castelo Branco*, 1974, S. 354 f.

[299] Bernecker, Geschichte, 2000, S. 272.

[300] Cammack, *Brazil*, 1991, S. 36.

[301] Cammack, *Brazil*, 1991, S. 36.

Konsolidierung des Militärregimes (Costa e Silva / Medici)[302]

d) <u>Die Regierungszeit **Costa e Silva**</u> (1967-1969)

Die Militärs um Marechal Arthur da Costa e Silva waren der sog. „harten" Linie (*linha dura*) im Militärregime zuzurechnen, die der festen Überzeugung waren, dass das Militär weiterregieren müsse, um notwendige politische Veränderungen für eine umfassende und schnelle Entwicklung des Landes durchzusetzen[303]. Costa e Silva selbst betrieb eine Redemokratisierungspolitik mit dem Ziel einer Verfassungsreform[304]. Von 1967 bis 1974 durchlebte Brasilien eine Phase gewalttätiger Opposition gegen die Militärherrschaft[305]. Infolge der Zunahme der Oppositionsaktivitäten insbesondere durch Studenten, zivile Politiker und die katholische Kirche erließ Costa e Silva 1968 den zeitlich nicht befristeten „Institutionellen Akt Nr. 5" (AI-5)[306], mit dem er jedem Staatsbürger die politischen Rechte für 10 Jahre aberkennen und Mandate zur Legislative blockieren konnte, was zu einer Verschärfung der Repression führte[307]. Zudem begann das Regime 1968, mit Gewalt gegen die Protestierenden vorzugehen[308]. Nach seinem Tod gab es einen Putsch gegen die verfassungsmäßig vorgesehene Amtsübernahme durch dessen Vizepräsidenten Aleixo, was man auch als Staatsstreich im Staatsstreich bezeichnet[309]. Die Oberkommandierenden von Heer, Luftwaffe und Marine lößten den Kongress auf und setzten den Geheimdienstchef (SNI) Médici als neuen Präsidenten ein[310]. 1968 gab es große Studentendemonstrationen und zwei wichtige Industriestreiks[311]. In dem Zeitraum von 1968 bis 1974 festigte sich das Militärregime kontinuierlich und Brasilien hatte hohe wirtschaftliche und industrielle Wachstumsraten[312]. Mit dem Institutionellen Akt Nr. 17 (AI-17) konnte der Präsident Militärs, die nicht zu den „revolutionären Zielen" beitrugen, nun zwangsweise pensionieren:

„Nach Artikel 1 dieses institutionellen Aktes kann der Präsident der Republik für eine bestimmte Periode Militärpersonal pensionieren oder in Reserve versetzen, wenn

---

[302] Codato, *Transition*, 2006, S. 6.

[303] Heinz, Militär, 2001, S. 141.

[304] Wöhlcke, Brasilien, 1985, S. 40.

[305] Selcher, *Liberalization*, 1986, S. 1.

[306] Insgesamt wurden mit den Institutionellen Akten Nr. 1,2 und 5 6.592 Militärs aus den Streitkräften ausgeschlossen (Heinz, Militär, 2001, S. 145).

[307] Nohlen, Lexikon Dritte Welt, 2000, S. 121. Vgl. auch Heinz, Militär, 2001, S. 133.

[308] Payne, *Industrialists*, 1994, S. xix.

309 Wöhlcke, Brasilien, 1991, S. 41. Vgl. auch http://de.wikipedia.org/wiki/Brasilien (Zugriff: 18.03.2007) und Veser, Brasilien, 1993, S. 154.

[310] Wöhlcke, Brasilien, 1991, S. 41.

[311] Skidmore, *Slow Road*, 1989, S. 6.

[312] Bruneau/Hewitt, *Church*, 1989, S. 40.

nachgewiesen wurde, dass diese gegen den Zusammenhalt der Streitkräfte gearbeitet haben bzw. dies versucht haben, bzw. diese sich aus persönlichen oder politischen Gründen von den Grundsätzen und Zielen ihrer verfassungsmäßigen Aufgaben entfernt haben"[313].

Wie bei Castello Branco kam es auch bei Costa e Silva am Ende von dessen Amtszeit zu einer Auseinandersetzung um die Nachfolge zwischen der „weichen" und der „harten" Linie im Militär[314].

e) Die Regierungszeit **Médici** (30.10.1969-1974)

General Emílio Garrastazu Médici behielt die Politik des „autoritären Zentralismus" bei[315]. In seiner Amtszeit erreichte die Militärherrschaft eine Blütezeit und die „harte" Fraktion setzte sich gegen die „weiche" Fraktion[316] im Militär durch[317]. Kurz vor der Übernahme des Präsidentenamtes erklärte Medici:

„Die Ausübung der Leitung des Nationalen Informationsdienstes während zweier Jahre hat mir erlaubt, das Innen und Außen der Menschen und der Dinge kennenzulernen"[318].

Die maßgeblichen Institutionen des bürokratisch-autoritaristischen Staates sind in dieser Zeit entstanden[319]. Am Ende seiner Regierungszeit war das Regime noch gefestigter als 1964 zu Beginn der Militärherrschaft: die Guerillas waren entweder ums Leben gekommen, im Gefängnis oder im Exil[320]. Sein Regime war das autoritärste seit 1964[321]. Unter ihm erlebte die Wirtschaft einen Aufschwung wie seit 1928 nicht mehr mit einer Wachstumsrate von 14%[322]. Die Regierung tat alles ihr mögliche, um die inländische Wirtschaft wieder anzukurbeln und investierte aus diesem Grund sehr stark in Rohstoffe und Finanzkapital[323]. Unter Medici begann eine Intensivierung der Zentralisierung der Staatsausgaben, erst ab 1984 stieg das

---

[313] Oliveira, *Brasil*, 1976, S. 129, zitiert nach Heinz, Militär, 2001, S. 145.
[314] Mainwaring, *Transition*, 1986, S. 153.
[315] Nohlen, Dritte Welt, 2000, S. 121.
[316] Die „weiche" Fraktion bzw. Linie hieß zunächst „blaue" Fraktion: diese Gruppe war für eine enge Zusammenarbeit mit den USA (in Anlehnung an die Kooperation mit den Alliierten in Italien) sowie mit Kapital und Firmen aus dem Ausland und bildete sich in dem Zeitraum 1954-1964 heraus. Sie wurde als „weich" bezeichnet, da sie für eine schnelle Rückkehr zur Demokratie eintrat.
[317] Cardoso, *Regime*, 1981, S. 5 und Mainwaring, *Transition*, 1986, S. 153.
[318] Moltmann, Brasilien, 1989, S. 91., zitiert bei Roquie, L`état, 1982, S. 358.
[319] Cardoso, *Regime*, 1981, S. 6.
[320] Stepan, *Brazil*, 1989, S. 7.
[321] Skidmore, *Slow Road*, 1989, S. 6.
[322] Skidmore, *Slow Road*, 1989, S. 7.
[323] Skidmore, *Slow Road*, 1989, S. 8.

Budget der Bundesstaaten wieder an (**Abb. 8**)[324]. Der Gewinn der Wahlen durch die ARENA im Jahr 1970 und die damit bestätigte Stärke verleitete die Militärs zur Einleitung eines vorsichtigen Liberalisierungsprozesses[325].

f) <u>Zusammenfassung</u> (Militärzeit bis 1974)

Die Militärs haben in den ersten sechs Jahren nach ihrer Machtübernahme erreicht, dass sich die Zahl der Sozialversicherten im Vergleich zu 1960 mehr als verdoppelt hat und dass aus den sechs verschiedenen Sozialversicherungseinrichtungen eine einzige geschaffen wurde[326]. Die Wirtschaftspolitik der Militärs zielte darauf ab, mit Hilfe von Geldwertberichtigungen (ab 1964), geringen Wechselkursabwertungen (ab 1967) und Steuerbefreiungen die pluralistischen Antagonismen im politischen System außer Kraft zu setzen und auf diese Weise politische Krisen in der Zukunft zu vermeiden[327]. Die Zahl der Staatsbetriebe wurde ausgeweitet, ausländische Direktinvestitionen zugelassen; zwischen 1968 und 1973 wuchs so die brasilianische Wirtschaft mit einer Rate von jährlich 10%[328]. Der deutliche Gewinn der ARENA bei den Wahlen von 1970 führte dazu, dass das Regime annahm, den Liberalisierungs- prozess erfolgreich von oben kontrollieren zu können[329]. Bis 1974 hatte das Militär den Einfluss der Linken deutlich reduziert und übte auch eine Art Kontrolle über die neu entstandenen *grassroot movements* aus[330]. Eine Opposition war dadurch faktisch nicht mehr existent, die Kleinbauernbewegung war bereits 1964 einer großen Repression ausgesetzt[331]. Im Gegensatz zu Bolivien, wo Anfang der 1970er Jahre linke Kräfte die rechtsgerichtete Regierung stürzen konnten[332] und zu Argenti- nien, wo ebenfalls linke Kräfte bei den Wahlen von 1973 50% der Stimmen erreichen konnten und so Einfluss auf die Regierungsbildung nehmen konnten[333], gelang es dem Militärregime in Brasilien durch seine Repressionspolitik, derartige Ereignisse zu verhindern und in der ersten Hälfte der 1970er Jahre seine Macht auszubauen[334]. Als direkte Folge des Mediciregimes konnte man von einer Art von politischer Apathie

---

[324] Mainwaring/Samuels, *Federalism*, 1999, S. 5 f.
[325] Mainwaring, *Transition*, 1986, S. 153.
[326] Faro de Castro/Valladão de Carvalho, *Brazil*, 2003, S. 470.
[327] Faro de Castro/Valladão de Carvalho, *Brazil*, 2003, S. 470 und Skidmore, *Politics*, 1973, S. 28 ff.
[328] Payne, *Industrialists*, 1994, S. xx.
[329] Mainwaring, *Transition*, 1986, S. 153.
[330] Mainwaring, *Transition*, 1986, S. 153.
[331] Mainwaring, *Transition*, 1986, S. 153.
[332] Kahle, Lateinamerika Ploetz, 1989, S. 182.
[333] Kahle, Lateinamerika Ploetz, 1989, S. 193.
[334] Mainwaring, *Transition*, 1986, S. 154.

sprechen, die dessen Nachfolger mühsam wieder beheben mussten[335]. Der Regierung ging es am Ende des Mediciregimes gut, der Bevölkerung hingegen schlecht[336]. Zwischen 1964 und 1978 entfernte das Militär 4582 Personen aus ihren Ämtern, nahm ihnen ihre politischen Rechte, weitere 300 Personen wurden ermordet und Tausende ins Exil getrieben[337].

g) Die Wahlen von 1974[338]

Geisel ließ zu, dass die Wahlen von 1974 in einer für die damalige Zeit offenen Atmosphäre abgehalten wurden[339]. Infolge des überwältigenden Stimmengewinns der MDB verboten nun die Militärs allgemein allen Wahlkandidaten öffentliche Auftritte in den Massenmedien und vertieften nachhaltig das klientelistische System zum eigenen Machterhalt[340].

h) Die Endphase der Militärherrschaft (1974-1985) - Abertura mit moderatem Pluralismus[341]

Nach Codato stellt die Öffnung des Systems (Abertura) in Brasilien eine abgeschwächte Mischung aus zwei von Schmitter (O`Donnell und Schmitter, 1988) beschriebenen Möglichkeiten dar: zum einen gab es in Brasilien eine „Übertragung von Macht" von den Militärs an die Politiker und zum anderen gab es eine Art von „verhandeltem Gehorsam" der Militärs gegenüber den moderaten Oppositionspolitikern[342]. Die Machtübertragung war jedoch nur gering, da die Militärs sich Schlüsselpositionen vorbehielten und auch auf ihrer Möglichkeit beharrten, ihr Veto gegen bestimmte Initiativen von Politikern einzulegen[343]. Die ablehnende Haltung der Mittelklasse gegenüber dem Militärregime und der große Staatsinterventionismus führten nach Leer 1979 zum Beginn der Abertura[344]. Von 1974 bis März 1985 entwickelte sich das politische System geradlinig hin zu mehr Meinungsfreiheit verbunden mit mehr Aktivitäten[345]. Gerade in den letzten vier Jahren des Militärre-

---

[335] Veser, Brasilien, 1993, S. 151.
[336] Aydos, *Questão*, 1984, S. 4, zitierun nach Veser, Brasilien, 1993, S. 152.
[337] Payne, *Industrialists*, 1994, S. xix.
[338] Jenks, *Parties*, 1979, S. 224 ff.
[339] Mainwaring, *Brazil*, 1999, S. 85.
[340] Cammack, *Brazil*, 1991, S. 51.
[341] Skidmore, *Brazil`s Road to Democratization: 1974-1985*, in: Stepan, *Democratizing*, 1989, S. 5 ff.
[342] Codato, *Transition*, 2006, S. 11.
[343] Codato, *Transition*, 2006, S. 11.
[344] Leer, *Transition*, 1993, S. 7.
[345] Selcher, *Liberalization*, 1986, S. 1.

gimes (1980-1985) wurde eine moderate Form des Pluralismus mit 5 bis 6 Parteien aufrechterhalten[346].

Die Transformation des Militärregimes (Geisel)[347]

aa) <u>Die Regierungszeit **Geisel**</u> (15.11.1974-1979)

Médicis Nachfolger, die *castellistas*[348] General Ernesto Geisel und sein Kabinettschef Golbery de Couto e Silva kündigten im März 1974 einen Prozess der vorsichtigen politischen Öffnung und Entspannung (*política de distenção oder decompressão, verallgemeinert abertura*) an – wie bereits vorher Castello Branco (1964-67), Costa e Silva (1967-69) und Medici (1969-74), ein Ansinnen, welches diese aber nicht umsetzten - und leiteten kurz nach Ihrem Amtsantritt die Phase der politischen Transition ein[349]. Die politische Schwäche der Linken in Brasilien erlaubte den Militärs diesen Schritt nach vorn[350]. Geisel und Golbery nahmen eine bessere Trennung von Militär und Regierung als Folge dieses Politikwandels in Kauf, obwohl sie keine Macht an die Zivilisten zurückgeben wollten[351]. Nach Codato kann man hier mehr von einem „Regimewechsel" als von einer „politischen Transformation" spre-chen[352]. Dabei profitierte Geisel von dem wirtschaftlichen Aufschwung in dem Zeitraum 1968-73 vor dem ersten Ölschock, der dessen Politik der Öffnung zu Gute kam[353]. Ziel dieser Entspannungspolitik war, mit Hilfe einer von oben gelenkten Liberalisierung des Systems eine demokratische Transformation zu verhindern[354]. Diese Art von Politik Geisels wird in der Wissenschaft auch als „Öffnung" oder auch als „Dekompression" bezeichnet[355]. Der bisherige autoritäre Regierungsstil wurde jedoch beibehalten: weiterhin wurden politische Mandate aberkannt, der Kongress wurde aufgelöst, keine der entscheidenden rechtlichen Grundlagen der Militärherr-

---

[346] Fleischer, *Parties*, 1998, S. 17.

[347] Codato, *Transition*, 2006, S. 1.

[348] *Castellistas* oder auch *linha branda* (weiche Linie) werden die Personen um Castello Branco, dem ersten Präsidenten in der Militärzeit, und deren Nachfolger, genannt. Nach Codato sind diese Personen Gegner der Hardliner im Militär und sie vertreten eher „liberalere" Positionen: so gingen der Institutionelle Akt Nr. 2 von Oktober 1965, der Parteien unterdrückte, und die Errichtung des SNI auf „liberale" Kräfte im Militär zurück (Codato, *Transition*, 2006, S. 11).

[349] Wöhlcke, Brasilien, 1991, S. 41. Vgl. auch Bruneau/Hewitt, *Church*, 1989, S. 39; Mainwaring, *Transition*, 1986, S. 149 f. und Nolte, Militärregime, 1994, S. 25.

[350] Hagopian/Maonwaring, *Brazil*, 1987, S. 486.

[351] Mainwaring, *Transition*, 1986, S. 153.

[352] Codato, *Transition*, 2006, S. 11.

[353] Cavarozzi, *Transitions,* 2006, S. 666.

[354] Codato, *Transition*, 2006, S. xix.

[355] Bruneau, *Transition*, 1992, S. 260.

schaft wurde für ungültig erklärt[356]. Das sog. „April-Paket" sollte den zunehmenden Redemokratisierungsdruck der Opposition mit einer Reihe von Maßnahmen beantworten[357]. Geisel begann Mitte der 70er Jahre, nachdem die ARENA an Stimmen verlor[358], mit einer langsamen Politik der Entspannung (*distenção*) die politische Repression zu mindern: er lockerte z. B. die Zensur der Presse und ließ die Anzahl der Folterungen vermindern[359]. 1977 ließ Geisel den Kongress schließen[360]. Mit dem sog. „Juni-Paket" von 1978 versuchte Geisel, der Opposition vor den Wahlen am 15.11.1978 den Wind aus den Segeln zu nehmen[361]. Dabei handelte es sich um eine Parlamentsvorlage mit zahlreichen Liberalisierungsmaßnahmen und rechtsstaatlichen Garantien wie der Abschaffung des institutionellen Akts Nr. 5, Aufhebung der Kassations- und Interventionsgewalt der Exekutive, Einschränkung der gesetzgeberischen Prärogative und Garantie des *habeas corpus*[362]. Unter Geisel kam es innerhalb der Militärs und in der Zivilgesellschaft zu einer Spaltung in verschiedene Parteigruppen: auf der einen Seite eine sog. „weiche" (*soft*) Gruppe unter der Führung von Geisel und Golbery, auf der anderen Seite die Gruppe der „harten" Linie im Sicherheitsapparat, und als Opposition die nach O`Donnell und Schmitter[363] sog. Bewegung der „Wiederauferstehung der Zivilgesellschaft" (*resurrection of civil society*) – eine Gruppe, die sich aus Vertretern der katholischen Kirche, Rechtsanwälten und Journalisten zusammensetzt -, die den Regimewandel maßgebend antrieb[364]. Die maßgebliche militärische Parteigruppe, die nach der Amtseinführung von General Geisel sehr großen Einfluss erlangte, hatte zwei vorwiegende Ziele: zum einen, einen Zustand der Ordnung im militärischen Establishment wiederherzustellen, zum anderen, eine größere institutionelle Stabilität für das Regime zu garantieren[365]. Die „harte" Linie unter Geisel war gegen eine Aufhebung oder Änderung des Institutionellen Akts Nr. 5, gegen eine Amnestie für die politischen Gefangenen, gegen eine Infragestellung des Repressionsapparates und vertrat die Ansicht der Notwendigkeit eines permanenten Ausnahmezustandes bezüglich der Bedrohung

---

[356] Wöhlcke, Brasilien, 1991, S. 41.
[357] Wöhlcke, Brasilien, 1991, S. 41. Vgl. auch Skidmore, *Military Rule*, S. 190 ff.
[358] Bruneau, *Transition*, 1992, S. 260.
[359] Schirm, Brasilien, 1990, S. 99 und Mainwaring, *Transition*, 1986, S. 155.
[360] Mainwaring, *Transition*, 1986, S. 155.
[361] Wöhlcke, Brasilien, 1991, S. 41.
[362] Wöhlcke, Brasilien, 1991, S. 41. Vgl. Kinzo, *Brazil*, 2001, S. 26.
[363] O`Donnell/Schmitter, *Transitions*, 1986, S. 48.
[364] Hagopian, *Brazil*, 1990, S. 149.
[365] Codato, *Transition*, 2006, S. 11.

der „aktuellen nationalen Ziele" durch eine Subversion[366]. Die Zunahme der Repression durch die Polizei im Staat São Paulo im Zeitraum 1975-76 kann als eine Reaktion auf Geisels Liberalisierungspolitik angesehen werden[367]. Die Grundlagen für die Krise des brasilianischen Finanzsystems in den 1990er Jahren wurden bereits in der Regierungszeit Geisel gelegt: mit der Änderung der Industrialisierungspolitik und der Änderung der Strategie in der regionalen Entwicklung[368].

Auflösung des Regimes[369] - Semiautoritäres Regime (ab 1979)[370]

bb) <u>Die Regierungszeit **Figueiredo**</u> (Oktober 1978 – 1985)

Geisel setzte sich mit der Hilfe des Wahlkollegiums dafür ein, dass General João Baptista de Oliveira Figueiredo (Kavalleriegeneral, ehemaliger Chef des Geheimdienstes SNI[371]) sein Nachfolger werden sollte[372]. Unter Figueiredo wurde die bisherige Wirtschaftspolitik beibehalten: Importsubstitution in den Sektoren der Grundrohstoffe und Waren sowie hohe Staatsinvestitionen im Energiebereich und der Infrastruktur als auch eine hohe externe Verschuldung[373]. Unter Figueiredo wurde die Liberalisierung fortgesetzt und man kann hier von einer Öffnung (*abertura*) des Systems sprechen als Fortführung der Entspannungspolitik von Geisel und der mit Geisel begonnenen dritten Stufe der Institutionalisierung[374]. Die Repression gegen Parteien und Politiker nahm gegenüber der Zeit von Medici[375] und Geisel ab.

So wurden mit der Parteienreform von 1980 das Zweiparteiensystem abgeschafft und neue Parteien wurden zugelassen mit dem Ziel der Aufsplittung der größten Oppositionspartei PMDB (früher MDB)[376]. Die wichtigsten Etappen in diesem Prozess waren die Parlamentswahlen 1982, die indirekten Präsidentschaftswahlen 1985, die Wiederherstellung der Menschen- und bürgerlichen Freiheitsrechte und die Verabschiedung der neuen Verfassung am 05.10.1988[377]. 1978 wurden die Not-

---

[366] Heinz, Militär, 2001, S. 143 und Oliveira, Geisel, 1980, S. 117 f.
[367] Kinzo, *Brazil*, 2001, S. 24.
[368] Sola, *Brazil*, 1994, S. 160.
[369] Codato, *Transition*, 2006, S. 1.
[370] Pereira, *Development*, 1984, S. 3.
[371] Holtz, Brasilien, 1981, S. 273. Vgl. auch Mainwaring/Viola, Brazil, 1985, S. 209.
[372] Brurneau, *Transition*, 1992, S. 261.
[373] Kinzo, *Brazil*, 2001, S. 25.
[374] Alves, *Brazil*, 1985, S. 173.
[375] Mainwaring, *Brazil,* 1999, S. 89.
[376] Schirm, Brasilien, 1990, S: 99.
[377] Nohlen, Dritte Welt, 2000, S. 121. Vgl. auch Nohlen/Barrios, Redemokratisierung, 1989, S. 6.

standsmaßnahmen teilweise wieder aufgehoben[378]. 1979 wurde von den Militärs zudem eine Selbstamnestie verabschiedet, die eine Straffreiheit für alle Verbrechen im Zusammenhang mit der politischen „Subversion" beinhaltete, quasi eine Amnestie für Guerilleros und Folterer, die uniformiert waren[379].

Der Stil des Regimes nahm klientelistische Züge an[380], wobei das Regime auf dem Land keine Liberalisierung zuließ und das Niveau der Repression in den ärmsten Regionen des Landes gerade gegen die Bauern sehr hoch blieb[381]. Nach Außen erweckte die Regierung von Figueiredo den Anschein einer zivilen Regierung, zumal da Figueiredo wie Geisel versuchte, die Militärs aus dem Entscheidungsprozess herauszuhalten[382]. Im Mai 1983 gab Figueiredo bekannt, dass er sich nicht an den parteiinternen Vorbereitungen für die Wahl eines Nachfolgers beteiligen werde, was dazu führte, dass dessen Partei an innerer Geschlossenheit verlor[383]. Kurz vor dem Datum (25. April 1984) der Abstimmung über den Verfassungszusatz zur Abhaltung freier Präsidentschaftswahlen erlies Figueiredo Notstandsmaßnahmen in einigen Teilen des Landes, um Demonstrationen zu verhindern[384]. Bei der Abstimmung fehlten den Wahlbefürwortern 22 Stimmen für die Verabschiedung des Verfassungs-zusatzes[385]. Mit den ersten relativ frei abgehaltenen Wahlen (1985) seit den 70er Jahren begann sich eine „eigene Dynamik" im politischen System zu entwickeln[386]. Anfang der 1980er Jahre erhielt auch der Kongress einige Rechte, die er im Verlauf der Zentralisierung in der Militärzeit verloren hatte, wieder zurück[387]. In die Zeit Figueiredos fallen ferner die Gründungen der Parteien PT, PDT und PTB (alle 1980)[388]. Im Jahr 1983 wurde die Glaubwürdigkeit des Militärregimes durch eine Reihe von Skandalen (u.a. Betrug, Untreue, Korruption) erschüttert[389]. Dies war gerade aufgrund der Tatsache prekär, da die Regierung Goulart von den Militärs u. a. wegen Korruptionsskandalen als Vorwand gestürzt worden war[390].

---

[378] Codato, *Transition*, 2006, S. 2.
[379] Schirm, Brasilien, 1990, S. 99.
[380] Mainwaring/Viola, *Brazil*, 1985, S. 211.
[381] Mainwaring/Viola, *Brazil*, 1985, S. 212.
[382] Mainwaring/Viola, *Brazil*, 1985, S. 211.
[383] Mainwaring, *Transition*, 1986, S. 159.
[384] Mainwaring, *Transition*, 1986, S. 161.
[385] Mainwaring, *Transition*, 1986, S. 161.
[386] Lima Jr., *Brasil*, 1993, S. 39.
[387] Mainwaring/Samuels, *Federalism*, 1999, S. 5.
[388] Kinzo, *Brazil*, 2001, S. 26.
[389] Mainwaring, *Transition*, 1986, S. 169, S. 170.
[390] Mainwaring, *Transition*, 1986, S. 169.

cc) <u>Die Wahlen von November 1982 als Wendepunkt</u>[391]

Die wichtigste Entscheidung der Regierung Figueiredo war die Zulassung der ersten freien Parlaments- und Gouverneurswahlen seit 1964 im Jahr 1982[392]. Im November 1981 erließ das Regime in autoritaristischer Weise Gesetze, um Parteiallianzen bei den Wahlen von 1982 zu verhindern[393]. In diesen Wahlen konnte die Opposition zum ersten Mal seit 1964 die Stimmenmehrheit für einige Regierungen in den Bundesstaaten (Rio de Janeiro, São Paulo, Minas Gerais und einige kleinere Staaten) und für das Parlament für sich gewinnen[394]. Die Bewegung, die sich für freie Direktwahlen einsetzte, schwächte die Legitimation des Regimes und erhöhte so die Möglichkeit, ein Ende des autoritären Regimes herbeizuführen[395]. Die Opposition verstand es, dem von den Militärs begonnenen Demokratisierungsprozess eine eigene Dynamik zu verleihen, die zu einer Redemokratisierung führte[396]. Zugute kam der Opposition hier, dass der Einfluss des Militärs infolge der Wirtschaftskrise, schlechter Führung und Korruption kontinuierlich sank[397]. Bis zum Jahr 1983 übernahmen in neun der 25 Bundesstaaten Politiker der Opposition das Amt des Gouverneurs[398]. Die Tatsache, das sich das Militär nicht gewaltsam gegen die Demokratisierung zur Wehr setzte ist darin zu sehen, dass das Militär nach der Phase des sog. „brasilianischen Wirtschaftswunders" (1968-1973) durch die Wirtschaftsrezession (1979-1983) sehr geschwächt war[399]. Aus dem Scheinparlament, das zunächst der Legitimierung des Regimes diente, war so eine dem Regime entgegenstehende Opposition entstanden, die im Stande war, das Regime zu Zugeständnissen zu bewegen[400]. Seit dieser Zeit haben die Militärs auch fast keinen Einfluss mehr auf die Wahl des Präsidenten[401]. Das Ende der Militärzeit wurde durch eine einzigartige Koalition der ehemaligen Opposition und von Politikern des alten Regimes herbeigeführt und besiegelt[402].

---

[391] Selcher, *Liberalization*, 1986, S. 60.
[392] Schirm, Brasilien, 1990, S. 90.
[393] Mainwaring, *Transition*, 1986, S. 156.
[394] Schirm, Brasilien, 1990, S. 90. Vgl. auch Black, *Redemocratization*, 1992, S. 86 und Mainwaring, *Transition*, 1986, S. 157.
[395] Mainwaring/Viola, *Brazil*, 1985, S. 217.
[396] Nohlen/Barrios, Redemokratisierung, 1989, S. 6.
[397] Mainwaring, *Brazil*, 1999, S. 95.
[398] Pereira, *Development*, 1984, S. xii.
[399] Nohlen/Barrios, Redemokratisierung, 1989, S. 6. Vgl. auch Wiarda, *Brazil*, 2000, S. 129.
[400] Nohlen/Barrios, Redemokratisierung, 1989, S. 6. Vgl. auch Mainwaring/Viola, *Brazil*, 1985, S. 217.
[401] Mainwaring/Viola, *Brazil*, 1985, S. 211.
[402] Mainwaring, *Brazil*, 1999, S. 98.

<u>Erklärungsmöglichkeiten der Transformation</u>

Drake vertritt die These, dass autoritäre Machthaber generell zu der Einsicht gekommen sind, dass eine Transition zu einer gewählten Regierung nicht unbedingt zu
einem sozialen und wirtschaftlichen Desaster, zur Zerstörung des Militärs oder einer
Reduzierung des Niveaus der nationalen Sicherheit führen muss, eine These, die
den Weg zu demokratischen Wahlen in Brasilien mit geebnet haben könnte[403]. Ein
anderer in der Politikwissenschaft weit verbreiteter Ansatz zur Erklärung der Transition hin zu demokratischen Wahlen ist derjenige, nach dem bei Regimen, die vor ihrer
autoritären Periode bereits schon einmal eine demokratische Periode durchlaufen
haben, die Wahrscheinlichkeit für eine solche Transition größer ist als bei anderen
Regimen ohne eine derartige Erfahrung[404].

dd) <u>Opposition gegen das Militärregime</u>

Obwohl die Opposition in der Zeit von 1974 bis 1983 an Stärke gewinnen konnte,
war es ihr nicht möglich, das Regime zu stürzen[405]. Seit 1978 nahm infolge der
zunehmenden Liberalisierung des Systems der Ruf der Opposition nach den grundlegenden Freiheitsrechten wie Presse- und Redefreiheit, einer Amnestie für politische Exilstaatsbürger und ein Ende der Folter vehement zu[406]. Am 12. Januar 1984
begannen die ersten größeren Demonstrationen gegen das Militärregime für direkte
Wahlen in Curitiba im Staat Paranã, die sich in den folgenden Monaten mit mehreren
hundert Demonstrationen mit mehreren Millionen Demonstranten im ganzen Land
fortsetzten und die Regierung tief spalteten[407]. Die Stärke der Oppositionspartei PDS
zeigte sich im Juli 1983, als der Kongress Regierungsvorschläge bezüglich eines
vom IWF unterstützten Stabilisierungsplans umsetzen sollte, was die PDS erfolgreich
mit ihrer Mehrheit im Kongress mehrere Monate lang verhinderte[408].

---

[403] Drake, *Democratization*, 1998, S. 85 f.
[404] Smith, *Democravy*, 2004, S. 15.
[405] Mainwaring, *Transition*, 1986, S. 154.
[406] Mainwaring, *Transition*, 1986, S. 155.
[407] Mainwaring, *Transition*, 1986, S. 159 und Hagopian, *Brazil*, 1987, S. 487.
[408] Mainwaring, *Transition*, 1986, S. 159.

3.2.3 Zusammenfassung Militärzeit

Trotz der intensiven Wirtschaftpolitik der Militärs blieb die Wirtschaftsplanung stets in den Händen von wenigen Männern wie Octávio Bulhões, Roberto Campos, Antônio Delfim Netto, Hélio Beltrão und Mário Henrique Simonsen[409]. Wichtig ist, dass die beiden Architekten der Abertura, Geisel und Golbery de Couto e Silva, bereits vor dem Ausbruch der Ölkrise den Entschluss zur Abertura des politischen Systems getroffen haben, d. h. dass die Abertura also keine Folge der Ölkrise und der damit beginnenden Wirtschaftskrise ist[410]. Das Militärregime zeigte stets Kontinuität in seinen Politikfeldern und trieb den Regimewandel langsam voran, was die brasilianische Abertura langsam und langwierig machte[411]. Von den Transitionserrungenschaften in den anderen lateinamerikanischen Ländern (externe Anpassung, Stabilisierung und wirtschaftliche Liberalisierung) wurde in Brasilien in den letzten Jahren des Militärregimes (1981-1984) nur eine externe Anpassung erreicht[412]. Das Brasilien Mitte der 1980er Jahre ist komplexer als dasjenige, als die Militärs sich an die Macht putschten[413]. Die Militärs waren sehr darauf bedacht, sich durch den langsamen Transitionsprozess nicht von den Schlüsselfunktionen der Macht zurückdrängen zu lassen[414]. Durch den sich stetig vergrößernden Staatssektor erhielten sehr viele Offiziere die Möglichkeit, Stellen im Management und in der Verwaltung nicht-militärischer Einrichtungen zu besetzen[415]. Infolge der sich bis 1985 häufenden Skandale wie dem Riocentro-Attentat und Korruptionsaffären verloren die Militärs jedoch an Glaubwürdigkeit in der Gesellschaft[416]. Wegen der durch die Skandale und das wirtschaftliche Missmanagement der Militärs steigenden Unzufriedenheit in der Bevölkerung stieg der Druck der Opposition in Richtung auf eine Redemokratisierung[417]. Dieser Druck hatte seine Kulmination in der sich nun stärkenden Oppositionspartei PMDB[418]. Zudem kam es gegen Ende März 1983 infolge der wirtschaftlichen Probleme Brasiliens, die total auf die Bevölkerung durchschlugen (85 Milliarden US$ Auslandsverschuldung, 100% Inflation im Jahr 1982, rasant

---

[409] Bernecker et al., Geschichte Brasiliens, 2000, S. 273.
[410] Mainwaring, *Transition*, 1986, S. 154.
[411] Mainwaring, *Transition*, 1986, S. 158.
[412] Sola, *Brazil*, 1994, S. 152.
[413] Schneider, *Future*, 1986, S. 220.
[414] Nohlen/Barrios, Redemokratisierung, 1989, S. 6.
[415] Moltmann, Brasilien, 1989, S. 98.
[416] Schirm, Brasilien, 1990, S. 100.
[417] Schirm, Brasilien, 1990, S. 100.
[418] Schirm, Brasilien, 1990, S. 100.

steigende Arbeitslosigkeit), zu viertägigen Ausschreitungen der Bevölkerung in der Stadt São Paulo, die die größten seit der Machtergreifung der Militärs im Jahr 1964 waren[419]. Diese Ausschreitungen begannen zwei Wochen nachdem der PMDB-Oppositionspolitiker Franco Montoro als neuer Gouverneur des Staates São Paulo eingesetzt wurde[420]. Im Laufe der 1980er Jahre wurden Verhandlungen zu einem wesentlichen Bestandteil des Regimewechselprozesses, was auf die Lernprozesse oppositioneller Gruppen zurückzuführen ist, die die Strategie, einen Regimesturz gewaltsam herbeizuführen, aufgaben[421]. In der Wissenschaft wird die These vertreten, dass der Übergang von einem autoritären Regime zu einer Demokratie generell keinem einheitlichen Modell folgt, zumal in Brasilien die Demokratie aus der Legalität des autoritären Regimes hervorging, während z. B. in Uruguay und Argentinien die vorautoritären Verfassungen wieder in Kraft gesetzt wurden[422]. Die Kräfte, die eine Demokratisierung wollten, gingen zum einen von sozialen Bewegungen aus und der sich neuformierenden Gewerkschaftsbasis (1978-1980), zum anderen von der sich seit 1980 im PMDB organisierenden Regimeopposition, die seit 1986 die Mehrheitsfraktion im Kongress stellte[423]. Seit 1964 wurde der Lebensstandard von Militärangehörigen deutlich verbessert: medizinische Versorgung, Wohnungsprogramme und günstige Einkaufsmöglichkeiten erleichterten das Leben[424]. Die Anzahl der aktiv Sozialversicherten stieg von 4.222.470 (1960) auf 9.545.000 (1970) in den ersten Jahren nach dem Coup an (**Abb. 9**). Über 500 000 Personen sind seit 1964 aufgrund des Gesetzes über Nationale Sicherheit verhaftet worden, das System der zahlreichen Kontroll- und Informationsdienste wurde kontinuierlich ausgebaut[425]. Die Stabilität des Regimes und der einzelnen Interessengruppen untereinander wurde in Brasilien ähnlich wie in Uruguay und anders als in Chile durch die Inkorporation der verschiedenen Machtgruppen in das politische System erreicht: so wurden die einzelnen *factions* auf die Stellen im militärischen Wahlkollegium, die Streitkräfteminister und verschiedene Positionen im Exekutivkabinett verteilt, das Amt des Präsidenten unterlag einer Rotation[426]. Zur Unterstützung des militärisch-zivilen Dialogs

---

[419] Pereira, *Development*, 1984, S. xii,

[420] Pereira, *Development*, 1984, S. xii,

[421] Nohlen/Thibaut, Lateinamerika, 1996, S. 204.

[422] Nohlen, Militärregime, 1986, S. 12.

[423] Nohlen/Barrios, Redemokratisierung, 1989, S. 6.

[424] Moltmann, Brasilien, 1989, S. 93.

[425] Moltmann, Brasilien, 1989, S. 100 f., zitiert nach *Folha de S. Paulo*, 22.07.1984.

[426] Arcenaux, *Brazil*, 2001, S. 262 f.

wurde ein *consehlo* eingerichtet[427]. Im Gegensatz zu Chile, wo mit dem Abschluss der Transition die Militärs keinen großen Einfluss mehr auf das politische System hatten, konnten sich die Militärs in Brasilien in der Verfassung von 1988 und auch darüber hinaus ihren Einfluss erhalten[428].

3.2.4 Die Wirtschaftspolitik der Militärs

Die Politik der importsubstituierenden Industrialisierung wurde von den Militärs in Brasilien gefördert, da diese sich mit diesem wirtschaftlich-nationalistischen Modell wirtschaftliche und militärische Sicherheit versprachen[429]. Ferner wurden zahlreiche Staatsbetriebe geschaffen, ausländisches wirtschaftliches Eigentum in Brasilien verboten und die heimische Computerindustrie vor jeglicher fremder Einflussnahme geschützt[430].

---

[427] Arcenaux, *Brazil*, 2001, S. 264.
[428] Arcenaux, *Brazil*, 2001, S. 268.
[429] Amoureux, *Brazil*, 2004, S. 5.
[430] Amoureux, *Brazil*, 2004, S. 5.

4 Von Neves bis Collor

4.1 Die Regierungszeit Neves (PMDB)

Mitte 1984 wurde von der politischen Mitte Brasiliens die „Demokratische Allianz"
(*Aliança Democrática)* aus PMDB, PFL und Dissidenten der PDS gebildet, um die
Wahl von Neves als erstem zivil gewählten Präsidenten seit dem Coup von 1964 zu
ermöglichen[431]. Viele der führenden Vertreter dieser „Allianz" waren bereits in der
Militärzeit in hohen Ämtern[432]. Zudem sprachen sich 8 von 9 Gouverneuren (alle
PDS) im Nordosten Brasiliens für eine Unterstützung von Neves aus[433]. Ohne die
Bildung der „Demokratischen Allianz" hätte die Opposition mit an Sicherheit gren-
zender Wahrscheinlichkeit nicht die Wahlen von 1985 gewinnen können[434]. Bedauer-
lich ist hier, dass die Verhandlungen zwischen PMDB, der Demokratischen Front, der
Demokratischen Allianz und den Militärs unter Ausschluss breiter Bevölkerungskrei-
se geführt wurden, was einen Rückschlag für die Demokratisierungsbemühungen
darstellte[435]. Im Januar 1985 wurde der Oppositionskandidat und Gouverneur von
Minas Gerais (seit 1982) und Jurist Tancredo Neves (PMDB, 1910-1985) mit Hilfe
von Überläufern zum neuen Präsidenten gewählt[436]. So wurde auch in Brasilien
endlich der Präsident demokratisch gewählt (Ecuador: 1979, Peru: 1980, Argentini-
en: 1982, Uruguay: 1984)[437]. Nur noch in Chile und Paraguay blieben Mitte der 80er
Jahre die Militärregime bestehen[438]. Bereits unter Vargas war er Justizminister[439].
Unter Goulart war er vom 08.09.1961 bis 12.07.1962 sogar Premierminister[440]. Er
wurde bei seiner Wahl von dem ehemaligen Präsidenten Geisel, TV-Globo und sogar
den Kommunisten unterstützt[441]. In zahlreichen Geheimverhandlungen versprach
Neves, dass es in der „Neuen" Republik keinen Bruch mit der „alten" geben werde
und dass es auch zu keinerlei Abrechnung mit den Militärs wie beispielsweise in

---

[431] Fleischer, *1994 Elections*, 1995, S. 1 und Bernecker et al., Geschichte Brasiliens, 2000, S. 298.
[432] Hagopian, *Brazil*, 1987, S. 489.
[433] Mainwaring, *Transition*, 1986, S. 162.
[434] Mainwaring, *Transition*, 1986, S. 172.
[435] Mainwaring, *Transition*, 1986, S. 172.
[436] Schirm, Brasilien, 1990, S. 99.
[437] Nohlen, Militärregime, 1986, S. 3.
[438] Nohlen, Militärregime, 1986, S. 3.
[439] Bernecker et al., Geschichte Brasiliens, 2000, S. 298.
[440] Bernecker et al., Geschichte Brasiliens, 2000, S. 298.
[441] Bernecker et al., Geschichte Brasiliens, 2000, S. 298.

Argentinien kommen werde[442]. Die Redemokratisierung nach 1985 brachte zwar eine „Neue Republik" hervor, ihre Probleme waren aber nicht anders als diejenigen in den früheren demokratischen Perioden[443]. Die Herausforderung bei dem Übergang zur Demokratie nach der Militärherrschaft sind in Brasilien ähnlich denjenigen in Argentinien, Bolivien, Ecuador, Peru und Uruguay[444]. Die beiden stärksten Parteien 1985/1986 waren die PFL und die PMDB (**Abb. 10 und 11**).

4.2 Die Regierungszeit Sarney (1985-1990)

„We have a regime of liberty, but we are not living under a regime of democracy. (…)
We have not created up until now institutions capable of functioning democratically".

Fernando Henrique Cardoso (Veja, 1988, S. 5-8)

Transition zu einem liberal-demokratischen Regime (Sarney)[445] – Die Neue Republik (1985-1990)[446]

Die Regierungszeiten von Sarney und Collor de Mello waren von einer Flut von wirtschaftlichen Notverordnungen und politischen Kurswechseln geprägt[447].

Nach Neves schnellem Tod wurde der Vizepräsident José Sarney neuer Präsident[448]. Unter ihm bekleideten führende Vertreter der Militärs die wichtigsten Ministerämter (6 von 26), wobei es den Militärs möglich war, sich infolge des von oben gesteuerten Regimewandelprozesses immer noch viele Vorrechte vorzubehalten[449]. Sarney verlies sich auf die althergebrachten Traditionen militärischer und ziviler Elemente des vorhergehenden Regimes und auf die Unterstützung der PMDB[450]. Mit seiner Politik wurde die politische Entwicklung der „Neuen RepubliK" gespalten: die sozioökonomischen Strukturen blieben unangetastet, während die Reformen zum Fortschritt des formalen Demokratisierungsprozesses beitrugen (Liberalisierung des Streikrechts, Abschaffung der Pressezensur, Zulassung der kommunistischen

---

[442] Schirm, Brasilien, 1990, S. 101.
[443] Wöhlcke, Brasilien, 1994, S. 51.
[444] Onis, *Brazil*, 1989, S. 129.
[445] Codato, *Transition*, 2006, S. 1.
[446] Codato, *Transition*, 2006, S. 2.
[447] Sola, *Brazil*, 1994, S. 151.
[448] Schirm, Brasilien, 1990, S. 99 f.
[449] Schirm, Brasilien, 1990, S. 101. Vgl. auch Merkel, Defekte Demokratie: 1, 2003, S. 135.
[450] Bruneau, *Transition*, 1992, S. 266.

Parteien und direkte Wahlen auf allen Ebenen)[451]. So wurden 1985 die Bürgermeister der Hauptstädte, 1986 die Senatoren, Gouverneure und Landtagsabgeordnete, und 1988 die Bürgermeister und Stadtverordnete gewählt[452]. Unter Sarney begann eine wirtschaftliche Bewegung hin zu mehr Marktorientierung mit Vorschlägen für eine neue Regulierungspolitik des Staates für Wirtschaft und Industrie[453]. Man kann sagen, dass in der Regierungszeit Sarneys der Redemokratisierungsprozess abgeschlossen wurde[454]. 1985 bis 1986 kam es zu schweren Streiks, infolge derer Sarney zum Schutz der Ölraffinerien die Armee mit Panzern einsetzte, gegen den Streik der Seeleute wurde sogar die Marineinfanterie eingesetzt[455]. Um die Gunst der Arbeiter für sich zu gewinnen, ließ Sarney den amtierenden Arbeitsminister aus der Neves-Ära, einen Gewerkschaftsanwalt, im Amt[456].

Sein Hauptziel war jedoch die Reduzierung der Inflation[457]. Unter Sarney durchlebte Brasilien nach einer kurzen Phase der Rezession (1982-1983) infolge der Schuldenkrise seit Januar 1985 wieder eine Phase des wirtschaftlichen Aufschwungs mit 7,9% Wachstum nach 5,7% (1984)[458]. Dieser Aufschwung ging einher mit einer steigenden Inflationsrate – bei Beginn seiner Amtszeit 200%, am Ende der Amtszeit 1000% Inflation -, was zur Einführung des Cruzado-Wirtschaftsplans im Februar 1986 führte[459]. Mit der beginnenden Hyperinflation 1986 drohten hochrangige PMDB-Führer Sarney mit der Einstellung der politischen Unterstützung, diese Drohungen wurden jedoch zurückgezogen, als der Cruzado-Plan noch in demselben Jahr realisiert wurde[460]. Bei den Präsidentschaftswahlen 1989 kamen die drei Kandidaten mit den meisten Stimmen (Collor, Lula, Brizola) von den kleineren Parteien und nicht von den großen (PDS, PFL, PMDB, PSDB)[461]. Nach Merkel/Puhle ist das Parteiensystem Brasiliens unter Sarney stark fragmentiert und semi-politisch[462]. Der Typ des Wahlsystems ist die Verhältniswahl und die dominierende Strukturprägung und der dominierende Parteientyp sind klientelistisch-programmatisch[463]. 1987 waren sieben

---

[451] Schirm, Brasilien, 1990, S. 101.
[452] Krause, Partizipation, 2006, S. 201.
[453] Sola, *Brazil*, 1994, S. 153 f.
[454] Wöhlcke, Kosten, 1991, S. 177.
[455] Dressel, Brasilien, 1995, S. 253.
[456] Hagopian, *Brazil*, 1987, S. 505.
[457] Souza, *Transformation*, 2004, S. 10.
[458] Mainwaring, *Democracy in Brazil*, 1995, S. 133.
[459] Mainwaring, *Democracy in Brazil*, 1995, S. 134 und Onis, *Brazil*, 1989, S. 128.
[460] Hagopian, *Brazil*, 1987, S. 499.
[461] Packenham, *Brazil*, 1994, S. 11.
[462] Merkel/Puhle, Transformation, 1999, S. 270.
[463] Merkel/Puhle, Transformation, 1999, S. 270.

der 26 Minister aktive Offiziere, wodurch es den Militärs möglich war, gegen wichtige Entscheidungen ein Veto einzulegen[464]. Die Stabilität des sich demokratisierenden Systems wurde durch den Streik der Hafenarbeiter im März 1987 auf die Probe gestellt, gegen den zum ersten Mal seit 1964 die Marine eingesetzt wurde[465].

Die Zeit der seit 1961 wieder vom Volk gewählten Präsidenten – Konsolidierung des liberal-demokratischen Regimes (1990er Jahre / Collor, Itamar Franco, Cardoso)[466]

4.3 Die Regierungszeit Collor de Mello (15.03.1990-29.09.1992)

Die letzte Phase des Demokratisierungsprozesses[467]

Fernando Collor de Mello stammte aus einer wohlhabenden Familie aus dem nordöstlichen Bundesstaat Alagoas, wo er auch Gouverneur war und ist mit 40 Jahren zu diesem Zeitpunkt der jüngste Präsident in der Geschichte Brasiliens[468]. Sein Großvater war Kabinettsmitglied unter Vargas in den 1930er Jahren[469]. Im November 1989 wird der gegenüber politischen Parteien kritisch eingestellte Collor, der seinen Wahlkampf mit einer Antikorruptions-Kampagne und dem Ziel, Brasilien von „korrupten Schuften"[470] zu säubern, geführt hatte, der erste direkt vom Volk gewählte Präsident der neuen Republik seit dem Jahr 1960[471]. Er gewann die Wahl gegen den Linkspopulisten Lula mit 52% zu 48%, der wegen seiner Gewerkschaftsnähe von der Mittelklasse gefürchtet wurde und viel weniger Mittel für den Wahlkampf verwendet hat als Collor[472]. Seine nicht sehr gut organisierte und sehr kleine „Partei" hielt zum Zeitpunkt seiner Wahl weniger als 5 % der Sitze (35 Sitze) des Kongresses (zum Vergleich: PDT / 46, PSDB / 42) und wuchs auf 8% der Sitze an[473]. Seine Gegner warfen Collor vor, nur mit Hilfe der Medien die Wahlen gewonnen zu haben, da

---

[464] Hagopian, *Brazil*, 1987, S. 492.

[465] Hagopian, *Brazil*, 1987, S. 492.

[466] Codato, *Transition*, 2006, S. 2.

[467] Leer, *Transition*, 1993, S. 12.

[468] Skidmore, *New Test*, 2000, S. xii, Lins da Silva, *Democracy*, 1993, S. 126 und Chaffee, *Desenvolvimento*, 1998, S. 161.

[469] Lins da Silva, *Democracy*, 1993, S. 127.

[470] Weyland, Collor, 1993, S. 21 und Lins da Silva, *Democracy*, 1993, S. 127.

[471] Wöhlcke, Brasilien, 1994, S. 51, 72. Vgl. auch Linz/Stepan, *Prroblems*, 1996, S. 170; Merkel et. al., Defekte Demokratie: 1, 2003, S. 135; Skidmore, *New Tests*, 2000, S. xii und Codato, *Transition*, 2006, S. xix.

[472] Faro de Castro/Valladão de Carvalho, *Brazil*, 2003, S. 477 und Lins da Silva, *Democracy*, 1993, S. 128.

[473] Linz/Stepan, *Prroblems*, 1996, S. 170. Vgl. auch Cammack, *Brazil*, 1991, S. 23 und Merkel, Defekte Demokratie, 2003, S. 135.

dessen Familie in dessen Heimatbundesstaat über die besten Kontakte zu den Medien verfügte[474].

Er begann seine politische Karriere in der damaligen Staatspartei ARENA (später PDS)[475]. Mitte der 1980er Jahre wechselte er zum PMDB und gründete wegen Differenzen mit Sarney 1988 seine eigene Partei PRN[476]. Es gelang Collor zwar, die Vorrechte des Militärs abzuschaffen, seine konstitutionelle Machtfülle als Präsident verleitete Collor jedoch zu der Auffassung, mit einem delegativen Regierungsstil an den Parteien und am Kongress vorbei regieren zu können[477]. Er leitete einen vehementen wirtschaftlichen Kurswechsel ein, der u. a. die Ziele einer wirtschaftlichen Öffnung und eines sozialen Ausgleichs beinhaltete[478]. Im September 1992 leitete das Abgeordnetenhaus ein Amtsenthebungsverfahren wegen eines Korruptionsskandals ein und der Senat entschied, ihn vom Amt des Präsidenten zu entheben[479]. Um einem *Impeachment* zu entgehen, trat Collor wenige Minuten nach dem Beginn des Verfahrens „freiwillig" zurück, was vor ihm nur Quadros tat[480]. Collor wurde vorgeworfen, insgesamt 6,5 Millionen US$ von seinen Freunden und Unterstützern als Gegenleistung für staatliche Vergünstigungen erhalten zu haben[481]. Durch die Collor-Affäre und dessen Rücktritt wurden die notwendigen Wirtschaftsreformen, die das Land dringend benötigte, hinausgeschoben und verzögert, da das politische System nun einige Zeit benötigte, sich wieder zu stabilisieren[482]. Nachdem die neue Verfassung erst 1988 (3 Jahre nach dem Ende der Militärherrschaft) ein Jahr vor den ersten Präsidentschaftswahlen der neuen Demokratie verabschiedet wurde, stellte die Collor-Affäre ein weiteres Hindernis in den ersten acht Jahren der neuen Demokratie dar.

<u>Die Wirtschafts- und Finanzpolitik der Regierung</u> **Collor de Mello**

In den ersten 60 Tagen seiner Amtszeit erließ er 37 Dekrete, so dass der Kongress, der über diese entscheiden musste, mit seiner Arbeit überhaupt nicht mehr nachkommen konnte[483]. Collor zielte mit seiner Wirtschaftspolitik auf eine Öffnung des

---

[474] Cammack, *Brazil*, 1991, S. 51.
[475] Krumwiede/Waldmann, Lateinamerika, 1992, S. 69.
[476] Krumwiede/Waldmann, Lateinamerika, 1992, S. 69.
[477] Merkel, Defekte Demokratie: 1, 2003, S. 135.
[478] Schirm, Brasilien, 1990, S. 3.
[479] Skidmore, *New Test*, 2000, S. xiii.
[480] Merkel et. al., Defekte Demokratie: 1, 2003, S. 135 und Lins da Silva, *Democracy*, 1993, S. 126.
[481] Lins da Silva, *Democracy*, 1993, S. 126.
[482] Lins da Silva, *Democracy*, 1993, S. 127.
[483] Merkel et. al., Defekte Demokratie: 1, 2003, S. 135.

Marktes, Stabilisierung, Privatisierung größerer Staatsfirmen, Liberalisierung (auch der Institutionen), Vereinfachung der Handelsbestimmungen, Modernisierung und auf eine Normalisierung der Beziehungen zur öffentlichen Hand[484]. Collors wirtschaftspolitisches Programm lehnt sich an die Wirtschaftspolitik von Argentinien und Mexiko an und ist mit diesen Ländern vergleichbar[485]. Collor wollte mit einem neuen Wirtschaftsprogramm einen Weg zwischen einer Hyperinflation[486] und einer Rezession[487] eröffnen[488]. Der Versuch, einen Mittelweg zwischen Hyperinflation und Rezession zu finden gelang Collor weder mit seinem ersten noch mit seinem zweiten Wirtschaftsplan (Collor I im November 1990 und Collor II im Januar 1991)[489]. Die Art und Weise, wie Collor diesen Wirtschaftsplan gegenüber der Bevölkerung und der politischen Ebene präsentierte, lässt tiefe Einblicke in dessen Regierungsstil geben: der Plan wurde im Fernsehen ausgestrahlt, ohne vorher gesellschaftliche Gruppen, die Parteien oder etwa den Kongress zu informieren oder zu konsultieren[490]. Unter Collor wurde sogar ein neues Amt für wirtschaftliche Gesetzgebung eingerichtet (*Secretaria Nacional de Direito Econômico* – SNDE), um die bilateralen Beziehungen zwischen Wirtschaft und Staat zu verbessern[491].

---

[484] Wöhlcke, Brasilien, 1994, S. 72. Vgl. auch Skidmore, *New Test*, 2000, S. xii und Souza, *Transformation*, 2004, S. 11.

[485] Lins da Silva, *Democracy*, 1993, S. 127.

[486] Ende 1989 lag die monatliche Inflation bei 80%. Vgl. Wöhlcke, Brasilien, 1994, S. 72 Fn. 73.

[487] Siehe „Der neue Präsident will die Hyper-Inflation stoppen", in: FAZ, 19.03.1990, S. 19 und „Collor will Inflation mit einem Schlag vernichten, in: FR, 21.03.1990, S. 15. Vgl. auch Wöhlcke, Brasilien, 1994, S. 72 Fn. 74.

[488] Wöhlcke, Brasilien, 1991, S. 44.

[489] Wöhlcke, Brasilien, 1994, S. 72. Vgl. auch Linz/Stepan, *Problems*, 1996, S. 170.

[490] Linz/Stepan, *Problems*, 1996, S. 170.

[491] Sola, *Brazil*, 1994, S. 156.

5 Analytischer Teil – Der Demokratisierungsprozess in Brasilien

5.1 Allgemeines

In Lateinamerika kann nach Merkel und Puhl nur Uruguay als eine konsolidierte Demokratie mit einer langen demokratischen Tradition gelten[492]. Mit der sog. zweiten Demokratisierungswelle nach dem Zweiten Weltkrieg erhielt neben Deutschland und vielen lateinamerikanischen Ländern (darunter Argentinien, Bolivien, Kolumbien u. a.) auch Brasilien im Jahr 1945 eine formale demokratische Staatsform[493]. Mitte der 1970er Jahre waren 17 der 20 lateinamerikanischen Regime autoritär, während im Jahr 2000 nur noch Kuba ein autoritäres Regime darstellte[494]. In Umfragen favorisieren 70 bis 90% der Bevölkerung in allen lateinamerikanischen Ländern bis auf Kuba die Demokratie als Staatsform[495]. Der Demokratisierungsprozess in Brasilien gilt in der Fachwelt als der längste und komplexeste Prozess dieser Art in Südamerika und Südeuropa[496]. Wie in Spanien so wurde auch in Brasilien die Transition von oben gesteuert[497]. Während die Transition in Spanien konditional verlief, d. h. dass jeweils eine neu geschaffene politische Institution die Errichtung jeweils einer weiteren politischen Institution veranlasste, ist die Transition in Brasilien sequentiell verlaufen, d. h. die politischen Institutionen und Institute, die vor der Militärherrschaft bereits existiert haben, wurden wiedereingeführt (z. B. die Bürgerrechte)[498]. Die Demokratie in Brasilien kann nach Mainwaring nicht als eine gefestigte Demokratie bezeichnet werden und ist eher schwach[499]. In diesem Teil der Arbeit soll im Besonderen auf die Rolle der **drei wichtigen Bereiche** der Transformationsforschung eingegangen werden: zu diesen gehören erstens die Institutionenbildung mit Schwerpunkt auf der Rolle der Verfassung, der Wahlen und der Parteien, zweitens die Elitenloyalität (politische Kultur) und drittens die Unterstützung der Demokratisierung durch die Mehrheit der Gesellschaft (Verbände, Bewegungen

---

[492] Nohlen, Militärregime, 1986, S. 16 und Merkel/Puhl, Transformation, 1999, S. 136. Vgl. auch Encarnación, *Consolidation*, 2003, S. 116 ff.
[493] Merkel, Systemtransformation, 1999, S. 175.
[494] Wiarda/Kline, *Politics*, 2000, S. xii.
[495] Wiarda/Kline, *Politics*, 2000, S. 15.
[496] Bruneau/Hewitt, *Church*, 1989, S. 39.
[497] Mainwaring/Viola, *Brazil*, 1985, S. 195.
[498] Codato, *Transition*, 2006, S. 12.Zitiert nach Skidmore, *Politics*, 1988, S. 323-325.
[499] Mainwaring, *Democracy in Brazil*, 1995, S. 121.

etc./sozioökonomische Rahmenbedingungen)[500]. Dabei versteht man unter Institutionen die Verfassung, das Regierungssystem, politische und demokratische Grundrechte, Wahlgesetze und die Rechtsprechung. Mit der Entstehung von politischen Institutionen verlagert sich die bisher unkontrollierte Macht von einer sozialen Gruppe auf neue institutionalisierte Prozesse, welche die Exekutivgewalt begrenzen und kontrollieren sollen[501]. Der Autor folgt dabei der These von Couto, wonach für das Verständnis der politischen und wirtschaftlichen Transition Brasiliens und die Analyse des politischen Systems folgende Punkte analysiert werden sollten: die politischen Institutionen und ihr Wandel, die gesellschaftlichen Akteure sowie der politische und soziale Kontext und das komplexe Umfeld dieser Faktoren[502]. Neben dem Aufbau demokratischer Institutionen und der Zivilgesellschaft steht in Lateinamerika die Neuordnung der Beziehungen zwischen Regierung und Sicherheitsapparat im Zentrum der Diskussion[503]. Eine Art Katalysator für die Transformation stellten die Gouverneurswahlen von 1982, die Verabschiedung einer Verfassung im Jahr 1988 und der Anstieg des wirtschaftlichen und zivilen Interessenpluralismus in demselben Zeitraum dar[504]. Nach Linz/Stepan ist die ungewöhnliche Länge des brasilianischen Transitionsprozesses darauf zurückzuführen dass

„das autoritäre Regime (...) von einer militärischen Organisation hierarchisch kontrolliert wurde, die genug Macht hatte, das Tempo der Transition zu kontrollieren und seinem Abgang von der Macht einen hohen Preis abverlangen konnte"[505].

5.2 Die politische Ebene

5.2.1 Die Parteien[506]

„Voters are irritating. One hundred percent ask for a job, money or a scholarship. It wears you down."

Abgeordneter Gastone Righi (*Veja*, 22. April, 1992, S. 25)

---

[500] Vgl. Krause, Partizipation, 2006, S. 58.
[501] Göhler, Grundfragen, 1987, S. 18.
[502] Couto, *Reforma*, 1998, S. 51-86. Vgl. auch Merkel/Puhle, Transformationen, 1999, S. 19.
[503] Vgl. hierzu Steinweg/Moltmann, Militärregime, 1989.
[504] Faro de Castro/Valladão de Carvalho, *Brazil*, 2003, S. 473.
[505] Codato, *Transition*, 2006, S. 12. Zitiert nach: Linz/Stepan, *Democracia*, 1999, S. 205.
[506] Kinzo, *Consolidation*, 1993, S. 140.

5.2.1.1 Allgemeines

Vor der Entstehung des Parteiensystems war in Brasilien ein starkes zentralistisches System vorherrschend[507]. Zwischen 1930 und 1946 und zwischen 1964 und 1985 wurden die Parteien in Brasilien unterdrückt, zwischen 1946 und 1964 war eine Mehrheitskoalition aus PSD-PTB vorherrschend[508]. In den Jahren 1889, 1930, 1937, 1965 und 1979 wurden die Parteien durch den Staat aufgelöst[509]. In der Alten Republik (1889-1930) war die Republikanische Partei bestimmend und in der Nachkriegszeit (1945-1965) die Sozialdemokratische Partei (PSD)[510]. Nach Maria do Carmo Campello de Souza war aufgrund des starken zentralistischen Systems, das vor der Bildung des brasilianischen Mehrparteiensystems bestand, die Institutionalisierung des Parteiensystems schwierig und diese Situation gleichsam ein Nährboden für die in Brasilien weit verbreitete klientelistische Politik[511]. Nach Kaufman und Chalmers haben die Parteien in Brasilien keine Artikulationsfunktion, ferner wenig Kontakt mit den breiten Massen der Bevölkerung und spielen eine nur kleine Rolle im Entscheidungsfindungsprozess[512]. Nach Krause waren die brasilianischen Parteien regional geprägte Institutionen, die höchstens über eine fragile nationale Struktur verfügten und aus heterogenen Kräften bestanden, die nicht programmatisch orientiert waren und auf keiner politischen Doktrin basierten[513]. Nach Mainwaring sind die brasilianischen Parteien lockere Organisationen, die wenig Kontrolle darüber ausüben können, wer Mitglied wird, über keine große Geschlossenheit verfügen und in denen die Politiker ihr eigenes Süppchen kochen können[514]. Die Parteientwicklung in Brasilien verlief anders als in Westeuropa und Chile, wo Parteien sehr starke soziale Züge aufwiesen (Stichworte: Klasse, Religion, Ethnizität und Region)[515]. Im Gegensatz zu Argentinien, Chile, Kolumbien (zwischen 1958 und 1974), Costa Rica, Mexiko, Uruguay und Venezuela sind die Parteien in Brasilien nicht in sich geschlossen und diszipliniert[516]. In Chile und Uruguay sind die Parteien grundlegende politi-

---

[507] Leer, *Transition*, 1993, S. 11.
[508] Faro de Castro/Valladão de Carvalho, *Brazil*, 2003, S. 468.
[509] Mainwaring, *Brazil*, 1999, S. 5.
[510] Hagopian, *Brazil*, 1990, S. 159.
[511] Souza, *Brasil*, 1976, S. 36, zitiert nach Mainwaring, *Brazil*, 1988, S. 94.
[512] Kaufman, *Corporatism*, 1977, S. 110 und Chalmers, *Parties*, 1972, zitiert nach Jenks, *Parties*, 1979, S. 8.
[513] Krause, Partizipation, 2006, S. 134.
[514] Mainwaring, *Underdevelopment*, 1992/1993, S. 691.
[515] Mainwaring, *Brazil*, 1988, S. 95.
[516] Ames, *Brazil*, 2001, S. 16.

sche Akteure, in Brasilien und Argentinien dagegen nur zweitrangige Akteure[517]. Anders als in Argentinien, Chile und Uruguay sind die Parteien in Brasilien von außen formbar, was sie anfälliger für eine starke Kontrolle von oben macht[518]. Aus diesem Grund haben die Militärs während ihrer Herrschaft die Parteien und den Kongress nie vollständig aufgelöst oder zerstört[519]. Charakteristisch für die Parteien in Brasilien ist deren sehr starke lokale Bindung an die einzelnen Wahlkreise und Wähler, so dass Probleme von nationaler Art wie soziale und wirtschaftliche Fragen fast nie im Kongress gelöst werden können: so beschäftigen sich Abgeordnete sehr viel damit, ihren Wählern Jobs zu vermitteln oder mit ähnlichen Dingen, die nur der eigenen Wählerschaft und der eigenen Klientel von Nutzen sind[520]. Die zivile Stütze des Militärregimes in Brasilien war das von den Militärs geschaffene Parteiensystem mit den beiden einflussreichsten Parteien **ARENA** und **MDB**[521]. Die brasilianischen Parteien sind in ihrer Stärke schwächer als diejenigen in Argentinien, Chile oder Uruguay und sie haben keine tieferen Wurzeln und Bindungen in der Gesellschaft, was u. a. auch wirtschaftliche Reformen blockierte, im Gegensatz zu Ländern mit einem straffer organisierten Parteiensystem[522]. Obwohl die wirtschaftliche Entwicklung in Brasilien seit der Machtübernahme durch die Militärs sehr gut verlief, konnte die Entwicklung der Parteien nicht in dem Tempo der wirtschaftlichen Entwicklung mithalten[523]. Die demokratischen Erfahrungen aus der Zeit von 1945 bis 1964 reichten in Brasilien nicht aus, um zu einem konsolidierten Parteiensystem zu führen[524]. Im Gegensatz zu den Regimen in Chile, Argentinien und Uruguay wurden die politischen Parteien in Brasilien nicht von den Staatsführern verboten, sondern diese behielten die Wahlen bei, allerdings mit mehreren autokratischen Einschränkungen[525]. Die Zerbrochenheit des Parteiensystems und die Kurzlebigkeit der Parteien zusammen mit der Aufrechterhaltung der sozialen Ungleichheit ist ein Kennzeichen für die Parteienlandschaft in Brasilien und stellt laut Mainwaring eine

---

[517] Mainwaring, *Brazil*, 1988, S. 92.
[518] Mainwaring, *Brazil*, 1988, S. 96.
[519] Mainwaring, *Brazil*, 1988, S. 96.
[520] Ames, *Brazil*, 2001, S. 6.
[521] Jenks, *Parties*, 1979, S. 2.
[522] Linz/Stepan, *Problems*, 1996, S. 183. Vgl. auch Mainwaring, *Brazil*, 1995, S. 354 und Packenham, *Brazil*, 1994, S. 10.
[523] Mainwaring, *Brazil*, 1995, S. 354.
[524] Kinzo, *Consolidation*, 1993, S. 142.
[525] Fleischer, *Parties*, 1998, S: 3.

ernstzunehmende Gefahr für die erfolgreiche politische Transformation und die Demokratie dar[526].

Ende der achtziger Jahre wurde das sich gerade neu formierende Parteiensystem Brasiliens von einer schweren Krise in Mitleidenschaft gezogen, die mehrere Ursachen hatte: zum einen die schlechte Politik Sarneys (1985-1990) und zum anderen die sich immer mehr vergrößernde Wirtschaftskrise[527]. Bei der Zusammensetzung ihrer Regierung mussten und müssen die Präsidenten auch immer die verschiedensten im Kongress vertretenen Parteien berücksichtigen, was dazu führte, dass Regierungsmitglieder, die nur aufgrund der Präsenz ihrer Partei im Kongress ernannt wurden, sich mehr um ihre eigene politische Karriere kümmern als um das politische Programm des Präsidenten[528]. Das System der offenen Listen bei der Kandidatenaufstellung der Parteien hat neben Brasilien sonst nur noch Finnland (auch Chile von 1958-1973): dadurch, dass bei diesen offenen Listen ein Wahlkollegium über die Position der einzelnen Kandidaten auf der Liste entscheidet, reichen die persönlichen Beziehungen des jeweiligen Kandidaten zur eigenen Partei für eine gute Listenplatzierung nicht aus und der Konkurrenzdruck im eigenen Lager ist größer als zu gegnerischen Parteien[529]. Dieses System ist in etwa vergleichbar mit den *primaries* in den USA[530].

5.2.1.2 Die Geschichte der Parteien[531]

a) <u>Allgemeines</u>[532]

Zur Zeit der Alten Republik wurde Brasilien nur von den beiden größten Bundesstaaten Minas Gerais und São Paulo regiert, weil es auf der nationalen Ebene keine organisierten Parteien gab[533]. Ähnlich wie in den USA entstanden auch in Brasilien in der ersten Hälfte der 1880er Jahre politische Parteien in Form von elitären Notablenvereinigungen, während diejenigen in den USA zwischen 1820 und 1840 entstandenen Parteien bereits moderne Massenparteien waren; eine politische Massenmobilisierung begann in Brasilien erst nach 1930[534]. Trotz dem Ende der

---

[526] Mainwaring, *Brazil*, 1995, S. 355 und Mainwaring, *Underdevelopment*, 1992/1993, S. 678.
[527] Mainwaring, *Underdevelopment*, 1992/1993, S. 678.
[528] Ames, *Brazil*, 2003, S. 6.
[529] Mainwaring, *Underdevelopment*, 1992/1993, S. 703.
[530] Mainwaring, *Underdevelopment*, 1992/1993, S. 703.
[531] Mainwaring, *Brazil*, 1995, S. 355.
[532] Mainwaring, *Brazil*, 1995, S. 357 ff.
[533] Wesson/Fleischer, *Brazil*, 1983, S. 91.
[534] Mainwaring, *Brazil*, 1995, S. 357 und Mainwaring, *Brazil*, 1999, S. 64 f., 69.

Monarchie und der frühen Republikgründung 1889 befand sich die Entwicklung der Parteien in Brasilien weit hinter derjenigen in anderen lateinamerikanischen Ländern, man kann hier von einer „Unterentwicklung" sprechen[535]. Hauptursache für diese Entwicklung waren die portugiesischen Kolonialherren, die in Brasilien ein traditionelles Gesellschaftssystem schufen, in dem das ländliche Patriarchat vorherrschend war[536]. Zwischen 1889 und 1945 gab es zwar regelmäßige Wahlen, zwischen den einzelnen Parteien jedoch in keinerlei Weise irgendeine Art von Wettbewerb, höchstens zur Austragung von einzelnen persönlichen und familiären Rivalitäten; Betrug und Bestechung beherrschten die politische Landschaft in jener Zeit[537]. Brasilien lag mit dieser Entwicklung weit hinter Europa in den 1920er Jahren zurück, wo es bereits gut organisierte und entwickelte Parteien gab[538]. Man kann heute sagen, dass es im 20. Jahrhundert einen Kampf zwischen dem alten „archaischen" Brasilien und dem Brasilien der neuen parlamentarischen Demokratie gab[539].

Die Entwicklung der Parteien lässt sich in folgende sechs Phasen einteilen: 2-Parteiensystem (liberale gegen konservative Kräfte, 1837 bis 1889), einzelstaatliche Parteien während der alten Republik (bis 1930), Mehrparteiensystem mit Integralisten und Kommunisten auf zwei Seiten (1930-1937), Vielparteiensystem (1945-1965), 2-Parteiensystem in der Zeit der Militärherrschaft (1966-1979), Transitionsperiode (1979-1984), Entwicklung zu einem Mehrparteiensystem (1984-1985) und Mehrparteiensystem (1985- heute)[540]. Die meisten der politischen Führer der alten Republik (1880-1930) und der Vargaszeit (1930-1945) hatten Antiparteienorientierungen und standen den Parteien skeptisch gegenüber[541]. Bis zur Unabhängigkeit existierten keine politischen Parteien, sondern lediglich geheime politische Organisationen, die laut Krause in der Regel unter dem Einfluss von Freimaurern standen[542]. Bis 1945 arbeiteten Landespolitiker und regionale Oligarchen gegen den Aufbau starker nationaler politischer Parteien, weil diese aus deren Sicht eine große Gefahr für deren Macht und Autonomie darstellten, was inetwa mit dem politischen Zustand der USA in der Zeit von George Washington vergleichbar ist[543]. Im Jahr

---

[535] Mainwaring, *Brazil*, 1995, S. 357 f.
[536] Peterson, *Parties*, 1962, S. 1.
[537] Mainwaring, *Brazil*, 1988, S. 93.
[538] Mainwaring, *Brazil*, 1999, S. 66.
[539] Rumpf, Parteien, 2003, S. 147.
[540] Mainwaring, *Brazil*, 1995, S. 355 und Lamounier/Meneguello, *Parties*, 1985, S. 3.
[541] Mainwaring, *Brazil*, 1995, S. 358.
[542] Krause, Partizipation, 2006, S. 134.
[543] Mainwaring, *Brazil*, 1988, S. 94.

1926 wählten 2,3% der Bevölkerung bei den Präsidentschaftswahlen, im Vergleich zu 6,6% in Chile (1925), 12,9% in Argentinien (1928) und 18,4% in Uruguay (1926) in demselben Zeitraum[544]. 1943 verabschiedete die Opposition in Minas Gerais das sog. „Mineiro Manifest", das für die Einführung der Demokratie plädierte[545].

b) Die Parteien in der Phase der kurzen „populistischen" Demokratie[546] (1945-1951, 1954-1964)

Als 1945 auch in Brasilien Massenparteien entstanden, gab es solche Parteien bereits in Argentinien, Chile und Uruguay[547]. Nach Lamounier und Meneguello hatten die Parteien in dieser Zeit die einmalige Gelegenheit, sich wie nie zuvor zu entwickeln und zu konsolidieren[548]. In dieser Zeit wurden 23 Parteien legalisiert, von denen fast die Hälfte nicht während der ganzen demokratischen Periode existierten und es war eine Mehrheitskoalition aus PSD-PTB vorherrschend[549]. Jedoch bildeten sich nach dem Zweiten Weltkrieg klientelistische Gruppen, die eine Art von Allianz zwischen der Mittelklasse, den Eliten und dem Militär schufen. Dieser Klientelismus verhinderte über einen langen Zeitraum die Bildung von autonomen politischen Parteien, was zur Instabilität des politischen Systems führte[550].

Von 1946 bis 1960 wurde das Parteiensystem mehr institutionalisiert als nach 1985 , außerdem klarer und übersichtlicher[551]. Die politische Elite in dieser Zeit rekrutierte sich fast ausnahmslos aus der Ära Vargas[552]. Die drei größten Parteien in dieser Zeit im Parlament waren die PSD, UND und die PTB, die zusammen 80% der Sitze im Unterhaus innehatten[553]. Zwei dieser drei Parteien unter Vargas wurden von Vargas selbst gegründet[554]. Die UND war in dieser Zeit die größte Oppositionspartei[555]. Die PTB war in dem Zeitraum 1946 bis 1962 die drittgrößte Partei und wurde 1963 die zweitgrößte[556]. Kennzeichnend für den Zustand des Parteiensystems waren eine

---

[544] Mainwaring, *Brazil*, 1995, S. 358.
[545] Mainwaring, *Brazil*, 1999, S. 70.
[546] Peterson, 1962.
[547] Mainwaring, *Brazil*, 1995, S. 358.
[548] Lamounier/Meneguello, *Partidos*, 1986, S. 40.
[549] Krause, Partizipation, 2006, S. 147 und Faro de Castro/Valladão de Carvalho, *Brazil*, 2003, S. 468. Vgl. auch Kinzo, MDB, 1988, S. 3.
[550] Cavarozzi, *Transitions*, 1992, S. 672 f.
[551] Mainwaring, *Brazil*, 1995, S. 361 und Mainwaring, *Brazil*, 1999, S. 75.
[552] Wöhlcke, Brasilien, 1991, S. 122.
[553] Amorim Neto/Santos, *Connection*, 2001, S. 216 f.
[554] Mainwaring, *Brazil*, 1988, S. 93.
[555] Amorim Neto/Santos, *Connection*, 2001, S. 217.
[556] Amorim Neto/Santos, *Connection*, 2001, S. 217.

zunehmend fragmentierende und polarisierende Tendenz, eine schwache Organisationsstruktur und Aggregationsfähigkeit wie auch instabile Koalitionen und die bundesstaatliche Prägung nahm immer mehr zugunsten einer erstarkenden Bundesorientierung zu, obwohl die Wählerschaft bundesstaatlich orientiert war[557]. Die Spaltung der Kongressparteien Anfang der 1960er Jahre in zwei große Blöcke, die Nationale Parlamentsfront und die Demokratische Parlamentsaktion, lieferte den umstürzlerischen Kräften den Anlass zu behaupten, dass die Parteien korrupt, oligarchisch und nicht repräsentativ waren[558]. Nach Lamounier und Meneguello sprachen vor allem zwei Faktoren gegen den Aufbau eines funktionierenden Parteiensystems westlicher Prägung: zum einen die zentralisierte Gewalt im Bundesstaat, zum anderen behinderte der extensive Klientelismus die Artikulation von Gruppen- oder Klasseninteressen[559].

c) Parteien und Militärherrschaft (1964-1985)[560]

Im Oktober 1965 wurden die Parteien nach den ersten Wahlen aufgelöst[561]. Ende der 1960er Jahre und in der ersten Hälfte der 1970er Jahre wurde der Einfluss der Parteien streng unterdrückt[562]. Ein wesentliches Merkmal des brasilianischen Modells im Vergleich zu den anderen lateinamerikanischen Diktaturen (Argentinien 1976-83, Chile 1973-90, Uruguay 1973-84) war, dass die Parteien, wenn auch eingeschränkt, wie auch der Kongress und die Wahlen fortbestanden und ihre politischen Identitäten und Konfliktlinien der prä-autoritären Ordnung beibehielten: die Militärs in Brasilien waren den Parteien gegenüber freundlicher gesinnt als die anderen lateinamerikanischen Regime[563]. In dieser Zeit wurde die politische Kultur und Strategie populistisch und umging so den bis dahin weit verbreiteten Klientelismus: es wurde ein direkter Kontakt der Kandidaten zu den Wählern hergestellt[564]. Diese Entwicklung wurde durch die zunehmende Urbanisierung und das sich vergrößernde Wählerpotenzial beschleunigt[565].

---

[557] Krause, Partizipation, 2006, S. 147.
[558] Mainwaring, *Brazil*, 1999, S. 83.
[559] Lamounier/Meneguello, *Partidos*, , 1986, zitiert nach Mainwaring, *Brazil*, 1988, S. 95.
[560] Mainwaring, *Brazil*, 1995, S. 363 ff. / Jenks, 1979.
[561] Mainwaring, *Brazil*, 1999, S. 83.
[562] Mainwaring, *Brazil*, 1988, S. 91.
[563] Mainwaring, *Brazil*, 1999, S. 83 f. und Rumpf, Parteien, 2003, S. 89.
[564] Jenks, *Parties*, 1979, S. 71.
[565] Jenks, *Parties*, 1979, S. 71.

d) Parteien nach der Militärherrschaft

Keine der Parteien aus den ersten Jahren nach 1985 mit über 4% der Sitze im Kongress (PMDB, PFL, PDS und PDT) existierte bereits vor 1966, und nur zwei davon (PMDB und PDS) vor 1979 – mit anderen Namen[566]. Die politischen Richtungstendenzen der Parteien aus der Zeit von vor 1964 wurden in der Zeit nach 1985 nicht weitergeführt, was in anderen Staaten wie Argentinien, Chile und Uruguay nicht der Fall war[567]. Bis 1979 gab es nur zwei per Dekret zugelassene Parteien: die von den Militärs gestützte Regierungspartei ARENA und die ebenfalls von den Militärs kontrollierte Oppositionspartei MDB[568]. 1979 reformierte das Regime in Brasilien das Parteiensystem[569], wodurch sich in dem Zeitraum zwischen 1979 und 1985 ein neues Mehrparteiensystem bilden konnte[570]. In drei Bundesstaaten konnte sich so durch die 1980er Jahre hindurch eine Mehrparteienlandschaft bilden (São Paulo, Rio Grande de Sul, Rio de Janeiro)[571]. Seit 1982 ist die Zahl der Parteien auf mehr als 20 gestiegen[572]. Allein im Jahr 1989 wurden fünf neue Parteien gegründet[573]. Nach der Wiederwahl Lula`s 2006 waren im Kongress 15 Parteien vertreten[574]. Die Zahl der Wahlberechtigten stieg von 22.387.000 (1966) auf 58.617.000 (1982) an, wobei der größte Teil dieser Wähler keinen Bezug zu den Parteien von vor 1964 hatte[575].

Nach 1985 wie auch zuvor ist es typisch, dass arme Leute Lebensmittelkarten von Politikern erhalten und auch Versprechungen, auf Listen für öffentliche Wohneinrichtungen aufgenommen zu werden[576]. Ferner beschaffen Politiker nach wie vor Jobs für Personen, die ausreichend Mitglieder werben[577]. Die Parteien repräsentierten nach 1985 bis in die späten 1990er Jahre hinein nicht die Interessen der nicht-elitären Wählerschaft. Politiker benutzten zudem die Parteien lediglich als Steigbügel für ihre eigene Karriere ohne eine größere Bindung zu ihnen zu haben, was zu häufigen Parteiwechseln führte, die durch die schwache Identität und Ideologie der

---

[566] Mainwaring, *Brazil*, 1988, S. 93.
[567] Mainwaring, *Brazil*, 1999, S. 92 f.
[568] Krumwiede/Waldmann, Lateinamerika, 1992, S. 68.
[569] Mainwaring/Viola, *Brazil*, 1985, S. 204. Mainwaring, *Brazil*, 1999, S. 66.
[570] Krumwiede/Waldmann, Lateinamerika, 1992, S. 69. Vgl. auch Wesson/Fleischer, *Brazil*, 1983, S. 91 und Fleischer, *Parties*, 1998, S. 3.
[571] Mainwaring/Viola, *Brazil*, 1985, S. 214.
[572] Krumwiede/Waldmann, Lateinamerika, 1992, S. 69. Vgl. auch Wesson/Fleischer, *Brazil*, 1983, S. 91 und Fleischer, *Parties*, 1998, S. 3.
[573] Kinzo, *Consolidation*, 1993, S. 140.
[574] Brazil, in: http://www.state.gov/r/pa/ei/bgn/35640.htm#gov (Zugriff: 25.02.2007).
[575] Lamounier, *Brazil*, 1989, S. 57 und Mainwaring, *Brazil*, 1999, S. 93.
[576] Mainwaring, *Underdevelopment*, 1992/1993, S. 681.
[577] Mainwaring, *Underdevelopment*, 1992/1993, S. 681.

verschiedenen Parteien erleichtert wurden (**Abb. 12**)[578]. Außerdem wurden solche Parteiwechsel durch den 25. Verfassungszusatz von Mai 1985 gefördert, der 1988 aufgehoben wurde: Parteikandidaten, deren Parteien wenigstens 2% in fünf verschiedenen Bundesstaaten erreicht haben, jedoch 3% der totalen Stimmen für die Wahl zur Abgeordnetenkammer verfehlt haben, können aufgrund dieses Verfassungszusatzes ihre de jure gewonnenen Mandate behalten, sofern sie innerhalb von 60 Tagen nach der Wahl zu einer anderen Partei wechseln[579].

5.2.1.3 Regimeunterstützende Parteien

a) <u>ARENA</u> (ab 1980 PDS)

Sie war 1966 eine der beiden nach der Auflösung des Mehrparteiensystems (1965) mit Dekret geschaffenen und bis 1979 alleine existierenden Parteien und Regierungspartei neben der Oppositionspartei MDB[580]. Die Schaffung einer alleinigen Massenpartei wie der ARENA gilt als ein wesentliches Merkmal für den von oben gesteuerten Transitionsprozess[581]. Sie übernahm in ihre Reihen 91% der UDN-Abgeordneten und 64% der PSD-Abgeordneten, was eine starke konservative Ausrichtung bedeutete[582]. Nach der Machtübernahme der Militärs 1964 wurde das Wahlrecht geändert, um die ARENA bei allen Wahlen zu begünstigen[583]. Trotzdem fielen ihre Stimmgewinne für die Wahl der Kongressabgeordneten von 50,5% (1966) über 48,4% (1970), 40,9% (1974) auf 40,0% (1978) und 1982 auf 36,7% (PDS)[584]. Sie regierte 1966 mit einer Mehrheit von 66% im Abgeordnetenhaus, 1967 mit 67% und 72% nach den Wahlen von 1970[585]. Ab 1979 wechselten insgesamt 26 ARENA-Politiker zur PP (20) und PMDB (6)[586]. Nach 1982 waren 24 der 200 Abgeordneten ehemalige ARENA-Politiker[587].

---

[578] Hagopian, *Brazil*, 1987, S. 295.
[579] Mainwaring, *Underdevelopment*, 1992/1993, S. 704.
[580] Krumwiede/Waldmann, Lateinamerika, 1992, S. 68 und Kinzo, *MDB*, 1988, S. x.
[581] Mainwaring/Viola, *Brazil*, 1985, S. 195 f.
[582] Camamck, *Brazil*, 1991, S. 36 f.
[583] Mainwaring/Samuels, *Federalism*, 1999, S. 5.
[584] Mainwaring, *Transition*, 1986, S. 168.
[585] Veser, Brasilien, 1993, S. 155.
[586] Cammack, *Brazil*, 1991, S. 50.
[587] Cammack, *Brazil*, 1991, S. 50, zitiert nach Kinzo, *MDB*, 1988, S. 209 und 212.

b) *Partido Democrático Social* (PDS)

Sie wurde im Januar 1980 gegründet und ist der identische Nachfolger der ARENA als Regierungspartei[588]. Man ging nach der Auflösung der ARENA davon aus, dass die regierungstreuen Wähler zur neugegründeten PDS wechseln würden[589]. In der PDS sollten sich die zivilen Kräfte zur Unterstützung des Militärregimes bündeln[590]. Bei den Wahlen von 1982 verlor sie alle Gouverneursämter bis auf eines und auch die Mehrheit in der Abgeordnetenkammer[591]. Die Wahlergebnisse fielen von 37,2% im Jahr 1985 auf 7,9% im Jahr 1991[592]. Die Auflösung der ARENA stellte jedoch keine vollkommene Hinwendung zur Demokratie dar[593]. Mitte der 1980er Jahre bevorzugten die regionalen Eliten noch ein semi-demokratisches oder offen autoritäres System[594]. 1984 kam es zu parteiinternen Auseinandersetzungen bezüglich der Aufstellung von Neves als Präsidentschaftskandidat: es bildete sich die sog. „Liberale Front", die von moderaten PDS-Funktionären angeführt wurde, die zunächst das Ziel hatten, Aureliano Chaves als Präsidentschaftskandidaten zu unterstützen, ab Juli 1984 jedoch dessen alten Gegner Neves[595]. Viele Führungsmitglieder der PDS verließen im Juni 1984 infolge dieses Streits die PDS, um die Kandidatur von Neves zu unterstützen[596]. Es gelang der PDS nicht, als Regimepartei einheitlich zu agieren und die Interessen der vorherrschenden Klassen in Brasilien zu bündeln[597].

c) *Partido da Frente Liberal* (PFL)

Sie wurde 1984 von gemäßigten Mitgliedern der PDS und PMDB wegen der Präsidentschaftswahlen im Januar 1985 gegründet[598]. Sie ist ein Sammelbecken für Konservative, Sozialdemokraten, Linksliberale, demokratische Sozialisten und kommunistische Gruppen[599]. Die Wahlergebnisse stiegen von 13,3% (1985) auf 17,5% (1991) mit einem Hochwert von 27,2% (1986)[600]. Fast alle Führungsmitglieder

---

[588] Wöhlcke, Brasilien, 1991, S. 42 f. Vgl. auch Krumwiede/Waldmann, Lateinamerika, 1992, S. 69.
[589] Krumwiede/Waldmann, Lateinamerika, 1992, S. 69.
[590] Hagopian/Mainwaring, *Brazil*, 1987, S. 486 f.
[591] Cammack, *Brazil*, 1991, S. 45.
[592] Kinzo, *Consolidation*, 1993, S. 141.
[593] Mainwaring/Viola, *Brazil*, 1985, S. 216.
[594] Mainwaring/Viola, *Brazil*, 1985, S. 216.
[595] Mainwaring, *Transition*, 1986, S. 162.
[596] Hagopian, *Brazil*, 1987, S. 488.
[597] Cammack, *Brazil*, 1991, S. 47.
[598] Krumwiede/Waldmann, Lateinamerika, 1992, S. 69.
[599] Krumwiede/Waldmann, Lateinamerika, 1992, S. 69.
[600] Kinzo, *Consolidation*, 1993, S. 141.

der PFL haben das Militärregime unterstützt und waren bis 1985 Mitglied der PDS[601]. Einige der Schlüsselministerien (Erziehung, Minen und Energie) unter Sarney wurden mit Mitgliedern der PFL besetzt[602]. Im Februar 1986 bestand die brasilianische Regierung aus sechs PDS/ARENA Mitgliedern[603].

d) *Partido Trabalhista Brasileiro* (PTB)

Die PTB existierte in zwei demokratischen Perioden: von 1945 (Gründung am 15.05.1945 auf Initiative von Arbeitsminister Marcondes Filho und Ivette Vargas, der Nichte des früheren Präsidenten Vargas und dessen Offizieren in der Arbeiterbewegung auf der Basis des Gewerkschaftsapparates mit Hilfe des Staates[604]) bis 1965, im Februar 1980 wurde sie in São Paulo wiedergegründet; hauptsächlich wurde sie von Vargas und Goulart beeinflusst [605].

Die Gründung dieser Partei diente dem Zweck, die städtische Masse zu mobilisieren[606]. In der Phase der kurzen demokratischen Periode nach 1945 (1946-1951 und 1954-1964) war eine Mehrheitskoalition aus PSD-PTB vorherrschend und die PTB war einer der drei größten Parteien, die insgesamt 80 der Sitze im Unterhaus innehatten[607]. Nach dem Verbot der Kommunistischen Partei unterstützten die meisten der Linken die PTB[608]. Anfang der 1960er Jahre schwenkte die einflussreichste Gruppe der PTB ins linke Spektrum und sie wurde Oppositionspartei zur PDS[609]. Die Wahlergebnisse stiegen von 2,6% (1985) auf 7,4% (1991)[610]. Ihre Hauptziele waren eine Verbesserung der sozialen Umstände der Arbeiterschaft und die Ablehnung von zu viel Fremdkapital als Unterstützung für die Industrialisierung des Landes[611].

---

[601] Hagopian, *Brazil*, 1987, S. 489.

[602] Hagopian, *Brazil*, 1987, S. 488.

[603] Hagopian, *Brazil*, 1987, S. 488.

[604] Wöhlcke, Brasilien, 1991, S. 45, German, Autoritarismus, 1983, S. 60 und Mainwaring, *Brazil*, 1999, S. 70 f.

[605] Kinzo, *Consolidation*, 1993, S. 140 und Mainwaring, *Brazil*, 1995, S. 359. Vgl. auch http://pt.wikipedia.org/wiki/PTB (Zugriff: 15.08.2007), Cammack, *Politics*, 1988, S. 118 und Baiocchi, *Radicals*, 2003, S. 13.

[606] Fleischer, Parties, 1998, S. 8.

[607] Amorim Neto/Santos, *Connection*, 2001, S. 216 f.

[608] Mainwaring, *Brazil*, 1999, S. 71.

[609] Mainwaring, *Brazi, 1999,* S. 82.

[610] Kinzo, *Consolidation*, 1993, S. 141.

[611] Roett, *Brazil*, 1984, S. 56.

e) *Partido das Reconstrução Nacional* (PRN)

Die PRN wurde im Februar 1989 zur Unterstützung von Collor gegründet und ging aus der Jugendpartei (PJ) hervor, die 1985 gegründet wurde[612]. Die Wahlergebnisse stiegen von 3,9% 1989 auf 7,4% 1991 – 1989 konnte sie 20 Abgeordnetenmandate und 2 Senatorensitze sofort erreichen[613].

5.2.1.4 Oppositionsparteien

<u>Allgemeines</u>

Bis 1984 wurde die Transition des politischen Systems von oben gelenkt, es gelang jedoch der Opposition, das Regime zu tiefgreifenden Reformen zu bewegen[614]. Infolge der Parteienreform von 1979, mit welcher das Regime das Ziel verfolgte, die Opposition zu teilen, wurde es für die Oppositionsparteien schwieriger, Allianzen gegen das Regime zu bilden[615]. Die Oppositionsparteien begannen 1980 mit ihrer Reorganisation[616]. Das Regime beantwortete diese neuen Umstände 1981 mit dem sog. „Wahlpaket", in dem Allianzen zwischen den einzelnen Parteien verboten wurden, um deren Erstarken zu verhindern[617]. Damit wurde die Position der **PDS** gestärkt[618]. Die Opposition reagierte auf diese Initiativen der Regierung mit der Fusion ihrer beiden größten Parteien zu einer einzigen Partei als neues Sammelbecken für die oppositionellen Kräfte[619]. Bei den Wahlen von 1982 in den Bundesstaaten Rio de Janeiro, São Paulo und Rio Grande do Sul gab es keine einheitliche Linie innerhalb der Opposition und die Oppositionsparteien stritten mehr untereinander als dass sie eine einheitliche Politik gegen das Regime betrieben[620].

a) <u>MDB</u> (später PMDB)

In Konkurrenz zur ARENA wurde die MDB 1966 zugelassen, als eine Partei, der eine begrenzte Opposition gestattet wurde (1965-1979)[621], solange das Regime bereit

---

[612] Black, *Redemocratization*, 1992, S. 87. Vgl. auch D`Alva Kinzo, *Consolidation*, 1993, S. 140, Bruneau, *Transition*, 1985, S. 277 und Fleischer, *Politics*, 1995, S. 62.

[613] Kinzo, *Consolidation*, 1993, S. 140 und Fleischer, *Politics*, 1995, S. 62.

[614] Mainwaring/Viola, *Brazil*, 1985, S. 216.

[615] Mainwaring, *Transition*, 1986, S. 164 f.

[616] Mainwaring/Viola, *Brazil*, 1985, S. 204.

[617] Mainwaring/Viola, *Brazil*, 1985, S. 205.

[618] Mainwaring/Viola, *Brazil*, 1985, S. 205.

[619] Mainwaring/Viola, *Brazil*, 1985, S. 205.

[620] Mainwaring, *Transition*, 1986, S. 165.

[621] Hagopian, *Regime Change*, 1996, S. xviii.

war, diese zu tragen[622]. Sie wurde im Oktober 1965 von den Militärs nach der Abschaffung des alten Parteiensystems infolge der Stimmenverluste des Regimes in den Staaten Minas Gerais und Guanabara ins Leben gerufen und 1966 offiziell mit dem Ziel gegründet, den Zulauf zu den linken Parteien und Gruppierungen zu reduzieren[623]. In den Jahren von 1969 bis 1974 war es der MDB aufgrund der starken Repression nicht möglich, ihre Oppositionsrolle wahrzunehmen und Dutzende ihrer Politiker wurden ihrer Ämter enthoben und verloren ihre politischen Rechte[624]. Der steigende Stimmengewinn der ARENA bis 1972 führte innerhalb der MDB zur Diskussion über eine Selbstauflösung[625]. 1966 reichte die Zahl ihrer Senatoren nicht aus, um im Kongress vertreten zu sein, was die Militärs dazu veranlasste, Senatoren aus ihren Reihen dazu zu bewegen, Mitglied in der MDB zu werden[626]. Von 1973 bis 1979 schuf sich die MDB ein Profil als Oppositionspartei, 1974 gewann sie sogar die Wahlen[627]. Von 1974 bis 1982 wuchs der Popularitätsgrad der MDB in den großen Städten der unterentwickelten Regionen kontinuierlich an[628]. Die MDB distanzierte sich deutlich von dem alten weit verbreiteten System des politischen Klientelismus[629]. Bei den Gemeindewahlen am 15. November 1976 konnte die MDB die Kontrolle über die Gemeinderäte in den Städten Rio de Janeiro, São Paulo, Belo Horizonte, Pôrto Alegre, Salvador, Campinas und Santos gewinnen[630]. Seit den Wahlen von 1974 fungierte die MDB als Partei der Armen, da sie in den ärmsten Regionen überwältigende Ergebnisse erzielte, während die ARENA die Partei der Reichen wurde[631]. Da die MDB den Militärs zu sehr an Größe und damit an Macht gewann, wurde sie 1979 von den Militärs aufgelöst und die Militärs erließen immer wieder neue Gesetze und Verordnungen, um das Wachsen der MDB in Grenzen zu halten: mit dem sog. „April"-Paket von 1977 versuchten die Machthaber, zukünftige Wahlsiege der MDB zugunsten der von den Militärs gestützten ARENA zu verhindern[632]. Bei den Wahlen 1977 erreichte die MDB aufgrund von Änderungen des

---

[622] Nohlen, Lexikon Dritte Welt, 2000, S. 121 und Kinzo, *MDB*, 1988, S. x.

[623] Encarnación, *Consolidation*, 2003, S. 135, Kinzo, *Consolidation*, 1993, S. 140, Mainwaring, *Transition*, 1986, S. 150 und Mainwaring, *Brazil*, 1988, S. 96.

[624] Mainwaring, *Transition*, 1986, S. 150 und Mainwaring, *Brazil*, 1988, S. 97.

[625] Veser, Brasilien, 1993, S. 155. Vgl. auch Kinzo, *MDB*, 1988, S 110 ff.

[626] Mainwaring, *Brazil*, 1988, S. 97.

[627] Mainwaring/Viola, *Brazil*, 1985, S. 201/206 und Mainwaring, *Brazil*, 1988, S. 97.

[628] Mainwaring, *Brazil*, 1999, S. 99.

[629] Hagopian, *Brazil*, 1990, S. 159.

[630] Skidmore, *Slow Road*, 1989, S. 14.

[631] Mainwaring, *Brazil*, 1999, S. 86. Vgl. auch Caldeira, *Voto*, 1980, S. 88 ff.

[632] Encarnación, *Consolidation*, 2003, S. 135 und Mainwaring, *Brazil*, 1988, S. 96.

Wahlrechts durch Geisel („April"-Paket) nicht mehr die Mehrheit im Kongress[633]. Bei den Direktwahlen des Senats in demselben Jahr konnte sie jedoch mit 52% der Stimmen die Mehrheit erringen: die *abertura* konnte also nicht mehr von der Regierung kontrolliert werden[634]. Aus der Auflösung der MDB entstanden fünf neue Oppositionsparteien[635].

b) *Partido Comunista Brasileiro* (PCB)

Sie wurde 1922 gegründet[636], 1935 zusammen mit der ANL, deren Teil sie war, nach einem Putschversuch von Vargas verboten, am 10.11.1945 wieder legalisiert und 1985 wiedergegründet, nachdem der Kongress kommunistische Parteien wieder legalisiert hatte[637]. Sie ist eine der drei wenigen Parteien, die vor dem letzten Parteiverbot bereits existierten und nach dem Zweiten Weltkrieg wieder auftauchte[638]. 1945 wurde sie mit 4,9% der Sitze die viertgrößte Partei im Abgeordnetenhaus[639]. Die progressiven Zielsetzungen der militärischen „*tenentismo*"-Bewegung wirkten auch auf die Politik der PCB ein[640]. Sie entwickelte sich nach dem Abweichen von der Anlehnung an Moskau zu einer eher westlich-eurokommunistischen Partei[641]. Sie kann als die historischste Partei in Brasilien gelten[642]. Bei den ersten Landesparlamentswahlen nach dem Zweiten Weltkrieg und bei den Wahlen zur verfassunggebenden Versammlung von 1945 war sie die viertstärkste Partei, ihre Hochburgen waren zur Zeit ihrer Legalisierung São Paulo und Rio de Janeiro[643]. Unter dem Dura-Regime (1946-1951) wurde sie unterdrückt[644].

c) *Partido Democrático Trabalhista* (PDT)

Oppositionspartei zur PDS

---

[633] Skidmore, *Slow Road*, 1989, S. 18.
[634] Skidmore, *Slow Road*, 1989, S. 18.
[635] Mainwaring, *Brazil*, 1999, S 91.
[636] Krumwiede/Waldmann, Lateinamerika, 1992, S. 69.
[637] Kinzo, *Consolidation*, 1993, S. 140, Wesson/Fleischer, *Brazil*, 1983, S. 79, Cammack, *Politics*, 1988, S. 113 und Heinz, Militär, 2001, S. 125.
[638] Krause, Partizipation, 2006, S. 147.
[639] Muszynsky/Lamounier, Brasilien, 1993, S. 159.
[640] Moltmarnn, Militär, 1975, S. 169.
[641] Krumwiede/Waldmann, Lateinamerika, 1992, S. 69.
[642] Fleischer, *Parties*, 1998, S. 10.
[643] Skidmore/Smith, *Latin America*, 2005, S. 164.
[644] Skidmore/Smith, *Latin America*, 2005, S. 164.

Sie wurde wie die PDS 1980 gegründet und ist Mitglied der Sozialistischen Internationale[645]. 1982 waren zehn Kongressabgeordnete Mitglied der PDT[646]. Die PDT hat mehr den Charakter einer Bewegung als einer Partei oder eines "Sammelbeckens", weil sie stark populistisch und personalistisch geprägt und auf die charismatische Leitfigur ihres Führers Leonel Brizola zugeschnitten ist[647]. Ihre Basis ist auf die Staaten Rio de Janeiro, wo Brizola Gouverneur ist und Rio Grande do Sul, den Heimatstaat von Brizola, beschränkt[648]. Sie ist eine der drei Nachfolger der MDB neben der PMDB und der PPB[649].

d) *Partido do Movimento Democrático Brasileiro* (PMDB, vorher MDB)

Die PMDB ist seit 1980 die bei weitem größte Oppositionspartei und eine der drei Nachfolger der MDB neben der PDT und der PPB (nicht zu verwechseln mit den nach 1980 aus der MDB neu hervorgegangenen eigentlichen Oppositionsparteien PT und PTB)[650].

Während der Militärzeit begann sie, sich zu einer Massenpartei zu transformieren[651]. Bei den ersten Kongresswahlen erreichte sie einen Stimmenanteil von 41,1%, mit einem Höhepunkt bei den Kongresswahlen von 1987 (54,6%) und fiel dann wieder auf 23,1% bei den Kongresswahlen von 1991[652].

Sie setzt sich zusammen aus dem größten Teil der früheren MDB und der Mehrheit der liberalen Kräfte aus der *Partido Popular* (PP)[653]. Sie entwickelte sich von einer von den Militärs geschaffenen Scheinopposition zu einer richtigen Oppositionspartei[654]. Ihre Wurzeln hat sie in der im industrialisierten Südosten geschaffenen Gewerkschaftsbewegung[655].

1978 wurden zahlreiche Gewerkschaftsführer sowie Funktionäre wichtiger Organisationen auf die Kandidatenliste der PMDB gestellt und sie vollzog infolge dessen

---

[645] Krumwiede/Waldmann, Lateinamerika, 1992, S. 69.
[646] Mainwaring, *Brazil*, 1999, S 91.
[647] Wöhlcke, Brasilien, 1991, S. 44.
[648] Selcher, *Dilemmas*, 1986, S. 73.
[649] Wöhlcke, Brasilien, 1991, S. 44. Vgl. auch Krumwiede/Waldmann, Lateinamerika, 1992, S. 69.
[650] Wöhlcke, Brasilien, 1991, S. 44. Vgl. auch Krumwiede/Waldmann, Lateinamerika, 1992, S. 69 und Heinz, Verfassung, 1996, S. 108.
[651] Hagopian, *Brazil*, 1987, S. 497.
[652] Kinzo, *Consolidation*, 1993, S. 141.
[653] Wöhlcke, Brasilien, 1991, S. 44.
[654] Schirm, Brasilien, 1990, S. 100 f.
[655] Schirm, Brasilien, 1990, S. 101.

einen Linksruck[656]. Seit 1978 wuchs dann auch infolge dessen der Stimmengewinn der MDB/PMDB kontinuierlich an (**Abb. 13**). Der ursprüngliche Plan der Militärs, mit der Aufhebung des Zweiparteiensystems aus ARENA und MDB eine Zersplitterung der oppositionellen Fraktionen zu erreichen, schlug fehl: fast alle Oppositionsgruppen fanden sich im PMDB zusammen – bis auf die neuen Parteien PT, PDT und PTB[657]. Auf Anregung des Parteivorsitzenden Ulysses Guimarães wurde vor die Buchstaben MDB der Buchstabe P angefügt, um das hart erkämpfte Image einer Oppositionspartei zu untermauern[658]. Ab 1981 nahm der Einfluss und der Aktivitätsgrad der PMDB deutlich zu, was vom Militärregime so nicht gewollt war[659]. Sie hat seit 1981 bis mehrere Jahre nach 1985 ihr Parteiprogramm, dass sie als Oppositionspartei entworfen hatte, nicht erneuert[660]. Um die Wahlen von November 1982 zu gewinnen, schloss sie sich mit der relativ konservativen PP zusammen[661]. Sie ist stark städtisch und auf die Mittelklasse zentriert und wird von liberalen Kräften geführt[662].

Zuerst war die PMDB mehrere Jahre lang für eine Agrarreform, 1987 waren jedoch bereits ca. 60% ihrer Mitglieder dagegen[663]. 1985 traten in Minas Gerais ca. 200 lokale PDS-Parteigliederungen und PDS-Bürgermeister zur PMDB über und ermöglichten so den Wahlsieg des PMDB-Gouverneurs 1986[664].

Als das PMDB-Mitglied Neves 1985 Präsident wurde, wechselten wenigstens 200 Bürgermeister und lokale *diretorios* von der PDS zur PMDB[665]. Bei den Wahlen von November 1986 erzielte sie einen hervorragenden Sieg mit 22 von 23 gewählten PMDB-Gouverneuren und Mehrheiten in beiden Kammern des Kongresses[666]. Der Demokratisierungsdruck ging u. a. von ihr aus[667].

Eine ähnliche Unterstützung durch progressive und rechtskonservative Kräfte erhielten die Gouverneurskandidaten der Staaten Bahia und Pernambuco[668]. In der Frage der Agrarreform war die PMDB wie alle anderen Parteien tief gespalten: laut

---

[656] Hagopian, *Brazil*, 1987, S. 497.
[657] Heinz, Verfassung, 1996, S. 108.
[658] Fischer, *Parties*, 1998, S. 77.
[659] Mainwaring, *Transition*, 1986, S. 156.
[660] Mainwaring, *Underdevelopment*, 1992/1993, S. 683.
[661] Hagopian, *Brazil*, 1987, S. 497.
[662] Selcher, *Dilemmas,*1986, S. 72.
[663] Hagopian, *Brazil*, 1987, S. 497.
[664] Hagopian, *Brazil*, 1987, S. 498.
[665] Hagopian, *Brazil*, 1990, S. 161.
[666] Hagopian, *Brazil*, 1987, S. 497.
[667] Nohlen, Dritte Welt, 2000, S. 122.
[668] Hagopian, *Brazil*, 1987, S. 498.

einer Umfrage waren 60% der PMDB-Abgeordneten gegen eine solche Reform[669]. Es gelang ihr nicht, sich zu einer programmatischen Partei mit guten Inhalten zu entwickeln, was zum Erstarken der PT beigetragen hat[670]. Bei der verfassungsgebenden Versammlung von 1986 waren ein Viertel der PMDB-Delegierten ehemalige Aktivisten der ARENA[671].

e) *Partido Trabalhista / Partido dos Trabalhadores* (PT)[672]

Die Linke war in der Zeit nach Vargas *Estado Novo* (1937-1945) auf den alt hergebrachten Klientelismus angewiesen, wurde unterdrückt und konnte sich nur in staatlich kontrollierten Verbänden zusammenschließen[673]. Die PT unter der Leitung des Gewerkschaftsführers Luís Inácio da Silva („Lula") kann wohl als einzige im engeren Sinn als Partei angesehen werden[674]. Sie wurde 1980 von Luís Inácio da Silva („Lula") gegründet, der 1978 der Führer der Metallarbeiter von São Bernardo war, einem Vertreter des *Articulação*-Flügels[675] dieser Partei und entwickelte sich in den 1990er Jahren zur größten Oppositionspartei der PDS[676]. Ihren Ursprung hatte sie 1979 als eine Basisgruppierung aus Linksintellektuellen, Gewerkschaftern, Industriearbeitern und christlichen Gruppierungen[677]. Sie ist die einzige Partei in Brasilien, die ganz von unten von der Basis her (*pelas bases*) aufgebaut wurde und nicht aus Elitekreisen des Kongresses entstammte[678]. Breite Unterstützung erfuhr sie von den Sozialen Bewegungen, dem progressiven Teil der Kirche und den *grassroot*-Bewegungen[679]. Das Regime hatte nicht mit der Entstehung dieser Partei gerechnet[680]. Lucio Kowarick und Andre Singer beschreiben die PT wie folgt:

„We are dealing with a party with a large number of militants that during the 1980s simultaneously assisted in the construction of union and grassroots movements while being forged by these movements"[681].

---

[669] *Istóe*, 11.06.1986, S. 82.
[670] Hagopian, *Brazil*, 1990, S. 162.
[671] Cammack, *Brazil*, 1991, S. 50.
[672] Nylen, *The Workers` Party*, 2000, S. 126 ff.
[673] Nylen, *The Workers` Party*, 2000, S. 128.
[674] Wöhlcke, Brasilien, 1991, S. 46.
[675] Hunter, *Transformation*, 2006, S. 11 und Boris, Soziale Bewegungen, 1998, S. 93.
[676] Nylen, *The Workers` Party*, 2000, S. 126. Vgl. auch Hunter, *Transformation*, 2006, S. 11.
[677] Hunter, *Transformation*, 2006, S. 7. Vgl. auch Waldmann/Krumwiede, Lateinamerika, 1992, S. 63 und Mainwaring, *Brazil*, 1999, S. 91.
[678] Mainwaring, *Brazil*, 1999, S. 100 f.
[679] Nylen, *Brazil*, 2003, S. 38, zitiert nach Rodrigues, *Partidos*, 1990, S. 12 ff.
[680] Mainwaring/Viola, *Brazil*, 1985, S. 204.
[681] Kowerick/Singer, *Workers Party*, 1994, S. 227 f.

Ihre Gründung ist eine direkte Folge der Distanzierung der brasilianischen Linken vom Staatskorporatismus der 1930er Jahre, vom Marxismus-Leninismus und der Streiks Ende der 1970er Jahre[682]. Nach Sives ist sie die einzige demokratische Partei im heutigen Brasilien[683]. Sie bekämpfte die Militärdiktatur von 1964-1985 von außen und trat für eine Direktwahl des Präsidenten ein[684]. Lula wollte mit der PT eine neue Partei als Antwort auf die bisherige klientelistische Parteipolitik der Elite schaffen, die auf leeren Versprechungen an die Masse der Bevölkerung basierte und eine fast ausschließliche Selbstbereicherungspolitik darstellte[685]. Infolge der Debatte über die Wirtschaftskrise der 1980er und 1990er Jahre nahm die PT in der verfassungsgebenden Versammlung (1987-1988) eine Stellung gegen ausländisches Kapital und für Arbeitskräfte ein und opponierte gegen die „neoliberalen" Reformen Cardosos (1994-1998)[686]. Die PT setzte und setzt sich besonders für eine Lösung der Agrarreformfrage ein und in ihrem Parteiprogramm werden ausdrücklich die zu erwartenden beschäftigungspolitischen Effekte hervorgehoben[687]. So soll nach der Ansicht der PT die genossenschaftliche und die kleinbäuerliche Organisation gefördert werden, die großflächige Landwirtschaft wie im amerikanischen mittleren Westen wird in Brasilien jedoch sicherlich auch nicht von der PT berührt werden, wenn man bedenkt, dass in der ersten Hälfte 2002 das brasilianische BIP um 0,14% angestiegen ist – bei einem Rückgang der Industrieproduktion um 1,78% -, während der Agrarsektor in seiner Produktivität um beachtliche 8,18% anstieg[688]. Seit 1982 stiegen die Stimmengewinne der PT kontinuierlich bei allen Wahlen (Kongress-, Präsidentschafts-, Stadt- und Bundesstaatswahlen) an und von 1998 bis 2002 bei den Präsidentschaftswahlen von 21.803.000 Stimmen (1998/26,1%) auf 39.444.000 Stimmen (2002/46,4%), in der zweiten Wahl 2002 sogar auf 57.200.000 Stimmen (61,3%) (**Abb. 14a, 14b, 14c und 14d**). Das Parteiprogramm der PT während ihres Wahlkampfs von 2003 reichte von einer Bildungsinitiative und der Unterstützung kleiner Unternehmen, um die Wirtschaft anzukurbeln bis hin zu einer ganzen Reihe von Sozialprogrammen (sog. „0-Hunger Kampagne")[689]. Infolge des Anwachsens der Prozentzahlen von Lulas Popularität während des Wahlkampfes von 2003 positio-

---

[682] Nylen, *Brazil*, 2003, S. 37 f.
[683] Sives, *Elites*, 1993, S. 556.
[684] Hunter, *Transformation*, 2006, S. 7.
[685] Nylen, *Brazil*, 2003, S. 38.
[686] Hunter, *Transformation*, 2006, S. 11.
[687] Melchers, Agrarreform, 2002, S. 4 (elektronisches Dokument).
[688] Melchers, Agrarreform, 2002, S. 4 (elektronisches Dokument).
[689] Baiocchi, *Radicals*, 2003, S. xiv.

nierten internationale Banken Brasilien schlechter als zuvor in ihren Rankings und auch der Real verlor gegenüber dem US$ an Wert[690].

5.2.2 Wahlen und Wahlsystem

Die Transition in Lateinamerika wurde sehr durch Wahlen und Volksabstimmungen geprägt und gesteuert[691]. In der Periode des Kaiserreichs (1822-1889) war das Wahlrecht den Männern aus dem Besitzbürgertum vorbehalten[692]. Die Auswahl der Wahlmänner zum Unterhaus erfolgte in zwei Schritten und wurde unter der Ägide des Kaisers von der liberalen und der konservativen Partei kontrolliert[693]. In der Alten Republik (1889-1930) wurde das Wahlrecht auf die Gruppe aller gebildeten Männer ausgedehnt[694]. Die Wahlen erfolgten von nun an von der Ebene der Gemeinderatsmitglieder bis zum Präsidenten direkt[695]. Unter Vargas waren zunächst 4% (1932) der Bevölkerung wahlberechtigt, 1934 bereits 5,5% (**Abb. 15**). 1945 waren 7,4 Millionen Personen (16%) der brasilianischen Bevölkerung wahlberechtigt, 1962 waren dies 24,62% und 1994 betrug dieser Anteil 94,7 Millionen (61%), was einen gewichtigen positiven Beitrag zur Konsolidierung darstellt (**Abb. 16 und 17**). Von 1982 bis 1986 stieg der Anteil der Wahlberechtigten um 3,5% und 1986 waren 49,9% der Bevölkerung Brasiliens wahlberechtigt (69.166.810 Wähler)[696]. Mit der Verfassungsänderung Nr. 25 vom 15. Mai 1985 wurde es den Analphabeten erlaubt zu wählen, ohne zur Wahl verpflichtet zu sein, eine passive Wahl blieb ihnen jedoch verboten[697]. Von 1978 bis 1986 sank die Quote der Nichtwähler von 18,3% über 17,7% (1982) auf 5%, was die hohen Erwartungen der brasilianischen Bevölkerung in die junge Demokratie untermauerte[698]. In der Konsolidierungsphase der „Neuen Republik" stieg die Zahl der Wahlenthaltungen bei den Präsidentschaftswahlen jedoch von 11,9% (1989) auf 21,49% (1998) an (**Abb. 18**). Im traditionell geprägten Norden und Nordosten Brasiliens ist das Wahlverhalten hauptsächlich Elite-orientiert

---

[690] Baiocchi, *Radicals*, 2003, S. xiv.
[691] Nohlen/Thibaut, Lateinamerika, 1996, S. 209. Vgl. auch Nohlen (Hrsg.), *Desecentralizatión*, 1991.
[692] Wesson/Fleischer, *Brazil*, 1983, S. 91.
[693] Wesson/Fleischer, *Brazil*, 1983, S. 91.
[694] Wesson/Fleischer, *Brazil*, 1983, S. 91.
[695] Wesson/Fleischer, *Brazil*, 1983, S. 91.
[696] Krause, Partizipation, 2006,S. 200, zitiert nach Muszynski/Lamounier, Brasilien, 1993, S. 150.
[697] Krause, Partizipation, 2006,S. 201, zitiert nach Braga, *Brasil*, 1990, S. 135.
[698] Krause, Partizipation, 2006,S. 201, zitiert nach Muszynski/Lamounier, Brasilien, 1993, S. 150 und Nicolau, *Brasil*, 1998, S. 44, 46.

geprägt, im Südosten dagegen vorwiegend traditionell[699]. Mit der Verfassung von 1988 wurde das aktive Wahlrecht erweitert: so besteht für 18 bis 69 Jahre alte Bürger grundsätzlich Wahlpflicht[700]. Im Fall Brasilien wie auch bei Kolumbien können Zweifel daran bestehen, ob heute das universelle Wahlrecht in der Realität gewährleistet ist, weil z. B. landlose und wohnsitzlose Staatsbürger nicht bei den Wahlen technisch erfasst werden können[701]. Bei den Wahlen 1986 kandidierten 45 000 Personen aus dreißig verschiedenen Parteien[702]. Die große Armut unter weiten Teilen der Bevölkerung führt dazu, dass auf dem Land und in den städtischen Armutsvierteln das Wahlverhalten sehr stark von Vergünstigungen und Versprechungen beeinflusst wird[703]. In den mittleren Städten und den Großstädten ist die Wahlbeteiligung von 95% im Jahr 1986 auf 70% im Jahr 1990 zurückgegangen[704]. Der Anteil der Stimmenthaltungen und der nicht gültigen Stimmen stieg von 35% (1986) über 17,6% (1989) und 33,39% (1994) auf 40,19% (1998) und fiel dann wieder auf 28,13% (2002)[705]. Dieses Stimmverhalten stellt eine ernstzunehmende Gefahr für das erfolgreiche Gelingen des brasilianischen Konsolidierungsprozesses dar. Nach einer Umfrage waren 1988 51,1% der Bürger der Ansicht, dass die Politiker in Brasilien gewöhnlich lügen, genauso wie Präsident Sarney (35,7%), die Kabinettsminister (43,9%) und die TV-Nachrichten (42,5%) (**Abb. 19a**). Das brasilianische Wahlsystem ist darauf ausgerichtet, die ärmsten Regionen des Landes zu überrepräsentieren[706]. Trotzdem ist der ärmere Bevölkerungsteil deutlich weniger an Politik interessiert als diejenigen Bevölkerungsteile mit höherem und mittlerem Einkommen (**Abb. 19b**). Bei einer IBOPE-Umfrage waren 72% der Befragten der Ansicht, dass das Land in den Händen von einigen wenigen Individuen sei und ein einfacher Bürger nichts dagegen tun könne[707].

---

[699] Geddes/Neto, *Brazil*, 1992, S. 643, zitiert nach Cardoso/Lamounier, *Brasil*, 1975.

[700] Krumwiede/Waldmann, Lateinamerika, 1992, S. 66.

[701] Merkel et. al., Defekte Demokratie : 1, 2003, S. 77 f.

[702] Black, *Redemocratization*, 1992, S. 86.

[703] Heinz, Verfassung, 1996, S. 108.

[704] Calcagnotto, Politische Kultur, 1994, S. 178 ff. Vgl. auch Heinz, Verfassung, 1996, S. 109.

[705] Nylen, *Brazil*, 2003, S. 14 und *Veja*, 26.11.1986, S. 58 f.

[706] So ist São Paulo von allen Regionen am unverhältnismäßigten in der Legislative repräsentiert. Vgl. Mainwaring/Viola, *Brazil*, 1985, S. 22.

[707] Mainwaring, *Underdevelopment*, 1992/1993, S. 693.

5.3 Die Institutionelle Ebene[708]

Nach Schneider ist die Hauptursache für das Scheitern der Institutionalisierung der demokratischen Institutionen die Tatsache, dass die sog. „Kooptation" (manipulierte Beteiligung und Steuerung von oben) sich gegen die von sozialen und wirtschaftlichen Wechseln angetriebene Partizipation durchgesetzt hat[709]. Die Einstellungen der Bürger zur Demokratie und demokratischen Institutionen in Brasilien   haben sich seit Anfang der 1970er Jahre zwar verfestigt[710], für den Zeitraum um das Jahr 1996 stellen Nohlen und Thibaut jedoch fest, dass die Demokratie in Lateinamerika zwar fortbesteht aber ohne das Vertrauen der Bürger in die Institutionen[711]. Das zeitliche Fortbestehen der Institutionen ist ein Merkmal der Konsolidierung, es reicht aber nicht alleine aus, um von einer Konsolidierung sprechen zu können[712]. In Brasilien ist wie in Argentinien und Bolivien die institutionelle Transition noch nicht beendet[713]. In Brasilien wurde viel darüber diskutiert, ob man ein europäisch-parlamentarisches System übernehmen sollte oder ob man bei dem amerikanisch orientierten Präsidialsystem, das im späten 19. Jahrhundert geschaffen wurde, bleiben sollte[714]. In Brasilien wurden demokratische Prozeduren in das autoritäre Herrschaftssystem einbezogen, wie z. B. die Ablösung der Exekutive in bestimmten Zeitabschnitten aus dem Kreis militärischer Führungspersonen, die Zulassung einer Volksvertretung und die Abhaltung von durch die Exekutive gesteuerter Wahlen[715].

5.3.1 Der Kongress

Infolge des politischen Umbruchs stieg seit 1985 das Selbstbewusstsein des Parlaments kontinuierlich an und seine vergrößerte Legitimität nach der Wahl 1986 brachte ein steigendes Mitspracherecht in außenpolitischen Fragen mit sich[716]. Im Mai 1985 schaffte der Kongress das Wahlmännerkollegium, das von den Militärs dazu eingerichtet worden war, die Wahl von Militärs als Präsidenten zu sichern, ab

---

[708] Rüb, Herausbildung, 1996, S. 111 ff.
[709] Schneider, *Order and Progress*, 1991, S. 13.
[710] Calcagnotto, Politische Kultur, 1994, S. 78 ff. Vgl. auch Heinz, Verfassung, 1994, S. 109.
[711] Nohlen/Thibaut, Lateinamerika, 1996, S. 201.
[712] Nohlen/Thibaut, Lateinamerika, 1996, S. 201.
[713] Merkel/Puhl, Transformation, 1999, S. 136.
[714] Encarnación, *Consolidation*, 2003, S. 133.
[715] Nohlen, Militärregime, 1986, S. 9.
[716] Schirm, Brasilien, 1990, S. 194.

und führte die Direktwahl des Präsidenten wieder ein[717]. Das Impeachmentverfahren gegen den ersten demokratisch gewählten Präsidenten 1992 war ein wichtiges Merkmal für die neue Machtfülle des Kongresses[718]. Trotzdem wurde die Macht des Kongresses durch die neue Verfassung in vielfacher Hinsicht beschnitten (siehe auch Punkt 5.3.3.2.2): so hat er lediglich 45 Tage Bedenkzeit für verfassungsändernde Gesetze und andere Gesetze, die von der Initiative der Verfassung ausgehen[719] [720]. Die beiden Wirtschaftspläne Cruzado I und II wurden ohne eine Konsultation des Kongresses von der Exekutive ins Leben gerufen[721]. Während der Sitzungsperiode 1985/1986 nahmen 90% der Kongressmitglieder nicht an dem Tagesgeschäft des Kongresses teil, was darin begründet liegt, dass eine Mehrheit von ihnen ihre wichtigste Funktion in der Patronage sehen, um ihre Wiederwahl zu sichern[722].

5.3.2 Der Präsident

Das Präsidialsystem führt oft zu einer Auseinandersetzung zwischen Exekutive und Legislative, weil der gewählte Präsident in der Regel über keine parlamentarische Mehrheit im Kongress verfügt (so bei Sarney und Collor de Mello)[723]. Ferner kam es und kommt es bei wichtigen politischen Entscheidungen nicht auf den Kongress an, wie in dem Fall der staatlichen Privatisierungen in den 1990er Jahren[724]. Die beiden Cruzado-Pläne wurden von Sarney unter größter Geheimhaltung vorbereitet: nur 15 Personen in Brasilien wussten von diesem Vorhaben, darunter die Minister für Finanzen und Planung und ein paar Beamte, die Wirtschaftswissenschaftler waren und ein paar Angehörige der Zentralbank[725]. Die Präsidenten hatten immer ein Interesse daran, die Parteien und damit den Kongress zu schwächen und autonom über den Parteien stehend zu regieren[726].

---

[717] Hagopian, *Brazil*, 1987, S. 506.
[718] Wiarda, *Brazil*, 2000, S. 134.
[719] Hagopian, *Brazil*, 1987, S. 494.
[720] Mainwaring/Samuels, *Federalism*, 1999, S. 5.
[721] Hagopian, *Brazil*, 1987, S. 494.
[722] Hagopian, *Brazil*, 1987, S. 494 f.
[723] Heinz, Verfassung, 1994, S. 109.
[724] Ames, *Brazil*, 2001, S. 5.
[725] Hagopian, *Brazil*, 1987, S. 494.
[726] Mainwaring, *Underdevelopment*, 1992/1993, S. 698.

5.3.3 Staatsform und Verfassung[727]

5.3.3.1 Die Staatsform

Die Staatsform in Brasilien ist eine Bundesrepublik mit Präsidialverfassung, die in 23 Bundesstaaten mit drei Bundesterritorien, den Bundesdistrikt mit der Hauptstadt Brasilia und in 4178 Gemeinden gegliedert ist[728].

5.3.3.2 Die Verfassung[729]

5.3.3.2.1 Die Verfassung von 1967

Wie bereits in den Verfassungen von 1891, 1934 und 1946 wurde den Militärs auch in der Verfassung von 1967 das Recht eingeräumt, die Exekutive zu überwachen und auch die Verantwortung, für Recht, Ordnung und die Integrität der Republik zu sorgen[730]. In der Verfassung von 1967 schufen sich die Militärs das Recht, dass der Staat zusätzlich zur Privatinitiative direkte wirtschaftliche Aktivitäten entfalten könne[731]. Ferner wurde die Macht der Exekutive auf Kosten der Legislative beträchtlich ausgeweitet[732].

5.3.3.2.2 Die Verfassung von 1988

Ziel der Verfassung von 1988 war eine Dezentralisierung und Neuaufteilung der Staatsmacht[733]. Aus der Sicht von Neves[734] und Nohlen/Barroios (formell)[735] stellt die Verfassung den Abschluss der Transition von einem militärischen zu einem zivilen Regime dar. Aus der Sicht von Faro de Castro/Valladão de Carvalho ist die neue Verfassung der bedeutendste Wegstein auf dem Weg zu einem neuen institutionellen System seit der Einführung der direkten Gouverneurswahlen im Jahr 1982[736]. Nach einer Umfrage, welches die wichtigsten bei der verfassungsgebenden Versammlung zu behandelnden Themen seien, äußerten sich 85% der Befragten, dass für sie die Umwelt das wichtigste Thema sei, noch vor Themen wie Verwahrlosung

---

[727] Heinz, Verfassung, 1996, S. 107-114.
[728] Krumwiede/Waldmann, Lateinamerika, 1992, S. 63.
[729] Siehe den vollen Text der brasilianischen Verfassung in Moura, *Constitution*, 1989, S. 61-86.
[730] Hagopian, *Brazil*, 1990, S. 154.
[731] Bernecker, Geschichte, 2000, S. 274.
[732] Hagopian, *Brazil*, 1987, S. 494.
[733] Brühl, Verfassung, 1992, S. 41.
[734] Bruneau, *Transition*, 1992, S. 268.
[735] Nohlen/Barrios, Redemokratisierung, 1989, S. 6.
[736] Faro de Castro/Valladão de Carvalho, *Brazil*, 2003, S. 471.

der Jugend, Analphabetismus und Unterernährung (alle 84%), Agrarreform (58%) und der Schutz vor Auslandskapital (16%)[737].

Der Versuch, das präsidiale System durch eine parlamentarische Variante zu ersetzen ist in der verfassungsgebenden Versammlung (*Constituinte*) infolge des Drucks von Exekutive, Militär- und Unternehmerlobby mit 344 gegen 212 Stimmen gescheitert[738]. Die Kompetenz für Gesetzesinitiativen liegt deswegen ausschließlich beim Staatspräsidenten[739]. So können Finanzgesetze nur auf Initiative des Präsidenten auf den Weg gebracht werden, was bedeutet, dass der Kongress keinen Einfluss auf das finanzielle Budget der Regierung ausüben kann[740]. Die Verfassung trug in Ihrer Form auch nicht dazu bei, die Parteien zu stärken[741]. Durch direkte Einflussnahme auf die Verfassungsgebung im Jahr 1986 gelang es dem Militär, seine Privilegien in der Verfassung fest zu verankern[742]. Die Einflussnahme wurde von Sarney nicht verhindert, da dieser auf die Unterstützung des Militärs angewiesen war[743]. In einem von der Verfassung ermöglichten Referendum stimmten 1993 12% der brasilianischen Bevölkerung für die Wiedereinführung der Monarchie[744]. Ferner erhielten die brasilianischen Staaten und *municipios* eine größere politische Autonomie und eine größere Beteiligung an den Einnahmen des Staates (sog. „fiskaler Föderalismus")[745]. Außerdem wurde der Einfluss des Kongresses wieder vergrößert, eine *Bill of Rights* verabschiedet und die Gerichte und Strafverfolger erhielten wieder ihre Autonomie wie in der Zeit vor 1964[746]. Der Kongress hatte bei der Erstellung der Verfassung weniger Einfluss als der Senat, was sich darin manifestiert, dass zwar eine Garantie für eine lebenslange Dienstzeit für die Technokraten festgesetzt wurde, während hingegen große politische Vorhaben, die das Gesundheitswesen und die Bildung betrafen, eher außer Acht gehalten wurden[747]. Anders als in Deutschland haben die Bürger in Brasilien keine große Skepsis gegenüber hoheitlichen Maßnahmen des Staates wie Volkszählung, Fragebögen über Einkommen, Steuernummern etc.[748] Die wichtigsten brasilianischen Autoren in der Literatur der 1990er Jahre zu den Grund-

---

[737] Calcagnotto, Umweltpolitik, 1990, S. 91, zitiert nach: Arinos, *Constituicao*, 1984, S. 54-85.
[738] Krumwiede/Waldmann, Lateinamerika, 1992, S. 64. Vg. auch Heinz, Verfassung, 1996, S. 110.
[739] Krumwiede/Waldmann, Lateinamerika, 1992, S. 64.
[740] Hagopian, *Brazil*, 1987, S. 494.
[741] Bruneau, *Transition*, 1992, S. 276.
[742] Merkel, Defekte Demokratie I, 2003, S. 135.
[743] Merkel, Defekte Demokratie I, 2003, S. 135.
[744] Wiarda, Brasil, 2000, S. 134
[745] Fleischer, *Parties*, 1998, S. 1 und Faro de Castro/Valladão de Carvalho, *Brazil*, 2003, S. 472.
[746] Faro de Castro/Valladão de Carvalho, *Brazil*, 2003, S. 472.
[747] Ames, *Brazil*, 2001, S. 5.
[748] Krell, Bundesverfassung, 1999, S. 8.

rechten nehmen direkten Bezug auf die deutsche Lehre und Rechtsprechung[749]. Der größte Teil der ersten Entscheidungen der höchsten Gerichte befasst sich mit dem absoluten Schutz des Persönlichkeitsrechts gegenüber dem Staat (Art. 5 X) und gegenüber den privaten Medien, ferner mit dem Recht auf Information und dem Verhältnis zwischen persönlicher Ehre und journalistischer Kritik[750]. Anders als in Deutschland, wo die Rechtsprechung wertorientiert ist (Bundesverfassungsgericht: Grundrechte sind eine „objektive Werteordnung"), ist die Rechtsprechung in Brasilien mehr an den Institutionen des politischen Systems als an den Grundrechten orientiert[751]. Mit der Verabschiedung der Verfassung 1988 und den Präsidentschaftswahlen im Dezember 1989 war der Demokratisierungsprozess formell abgeschlossen[752].

5.3.3.3 Die Exekutive

Die Exekutive, die in der Zeit der Militärherrschaft sehr an Stärke gewonnen hatte, wurde durch die Verfassung in ihrer Beziehung zum Kongress relativ geschwächt[753]. Die Dekrete gab es so wie vor 1985 auch nach 1985 weiterhin, allerdings mit der Einschränkung, dass der Kongress innerhalb von 30 Tagen zustimmen musste[754]. Die Grundrechtsdebatte in Brasilien war in den 1990er Jahren vor allem von der konstanten Anwendung von Gewalt und Willkür auf allen Ebenen des Staatsapparates, gerade durch die Exekutive, geprägt: im Besonderen die Anwendung von Gewalt gegenüber Favela-Bewohnern, Straßenkindern und Strafgefangenen durch die Exekutive gibt Anlass zu großer Sorge[755].

Gegenüber dem militärischen Sicherheitsapparat ist die Exekutive weitgehend einflusslos, obwohl der Staatspräsident formell der Oberbefehlshaber der Streitkräfte ist[756]. Gegen den Präsidenten können die Militärs de jure aufgrund eines Vergehens gegen die „innere Sicherheit des Landes" kraft Verfassung vorgehen, was den nach wie vor sehr großen Einfluss der Militärs im politischen System nach 1985 untermauert[757]. 1990 waren 6 der 22 Kabinettsmitglieder Militärs in Uniform[758]. Das Mischsystem aus Präsidentialismus und Mehrparteiensystem neigt im weltweiten Vergleich

---

[749] Krell, Bundesverfassung, 1999, S. 14.
[750] Krell, Bundesverfassung, 1999, S. 14 f.
[751] Krell, Bundesverfassung, 1999, S. 16.
[752] Calcagnotto, Gewerkschaften, 1994, S. 188.
[753] Bruneau, *Transition*, 1992, S. 274.
[754] Bruneau, *Transition*, 1992, S. 274.
[755] Krell, Bundesverfassung, 1999, S. 8.
[756] Hagopian, *Brazil*, 1987, S. 492.
[757] Hagopian, *Brazil*, 1987, S. 492.
[758] Hagopian, *Brazil*, 1990, S. 156.

dazu, eine Demokratisierung hinauszuzögern: so hat die große Mehrheit der Demokratien mit parlamentarischem System weltweit eine längere Dauer (25 Jahre und mehr) als die anderen Demokratieformen (mit den Ausnahmen USA, Costa Rica, Kolumbien und Venezuela[759].

5.3.3.4 Der Kongress

In der Obhut des Kongresses liegt u.a. auch die Absegnung von internationalen Verträgen, die die Verschuldung betreffen[760]. Im wirtschaftlichen Bereich hat der Kongress die Oberaufsicht über den wirtschaftlichen Entscheidungsprozess[761]. In dem Zeitraum 1964 bis 1979 war der Kongress einer erhöhten Repression durch die Militärs ausgesetzt: es wurden diverse Verfassungsänderungen durchgeführt, die zu einer größeren Machtfülle der Exekutive gegenüber der Legislative führten

5.3.3.5 Militär und Verfassung

Infolge des Krieges mit Paraguay erlangte das Militär in Brasilien im 19. Jahrhundert einen Einfluss und eine Macht im Staat, die von den damaligen Politikern so nicht gewollt waren[762]. Dieser Einfluss des Militärs auf das politische System wurde durch die Verfassung nicht verringert[763]. Durch seine Einflussnahme auf den Prozess der Verfassungsgebung gelang es 1986 dem Militär, dessen Privilegien formal festschreiben zu lassen.[764] Auf diese Weise gelang es dem Militär wie in vielen anderen lateinamerikanischen Ländern, seinen Einfluss auf den politischen Prozess zu behalten[765]. So sind in Brasilien die drei Teilstreitkräfte mit eigenen Ministern im Kabinett vertreten und unterstehen keinem zivilen Verteidigungsminister[766]. Auf Veranlassung einer der drei Gewalten kann das Militär auch zur Wiederherstellung und Aufrechterhaltung von Recht und Ordnung im Inland eingesetzt werden[767].

---

[759] Mainwaring, *Underdevelopment*, 1992/1993, S. 701.
[760] Bruneau, *Transition*, 1992, S. 274.
[761] Bruneau, *Transition*, 1992, S. 274.
[762] Skidmore/Smith, *Latin America*, 2005, S. 146.
[763] Bruneau, *Transition*, 1992, S. 276.
[764] Merkel et. al., Defekte Demokratie: 1, 2003, S. 135.
[765] Nohlen, Militärregime, 1986, S. 12.
[766] Waldmann/Krumwiede, Lateinamerika, 1992, S. 64.
[767] Waldmann/Krumwiede, Lateinamerika, 1992, S. 64.

5.3.3.6 Justizsystem und Verfassung[768]

In Brasilien wurden mehr Personen vor Militärgerichte gestellt als in jedem anderen Regime in Lateinamerika[769]. So wurden allein in dem Zeitraum 1964-1979 7.378 Personen vor Militärgerichte gestellt[770]. Im Jahr 1996 erklärten 82% der Befragten Brasilianer, dass sie nicht an die Gleichheit des Brasilianers vor dem Gesetz glaubten[771]. Den Richtern stehen mehrere Mittel zur prozessualen Geltendmachung der Grundrechte zur Verfügung: mittels der „verteilten" Kontrolle (*controle difuso*) ist es jedem Richter möglich, normative Regelungen der drei Staatsebenen für unvereinbar mit Bestimmungen der Bundes- und Landesverfassung zu erklären[772]. Mittels eines „außergewöhnlichen Rechtsmittels" (*recurso extraordinario*, Art. 102 III) kann durch einen Richter die endgültige Entscheidung des Obersten Bundesgerichts[773] eingeholt werden[774].

5.3.4 Die Behörden

Seit den 1950er Jahren bildete sich eine nationale Bürokratie, die immer mehr an Einfluss gewann und zunehmend den Zentralstaat kontrollierte[775]. In der Militärzeit erhielten die Organe der Exekutive gegenüber der Gesetzgebung und Rechtsprechung eine übergeordnete Funktion und waren über diverse Verbindungen mit der Führung des Militärregimes verbunden[776]. Nach 1987 schufen viele gliedstaatliche Behörden sog. „beratende Räte", die als eine Art Unterstützung für die organisierte Zivilgesellschaft fungierten: so wurden beispielsweise Reformen in der Gesundheitspolitik ermöglicht, die sonst nicht möglich gewesen wären[777].

5.3.4.1 Der SNI (ABIN)

Der SNI wurde im Juni 1964 von Humberto de Alencar Castelo Branco und den liberalen Kräften im Militär eingerichtet[778]. Ursprünglich war der SNI als eine zivile Behörde geplant. Die Militärs übernahmen jedoch bereits nach kurzer Zeit entschei-

---

[768] Merkel, Defekte Demokratie: 1, 2003, S. 266 ff. Vgl. auch Macaulay, *Judiciary*, 2005, S. 84 ff.
[769] Pereira, *Political Trials*, 1996-1997, S. 1.
[770] Pereira, *Political Trials*, 1996-1997, S. 25.
[771] Heinz, Verfassung, 1996, S. 109.
[772] Krell, Bundesverfassung, 1999, S. 20.
[773] Es gibt in Brasilien keinen Obersten Verfassungsgerichtshof wie etwa den *Supreme Court* der USA. Dies wird seit der letzten verfassunggebenden Versammlung jedoch immer mehr gefordert.
[774] Krell, Bundesverfassung, 1999, S. 20.
[775] Heinz, *Militär*, 2001, S. 123.
[776] Moltmann, Brasilien, 1989, S. 91.
[777] Weyland, *Democracy*, 2005, S. 97.
[778] http://en.wikipedia.org/wiki/National_Intelligence_Service_of_Brazil (Zugriff: 07.07.2007). Vgl. auch

dende Positionen im SNI und jede Teilstreitkraft verfügte bald über einen eigenen Geheimdienst[779]. Obwohl Geisel und Figueiredo versuchten, das Militär vom politischen Entscheidungsprozess und von der Regierung fernzuhalten, blieb der Geheimdienst SNI in unveränderter Weise bestehen[780]. Durch ihn wurde die Trennung zwischen der Militärregierung und den Streitkräften erleichtert, und die Militärs brauchten aufgrund von dessen Einfluss nicht mehr die Streitkräfte als ein politisches Instrument einzusetzen[781]. Die zentrale Aufgabe des SNI war, die Umsetzung von Regierungsentscheidungen zu überwachen und die Funktionsfähigkeit des Informationsflusses in die Exekutive zu sichern[782]. Bis Mitte der 1970er Jahre stieg die Zahl der verschiedenen Geheimdienste in Brasilien auf über 70 an[783]. In der Hochzeit des Militärregimes wurden in ganz Brasilien bis zu 300 Personen der Top-Geschäftswelt, Kongressmitglieder, Mitarbeiter von staatlichen Unternehmungen und Minister abgehört und man geht heute davon aus, dass die regionalen Gliederungen des SNI diese Praxis in den Großstädten weiterführen[784]. Im Verlaufe der Abertura wurden viele Institutionen des repressiven Apparates bis auf den SNI jedoch wieder aufgelöst[785]. Als Reaktion auf die Streiks der Hafenarbeiter und des geplanten und von den Militärs verhinderten Streiks der Ölarbeiter erklärte der Direktor des SNI, dass „die Gesellschaft zu viel verlange"[786].

5.3.4.2 Das DOPS

Das DOPS wurde 1982 von der bundesstaatlichen Ebene auf die Bundesebene verschoben, um dem Regime eine größere Kontrolle über den repressiven Apparat zu ermöglichen[787].

Codato, *Transition*, 2006, S. 11.

[779] http://en.wikipedia.org/wiki/Ag%C3%AAncia_Brasileira_de_Intelig%C3%AAncia (Zugriff: 07.07.2007).

[780] Mainwaring/Viola, *Brazil*, 1985, S. 211.

[781] Mainwaring/Viola, *Brazil*, 1985, S. 211.

[782] Moltmann, Brasilien, 1989, S. 91.

[783] German, Autoritarismus, 1983, S. 155. General Gobery beurteilt den Einfluss der Geheimdienste kritisch: "Die Regierung billigt solche Methoden auf keinen Fall. In den Ländern von der Ausdehnung Brasiliens sind dererlei Exzesse möglich, aber wo sie der Regierung zur Kenntnis kommen, wird scharf durchgegriffen. Heute ist die Wachsamkeit wesentlich größer geworden – und nicht nur aus Sorge um unser Bild im Ausland, sondern aus Prinzip, aus Respekt vor der menschlichen Würde. Dazu kommt, dass die Folter nur die Polarisierung im Lande verschärft. Sie ist untauglich als Mittel der *decompressão*, der Entspannung" (Die Zeit, 29.12.1974).

[784] Hagopian, *Brazil*, 1987, S. 492 f., zitiert nach *Istóe*, 11.06.1986, S. 22-25.

[785] Mainwaring/Viola, *Brazil*, 1985, S. 211.

[786] Hagopian, *Brazil*, 1987, S. 492.

[787] Mainwaring/Viola, *Brazil*, 1985, S. 211.

5.3.5 Das föderale System

Neben Brasilien sind nur noch die Länder Argentinien, Mexiko und Venezuela föderale Republiken, wobei der Föderalismus neben Brasilien auch in Argentinien einen größeren Einfluss auf das politische System ausübte[788]. Seit der Kolonialzeit sind in Brasilien die Bundesstaaten und die Kommunen wichtige Akteure im politischen System, was sich gerade auch darin manifestiert, dass in den Jahren der Zentralisierung des politischen Systems unter Vargas die Bundesstaaten mit ihren Steuereinnahmen einen Anteil von 55,9% (1937-1945) bzw. 55,7% (1938-1945) an dem bundesstaatlichen Steueraufkommen hatten[789]. 1889 waren die brasilianischen Bundesstaaten stärker als diejenigen in Argentinien und Mexiko[790]: sie durften ihre eigenen zivilrechtlichen Gesetze erlassen, über Kredite mit dem Ausland verhandeln sowie Staatsanleihen im Ausland verkaufen[791]. Dies lag daran, dass in der Kaiserzeit und in der Alten Republik die lokalen Grundbesitzer erfolgreich gegen eine zu starke Einflussnahme des Staates auf ihrer Ebene opponierten und die mächtigsten von ihnen das politische System von der Basis ausgehend aufbauten mit einer eigenen Autonomie gegenüber dem Zentralstaat[792]. In Mexiko beliefen sich die Prozentpunkte diesbezüglich im Vergleich in derselben Zeit auf 22,7% bzw. 17,3%[793]. Wegen der starken Kluft zwischen den einzelnen Regionen ist in Brasilien die bundesstaatliche Kontrolle über die einzelnen Bundesstaaten schwierig[794]. 1930 hatte sich die Bürokratie konsolidiert in einem System mit starken korporatistischen Zügen[795]. Nach dem Ende der Militärzeit wuchs in Brasilien der Föderalismus kontinuierlich[796]. Kennzeichnend für ein föderales System ist die Ambivalenz von mindestens zwei Akteuren: in Brasilien sind dies die beiden Abgeordnetenkammern und die gliedstaatlichen Gouverneure[797]. Zwischen 1988 und 1993 lagen die Steuereinnahmen der gliedstaatlichen Ebene mit 49,9% und 2,3% höher als der bundesstaatlichen Ebene (47,1%)[798]. Auch die Ausgaben der gliedstaatlichen Ebene lagen mit 40,7% höher als

---

[788] Mainwaring/Samuels, *Federalism*, 1999, S. 1.
[789] Ames, *Brazil*, 2001, S. 18 und 20.
[790] Ames, *Brazil*, 2001, S. 20.
[791] Love, *Brasil*, 1993, S. 187.
[792] Mainwaring, *Brazil*, 1999, S. 99.
[793] Ames, *Brazil*, 2001, S. 18 und 20. Vgl. auch Love, *Brasil*, 1993, S. 218.
[794] Mainwaring, *Brazil*, 1988, S. 94.
[795] Mainwaring, *Brazil*, 1988, S. 94.
[796] Mainwaring/Samuels, *Federalism*, 1999, S. 2.
[797] Mainwaring/Samuels, *Federalism*, 1999, S. 2.
[798] Mainwaring/Samuels, *Federalism*, 1999, S. 8.

diejenige der bundesstaatlichen Ebene mit 36,5%[799] (**Abb. 20**). Die starke Dezentralisierung und die Finanzkrise seit den 1980er Jahren führten in Brasilien dazu, dass die Regierung keine gezielten großen Ausgaben für ihre eigenen politischen Zwecke tätigen konnte, um ihre politischen Ziele zu erreichen, was den Militärs in ihrer Regierungszeit noch möglich war[800]. Seit den 1980er Jahren kam es zu zahlreichen Auseinandersetzungen zwischen Gouverneuren und Bürgermeistern über die Mittelzuweisung von Geldern aus öffentlichen Fonds der Zentralregierung[801]. Die Gouverneure versuchten auch immer wieder in der horizontalen Ebene, mehr Förderungen aus den Bundesmitteln zu erhalten[802]. Infolge der Entwicklung seit 1979 wurde die Machtfülle der Gouverneure gestärkt: sie durften die Bürgermeister der Städte wie auch die Direktoren der Staatsfirmen und zahlreicher Behörden ernennen und jeweils sechs Vertreter der Gouverneurspartei eines jeden Bundesstaates waren Mitglieder im Wahlmännerkollegium bei der Wahl von Figueiredo (1982-1985)[803]. Aufgrund dieses föderalen Systems mit einer sehr starken Machtkonzentration in der Bundesebene kommt es zu einem gespannten Verhältnis der Bundesebene zur lokalen und gliedstaatlichen Politik: die politischen Karrieren in Brasilien haben fast immer in der lokalen und gliedstaatlichen Politik ihren Anfang, was zu einem komplizierten Verhältnis zwischen Präsdientialismus und Mehrparteiensystem führt[804].

5.3.6 Die Munizipien

Mit der neuen Verfassung von 1988 wurden die politische und administrative Selbständigkeit der Munizipien gegenüber dem Zentralstaat und den einzelnen Bundesländern ausgeweitet und deren Schutz wurde verfassungsmäßig verankert[805].

Zwischen 1988 und 1997 nahm die Anzahl der Munizipien in Brasilien um 31% zu, allein im Bundesstaat Piauí nahm deren Zahl von 48 auf 221 in diesem Zeitraum zu[806]. Die Munizipien stellen die unterste Ebene des brasilianischen Behördensystems dar: sie bestehen aus einer Stadt oder einem zentral gelegenen Ort und dem

---

[799] Mainwaring/Samuels, *Federalism*, 1999, S. 8.
[800] Mainwaring/Samuels, *Federalism*, 1999, S. 9.
[801] Faro de Castro/Valladão de Carvalho, *Brazil*, 2003, S. 473.
[802] Faro de Castro/Valladão de Carvalho, *Brazil*, 2003, S. 473.
[803] Mainwaring, *Brazil*, 1999, S. 94 f.
[804] Mainwaring, *Underdevelopment*, 19921993, S. 700.
[805] Brühl, Verfassung, 1992, S. 41.
[806] Faro de Castro/Valladão de Carvalho, *Brazil*, 2003, S. 473.

verwaltungstechnisch dazugehörenden Umland, das in Distrikte aufgeteilt ist[807].
Parteipolitische Auseinandersetzungen um die Führung der Munizipien in der Militärzeit spielten sich vorwiegend zwischen der PSD und der UND ab[808].

5.4 Soziale Bewegungen als Akteur im Demokratisierungsprozess

5.4.1 Allgemeines

<u>Definition</u>: Soziale Bewegungen sind

„auf gewisse Dauer gestellte Versuche von netzwerkförmig verbundenen Gruppen und Organisationen, sozialen Wandel durch Protest herbeizuführen, zu verhindern oder rückgängig zu machen"[809].

Nach Karl[810] und Karl/Schmitter[811] wurden die Transitionsprozesse in Lateinamerika hauptsächlich von Eliten gesteuert, die sog. *conservative democracies* oder auch *corporatist/consociational democracies* hervorbrachten, in denen es nach deren Meinung fast nicht möglich war, strukturelle Probleme der Konsolidierung wie Armut und soziale Ungleichheit zu lösen[812]. In der zweiten Hälfte der 1970er Jahre bis in die 1990er Jahre hinein entstanden allerdings zahlreiche soziale Bewegungen, die eine fast größere Rolle in der Opposition gegen das Regime darstellten als die bis dahin existierenden Parteien selbst[813]. Dabei unterscheidet man zwei große Gruppen unter diesen Bewegungen: die säkularen und diejenigen, die an die Kirche angelehnt sind[814]. Wegen der mangelnden Kooperationsbereitschaft der Parteien nahm der Einfluss der sozialen Bewegungen seit den 1980er Jahre allerdings wieder teilweise ab[815]. Seit Ende der 1980er befasste sich die Wissenschaft mit der Frage, wie weit soziale Bewegungen in der Demokratisierungsphase als Vertreter von aus der Gesellschaft ausgegrenzten Bevölkerungsgruppen in den jeweiligen politischen Systemen integriert werden konnten[816]. Die breitgestreuten verschiedenen sozialen Bewegungen stellen nach Faro de Castro/Valladão de Carvalho neben der Einfüh-

---

[807] Brühl, Verfassung, 1992, S. 41.
[808] Jenks, *Parties*, 1979, S. 64.
[809] Rucht, in: Nohlen/Schultze, Lexikon, 2005, S. 902.
[810] Karl, *Dilemmas,* 1992, S. 1 ff.
[811] Karl/Schmitter, *Modos,* 1992.
[812] Nochlen/Thibaut, Lateinamerika, 1996, S. 205.
[813] Mainwaring, *Transition,* 1986, S. 166 und Hochstetter, *Pressures,* 2000, S. 162.
[814] Moreira Alves, *Opposition,* 1985, S. 174.
[815] Mainwaring, *Transition,* 1986, S. 166.
[816] Foweraker, *Brazil,* 2001, S. 840. Vgl. auch Haber, *Identity,* 1996, S. 172; Munck, *Identity,* 1990, S. 27.

rung der direkten Gouverneurswahlen im Jahr 1982 und der neuen Verfassung von 1988 den dritten Pfeiler der neuen institutionellen Umwelt dar[817]. Ihre Organisation ist in Brasilien zum großen Teil besser als in den anderen Ländern der Ersten und Dritten Welt[818]. Mit dem zunehmenden Einfluss der sozialen Bewegungen ging gleichzeitig der Einfluss der korporatistischen Strukturen aus der Zeit des *developmentalist model* in den 1930er Jahren stark zurück, wobei der Pluralismus zunahm (Verbände, Nichtregierungsorganisationen, volksnahe Bewegungen)[819]. Anfang der 1960er Jahre wurden die sozialen Bewegungen in Lateinamerika infolge der Revolution auf Kuba und der beginnenden Wirtschaftskrise radikalisiert und stark linksorientiert[820]. In den 1970er Jahren nahm infolge des ansteigenden Einflusses der sozialen Bewegungen die Bereitschaft des Regimes zu Repression genauso wie zu weitgehenden Zugeständnissen zu, weil man einen Machtverlust des Regimes gegenüber diesen Bewegungen befürchtete[821]. Durch die Repressionen des Regimes wurde der Pluralismus und die Stärke der verschiedenen sozialen und politischen Begwegungen nur noch weiter gefördert und verstärkt[822]. Der brasilianische Presseverband ABI stellte zusammen mit der brasilianischen Rechtsanwaltsvereinigung OAB und der brasilianischen Bischofskonferenz CNBB eine der Hauptgruppen in der Opposition gegen das Militärregime dar[823]. O`Donnell und Schmitter sprechen bezüglich der Oppositionsrolle der katholischen Kirche sogar von einer „*resurrection of civil society*"[824]. Eine große Rolle spielen bei diesen Bewegungen die ländlichen Bewegungen[825], die in Brasilien genauso wie in El Salvador und Guatemala zu einer Wiederbelebung der schon in den 1960er Jahren konfliktgeladenen Landfrage führten[826]. Ein anschauliches Beispiel für die verschiedenen *pressure groups* in Brasilien zur Zeit des Coups von 1964 gibt Texeiras Model (**Abb. 21**). Eine gute Übersicht über die verschiedenen Entwicklungsmöglichkeiten von sozialen Bewegungen gibt Kriesi (**Abb. 22**).

---

[817] Faro de Castro/Valladão de Carvalho, *Brazil*, 2003, S. 471.
[818] Black, *Redemocratization*, 1992, S. 87.
[819] Faro de Castro/Valladão de Carvalho, *Brazil*, 2003, S. 473.
[820] Mainwaring, *Brazil*, 1999, S. 82.
[821] Mainwaring, *Transition*, 1986, S. 156.
[822] Cammack, *Brazil*, 1991, S. 40, zitiert nach Alves, *State and Opposition in Military Brazil*, 1985.
[823] Dassin, *Press*, 1984, zitiert nach Mainwaring, *Transition*, 1986, S. 152.
[824] O`Donnell/Schmitter et al., *Transitions*, 1986, S. 49, zitiert nach Hagopian, *Brazil*, 1990, S. 149. Vgl. zur Rolle der Kirche insbesondere die Literatur von Thomas Bruneau und Scott Mainwaring.
[825] Synonym werden in der Literatur auch die Begriffe Landarbeiterbewegung, Bauernbewegung und Campesino-Bewegung verwendet.
[826] Boris, Soziale Bewegungen, 1998, S. 38 ff und Windfuhr, Ernährungssicherheit, 1997, S. 17.

5.4.2 Die Landlosenbewegung MST als Akteur im Demokratisierungsprozess[827]

„Drei Zäune wollen wir niederreißen: Den Zaun des Großgrundbesitzes, den Zaun des Unwissens und den Zaun des Kapitals".

João Pedro Stedile, Führungsmitglied des MST[828]

Landbesetzungen und Lager der MST (2002-2003)

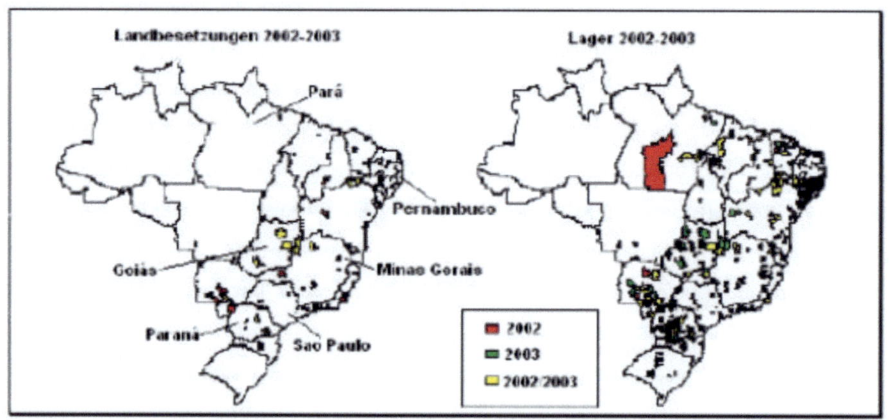

(Quelle : www.prudente.unesp.br/dgeo/nera, zitiert nach Fontaine, MST, 2005, S. 81)

Die MST ist eine Organisation, die sich mit der bis heute nicht geklärten Agrarfrage in Brasilien befasst und als Partner mit vielen Hilfswerken, NROs und auch mit Organisationen in der staatlichen Entwicklungszusammenarbeit zusammenarbeitet[829]. In Brasilien gelten etwa 5 Millionen als landlos, wobei es den Afro-Brasilianern am schlechtesten geht aufgrund von steigender Armut, hoher Säuglingssterblichkeit und großer Diskriminierung[830]. 10% der Landbesitzer in Brasilien gehören 80% des Landes, während die anderen ca. 4 Millionen Landbesitzer sich die anderen 20% des Landes teilen müssen, was in der Fachsprache einem sog. Gini-Koeffizienten von 0,857 entspricht[831]. Die Großgrundbesitzer haben immer wieder versucht, die Kleinbauern und Landarbeiter von ihrem Land zu vertreiben, wodurch es zu zahlreichen

---

[827] Calcagnotto, Demokratie, 2003, S. 66 ff.
[828] Branford/Rocha, *Story*, 2002, S. 67.
[829] Melchers, Agrarreform, 2002, S. 3 f (elektronisches Dokument).
[830] http://de.wikipedia.org/wiki/Brasilien (Zugriff: 18.03.2007).
[831] Melchers, Agrarreform, 2002, S. 1 (elektronisches Dokument).

gewaltsamen Todesfällen kam[832]. Zwischen 1964 und 1989 verloren 1.566 Bürger (Landarbeiter, Anwälte und religiöse Vertreter) infolge von Landstreitigkeiten ihr Leben[833]. Die Militärs versprachen zwar den Landlosen Ende der 1960er Jahre, ihnen mit Hilfe des Transamazônica-Projektes Land zu verschaffen (Motto: *uma terra sem gente para gente sem terra* – Land ohne Menschen für Menschen ohne Land), konnten jedoch dieses Versprechen nicht einhalten[834]. Von 1990 bis 1997 erlebten die ländlichen Bewegungen eine Blütezeit[835]. Die Zahl der MST-Lager stieg von 119 Lagern mit 12.805 Familien (1990) auf 585 Lager mit 75.730 Familien (2001) an (**Abb. 23**). Die Anzahl der Landbesetzungen in Brasilien stieg von 8 (1983) auf 81 (1992) an (**Abb. 24**). Seit 1992 ist die Armutsrate der ländlichen Bevölkerung sinkend, jedoch immer noch deutlich über dem brasilianischen Durchschnitt (**Abb. 25**). Im Jahr 1994 spielte das Problem der Agrarreform eine wichtige Rolle[836]. Seit der Verfassung von 1988 ist eine Enteignung von Latifundien durch den Staat, die nicht rational genutzt werden oder die das Arbeits-, Sozial- und Umweltrecht verletzen, möglich, und eine Agrarreform gehört zum Verfassungsauftrag (Art. 184)[837]. Unter Sarney wurden 10,6 Millionen Hektar in über 17 Staaten, unter Collor lediglich 0,6 Millionen Hektar, und unter Franco 1,5 Millionen Hektar Landfläche enteignet[838] (**Abb. 26**). Unter Sarney (1985-1989) wurden 89.950 landlose Familien angesiedelt, unter Collor (1990-1992) waren es 38.425 und unter Franco (1993-1994) 21.763 (**Abb. 27**). Das Budget des brasilianischen Agrarreforminstituts (INCRA)[839] erhöhte sich von 1,4 Milliarden Reals (1995) auf 1,7 Milliarden und fiel dann wieder auf 1,4 Milliarden[840] (2005). Nach Angaben des INCRA von 1998 fielen 60 000 unproduktive Großbetriebe mit 166 Millionen ha unter diese Kategorie, nach Angaben der PT aus dem Jahr 2002 immerhin 90 Millionen ha[841]. Umstritten ist die Politik der brasilianischen Behörden im Umgang mit dem Landproblem: im Jahr 2001 wurden 17% des Jahresetats des Ministeriums für Ländliche Entwicklung (MDA) nach Angaben des unabhängigen Forschungsinstituts INESEC nicht ausgegeben[842]. Die Parteien waren

---

[832] Heinz, Verfassung, 1996, S. 108.

[833] Linz/Stepan, *Problems*, 1996, S. 175.

[834] Prien, Situation, 1997, S. 4.

[835] Faro de Castro/Valladão de Carvalho, *Brazil*, 2003, S. 472.

[836] Prien, Situation, 1997, S. 4.

[837] Prien, Situation, 1997, S. 5 und Melchers, Agrarreform, 2002, S. 2 des elektronischen Dokuments.

[838] Hagopian *Brazil*, 1987, S. 502.

[839] Neves hatte kurz vor seinem Tod noch versprochen, ein Ministerium für die Agrarreform einzu= richten, was Sarney dann auch so umsetzte (Hagopian, *Brazil*, 1987, S. 502).

[840] Fontaine, MST, 2005, S. 60 f., 63, zitiert nach www.incra.gov.br/reforma/balancos98/orcam.htm.

[841] Melchers, Agrarreform, 2002, S. 2 (elektronisches Dokument).

[842] Melchers, Agrarreform, 2002, S. 2 (elektronisches Dokument).

in der Frage einer Agrarreform tief gespalten, der Vorsitzende der CONTAG kommentierte dies wie folgt:

„Few deputies are in favor of the National Agrarian Reform Program. In the Senate they don`t even speak of it. Today Congress is one of the principal adversaries of agrarian reform and structural change in the country"[843].

5.4.3 Die sog. *grassroot movements*[844] (volksnahe / soziale Bewegungen)

Der Demokratisierungsdruck ging u. a. von sozialen Bewegungen in der zweiten Hälfte der 1970er Jahre (1977-1980) und der sich neu organisierenden Gewerkschaftsbasis aus, die nach den Jahren der Repression Ende der 1970er Jahre mit Lula als einem ihrer Führer wieder aufblühten[845]. Im Gegenpol zu den traditionellen Akteuren im Demokratisierungsprozess (Gewerkschaften, Parteien u.a.), die vom Sicherheitsapparat strengstens überwacht oder auch aufgelöst wurden, stehen diese sozialen Bewegungen, die aufgrund ihres Mikroorganisierungsgrades (oft auf der Basis von Stadtvierteln bzw. Wohnvierteln oder auch peripher organisiert) vom Staat nicht in gewohnter Weise überwacht und kontrolliert werden konnten wie etwa z. B. durch den Geheimdienst[846]. Unter diesen Bewegungen versteht man u. a. landlose Kleinbauernbewegungen, Zusammenschlüsse von Anwälten, Frauen, Umweltschützern und städtische Nachbarschaftsvereinigungen[847]. 1993 waren 41% der Frauen und 31% der Männer in *grassroot movements* organisiert, knapp gefolgt von Sportclubs (17% Frauen, 28% Männer) und Arbeitssyndikaten (11% Frauen, 23% Männer) (**Abb. 28**). Man kann die Entwicklung dieser sozialen Bewegungen in drei Phasen einteilen (Gohn, 1997): 1. Phase von 1972 bis 1984. In dieser Zeit wurden hauptsächlich sowohl auf lokaler als auch auf nationaler Ebene politische Ziele wie eine rasche Demokratisierung verfolgt. 2. Phase von 1985 bis 1989. In dieser Zeit zielte die Arbeit der sozialen Bewegungen hauptsächlich auf eine Pluralisierung der Interessen ab. 3. Phase von 1990-1997. In dieser Zeit ging die Größe und das

---

[843] *Istóe*, 11.06.1986, S. 82, zitiert nach Hagopian, *Brazil*, 1987, S. 504.

[844] Mainwaring, *Grassroos Popular Movements*, 1989, S. 163-205. Vgl. auch Hagopian, *Brazil*, 1990, S. 148. Nicht zu verwechseln mit den sog. *grassroots communities* (*communidades de base / base communities*), die zwar auch sozialbezogen sind, aber der Kirche nahe stehen, vgl. McDonough, *Democratization*, 1998, S. 925.

[845] Nohlen, Dritte Welt, 2000, S. 122. Vgl. auch Mainwaring/Viola, *Brazil*, 1985, S. 204 und Mainwaring, *Democratization*, 1987, S. 132.

[846] Costa, Dimensionen, 1997, S. 9 und Moreira Alves, *Opposition*, 1985, S. 175).

[847] Emcarnácion, *Consolodation*, 2003, S. 107. Vgl. auch Hochstetter, *Pressures*, 2000, S. 162.

Ausmaß der städtischen sozialen Bewegungen zurück, während die ländlichen Bewegungen größer wurden und ihren Einfluss ausbauen konnten[848].

In den frühen 1980er Jahren soll die Zahl dieser Bewegungen in Brasilien 8000 erreicht haben, davon 550 in Rio de Janeiro und 900 in São Paulo[849]. Ab 1982 nahm die Zahl der städtischen sozialen Bewegungen infolge der Wirtschaftskrise zu[850]. Gerade die immer mehr zunehmende Urbanisierung erleichterte Millionen von Brasilianern den Zugang zu modernen Massenkommunikationsmitteln und zu Informationen über Politik[851]. In den beiden südlichen Staaten São Paulo (gerade auch in der Stadt São Paulo) und Rio Grande do Sul waren die sozialen Bewegungen am stärksten und einflussreichsten[852]. Hier war seit Mitte der 1980er Jahre der vorherrschende politische Stil nicht mehr von autoritärer Seite beeinflusst[853]. Gerade die sozialen Bewegungen in den Städten (*urban popular movements*) gaben den gegen das Militärregime opponierenden Kräften Hoffnung auf eine baldige Veränderung der Verhältnisse[854].

5.4.4 Die Frauenbewegungen

Bereits in den Revolutionen in Kuba und in Nikaragua spielten Frauen eine große Rolle und die zentralamerikanische *guerrillera* wurde von linken, feministischen amerikanischen Gruppen inspiriert[855]. Die Frauenbewegungen waren aufgrund der besonderen politischen und wirtschaftlichen Umstände in Brasilien (Repression, Politik des Ausschlusses, Wirtschaftskrise) anders orientiert und organisiert als die vergleichbaren Bewegungen in den Industrienationen[856]. Die ersten Frauenorganisationen entstanden 1962 und 1964 in São Paulo, teilweise als Nachbarschaftsvereinigungen (Arbeiterinnenvereinigung, Hausfrauenvereinigung und Vereinigung katholischer Arbeiterinnen)[857]. Ende der 1960er/Anfang der 1970er Jahre begannen Treffen von Studentinnenorganisationen in kleinen Gruppen, in denen linke marxistische

---

[848] Faro de Castro/Valladão de Carvalho, *Brazil*, 2003, S. 472.
[849] Emcarnácion, *Consolodation*, 2003, S. 107. Vgl. auch Boschi, *Movements*, 1987, S. 180.
[850] Mainwaring, *Transition*, 1986, S. 156.
[851] Hagopian, *Brazil*, 1987, S. 501.
[852] Mainwaring/Viola, *Brazil*, 1985, S. 216.
[853] Mainwaring/Viola, *Brazil*, 1985, S. 216 f.
[854] Mainwaring, *Democratization*, 1987, S. 131.
[855] Alvarez, *Brazil*, 1990, S. 13.
[856] Alvarez, *Brazil*, 1990, S. 83 f.
[857] Alvarez, *Brazil*, 1990, S. 84.

Texte vorwiegend aus Europa und den USA diskutiert wurden[858]. Mit der Öffnung des Regimes ab Ende der 1970er Jahre und dem geringer werdenden Einfluss der Militärs in den 1980er Jahren wurden die sozialen Bewegungen belebt und dadurch erfuhren auch die Frauenbewegungen einen großen Zulauf[859]. Hinzu kam, dass ab 1975 die katholische Kirche die neuen sozialen Bewegungen unterstützte und zuerst im städtischen Bereich, später auch im peripheren städtischen Umfeld mit ihren eigenen karitativen Organisationen aktiv wurde[860]. Mit der Zeit wurden auch Betreuungsstätten für Kinder eingerichtet[861]. Mit der fortschreitenden Demokratisierung stieg auch der Anteil der Frauen, die am wirtschaftlichen Leben teilnahmen von 23% (1970) auf 30% (1990) (**Abb. 29**)[862].

5.5 Menschenrechte[863]

Belege für eine grausame Praxis: In Rio de Janeiro wurden in den 1990er Jahren Mordopfer der brasilianischen Militärdiktatur aus den 1960er und 1970er Jahren exhumiert.

(Quelle: Informationen zur politischen Bildung, Nr. 297/2007, S. 30)

---

[858] Alvarez, *Brazil*, 1990, S. 89.
[859] Alvarez, *Brazil*, 1990, S. 9.
[860] Alvarez, *Brazil*, 1990, S. 86 f.
[861] Alvarez, *Brazil*, 1990, S. 87.
[862] McDonough, *Democratization*, 1998, S. 928.
[863] Merkel, Defekte Demokratie: 1, 2003, S. 264 ff.

Im Zeitraum 1968-1974 wurde Brasilien durch seine Menschenrechtsverletzungen international bekannt[864]. Bereits 1964 wurden Militärs, die sich der Guerillabewegung gegen das neue Militärregime angeschlossen hatten, gefoltert und getötet (darunter der Hauptmann Lamarca und Major Jefferson)[865]. Die heutigen Menschenrechtverletzungen und die Verletzung von Bürgerrechten durch den Staat in Brasilien sind mit der Repression linker Kräfte in der Zeit der Militärherrschaft in den 1960er und 1970er Jahren vergleichbar[866]. Obwohl sich in Brasilien zur Zeit der Militärherrschaft die Menschenrechtsverletzungen durch den Staat im Vergleich zu anderen Staaten wie Argentinien und Chile in Grenzen hielten, hat sich die Zahl dieser Verletzungen nach dem Ende des autoritären Regimes stetig erhöht und ist heute der Spitzenwert unter allen lateinamerikanischen Staaten trotz des Demokratisierungsprozesses[867]. Dazu trug vor allem die Tatsache bei, dass die Polizei diejenigen Praktiken, die sie noch in der Zeit der Guerillabekämpfung gelernt hat – dazu zählen die Anwendung der Folter, die es bereits seit der Zeit von vor 1964 gab und die zahlreichen Erschießungen von angeblichen Kriminellen in den Großstädten -, auch nach dem Beginn der Demokratisierung beibehielt und anwandte[868]. Noch in der Mitte der 1980er Jahre wurde das Nationale-Sicherheit-Gesetz aus der Militärzeit zur Verfolgung von Oppositionellen angewendet[869]. In dem Zeitraum von 1984 bis Juli 1989 kamen fast 1.400 Kinder und Jugendliche im Alter bis 18 Jahre durch einen gewaltsamen Tod ums Leben, darunter viele durch Todesschwadrone[870]. Die Gewalt richtete sich auch gegen die Ureinwohner und gegen die Anführer der Bauern[871]. Kennzeichnend dafür sind die sog. *brown areas*, Gebiete, in denen die Bürgerrechte von Bauern, *Indigenas*, Slumbewohnern und Frauen verletzt werden; es gibt sogar Landgebiete, in denen auf *fazendas* Großgrundbesitzer mit Privatarmeen mit zahlreichen Rechtsverletzungen agieren wie dies auch in Kolumbien der Fall ist[872].

In einer Umfrage des Instituts CEPAC-IBOPE stimmten 39% der Befragten der Behauptung zu, dass die Polizei unschuldige Bürger festnimmt und ermordet[873]. So wurde z. B. im Oktober 1974 der amerikanische Staatsbürger und methodistische

---

[864] Mainwaring/Viola, *Brazil*, 1985, S. 200.
[865] Heinz, Militär, 2001, S. 144.
[866] Emcarnácion, *Consolodation*, 2003, S. 120 ff.
[867] Pereira, *State Violence*, 2000, S. 217.
[868] Heinz, Verfassung, 1996, S. 108. Vgl. auch Mainwaring, *Democracy in Brazil*, 1994, S. 118.
[869] Mainwaring/Viola, *Brazil*, 1985, S. 214.
[870] Heinz, Verfassung, 1996, S. 108.
[871] Mainwaring, *Democracy in Brazil*, 1994, S. 118.
[872] Merkel, Defekte Demokratie, 2003, S. 136.
[873] Linz/Stepan, *Problems*, 1996, S. 176.

Missionar Fred Morris von der Vierten Armee in Recife misshandelt und gefoltert, was dazu führte, dass die USA einen Vorwand hatten, für eine Befreiung Brasiliens einzutreten[874]. 1977 wurden infolge von Studentenprotesten, die sich aus akademischen Protesten in Proteste gegen das Regime wandelten, 850 Demonstranten in Belo Horizonte bei einem nationalen Studententreffen festgenommen[875]. Das US-Außenministerium kritisierte in seinem ersten Menschenrechtsreport zu Ländern, die US-Militärhilfe erhielten, die Menschenrechtslage in Brasilien[876]. Aus diesem Grund kündigte die brasilianische Regierung alle formellen Übereinkommen bezüglich der Militärkooperation mit den USA[877]. 1989 unterzeichnete Brasilien die Anti-Folter-Konvention und am 26. Juni 2006, dem weltweiten Tag der Unterstützung von Folteropfern, erkannte es die Zuständigkeit des Anti-Folter-Komitees bei der Annahme und Untersuchung von Einzelklagen wegen Verstoßes gegen die Konvention an[878]. Im Juni 2006 rief Brasilien außerdem einen landesweiten Aktionsplan zur Bekämpfung von Folter (*Plano de Ações Integradas para o Combate à Tortura*) ins Leben, der sich momentan noch im Bundesdistrikt und weiteren sechs Bundesstaaten (Paraíba, Pernambuco, Espírito Santo, Pará, Rio Grande do Sul und Acre) in der Erprobungsphase befindet[879]. In den 1990er Jahren wurden die Menschen- und Bürgerrechte infolge der sich intensivierenden Transformation des Systems immer mehr durch Strafverfolger und Richter geschützt[880].

5.6 Die wirtschaftliche Entwicklung

5.6.1 Die wirtschaftlichen Rahmenbedingungen

<u>Allgemeines</u>

Seit seiner Unabhängigkeit im Jahr 1822 bis zur *Great Depression* der 1930er Jahre war Brasilien in erster Linie ein Rohstofflieferant und Fertigwarenimporteur[881]. Seine

---

[874] Skidmore, *Slow Road*, 1989, S. 9. Vgl. auch "*In the Presence of Mine Enemies: Faith and Torture in Brazil*", in: *Harper`s Magazine*, Oktober 1974, S. 57-70.
[875] Skidmore, *Slow Road*, 1989, S. 15.
[876] Skidmore, *Slow Road*, 1989, S. 16.
[877] Skidmore, *Slow Road*, 1989, S. 16.
[878] Bekanntmachung (09.01.2007) der brasilianische Botschaft, Berlin, in: http://www.brasilianische-botschaft.de/current/msg06004/N200701093004 (Zugriff: 26.04.2007).
[879] Bekanntmachung (09.01.2007) der brasilianische Botschaft, Berlin, in: http://www.brasilianische-botschaft.de/current/msg06004/N200701093004 (Zugriff: 26.04.2007).
[880] Faro de Castro/Valladão de Carvalho, *Brazil*, 2003, S. 473.
[881] Fritz, Entwicklung, 2002, S. 43. Vgl. auch Krumwiede/Waldmann, Lateinamerika, 1992, S. 61.

wirtschaftliche Entwicklung verlief in Zyklen, die an den rücksichtslosen Abbau der Rohstoffe gebunden waren[882]. Der Weltmarktanteil des Kaffeeexports Brasiliens fiel von 75% (1900) über 67% (1930) auf 32% (1970) und 18% (1989)[883]. Der Erste Weltkrieg wirkte wie ein Katalysator für das Wachstum der brasilianischen Wirtschaft[884]. Infolge der Weltwirtschaftskrise von 1930 löste die importsubstituierende Industrialisierung, die gegen den Widerstand der Großgrundbesitzer durchgesetzt werden musste, das exportsubstituierende Modell ab[885]. Zwischen 1950 und 1980 wurde Brasilien zu einer der 10 stärksten Volkswirtschaften in der Welt mit einem vielfältigen Produktionssystem[886]. Seit den 70er Jahren wird Lateinamerika von einer schwerwiegenden Wirtschaftskrise gebeutelt, die in ihren Auswirkungen mit der Weltwirtschaftskrise der dreißiger Jahre verglichen werden kann[887]. Die Liberalisierung des autoritären Regimes ist jedoch keine Folge dieser Wirtschaftskrise in den 1970er Jahren, da sie bereits vor 1973 geplant war[888]. Der von Brasilien seit 1964 verfolgte Weg wird als „Strategie einer eigenständigen Entwicklung auf Grundlage der bestehenden Weltwirtschaftsordnung" bezeichnet[889]. Brasilien befindet sich als Schwellenland in der sog. Rostowschen Phase des Übergangs zu tragfähigem Wachstum[890]. Als Schwellenländer werden Länder bezeichnet, die eine ausreichend entwickelte industrielle und infrastrukturelle Basis aufweisen, um im weltweiten Wettbewerb zu bestehen und um in den Kreis der Industrieländer aufzusteigen[891]. Nach dem Modernisierungstheoretiker Lipset, kann eine wirtschaftliche Entwicklung allein nicht eine Demokratie begründen, sondern vielmehr tragen andere Faktoren dazu bei:

„This article does not assume that economic development alone produces democratization ... other factors, such as the force of historical incidents in domestic politics, cultural factors, events in neighbouring countries, diffusion effects from elsewhere, leadership and movement behaviour, can affect the nature of polity"[892].

---

[882] Sukup, Zeitbombe Südamerika, 1988, S. 201.
[883] Skidmore/Smith, *Latin America*, 2005, S. 149.
[884] Pereira, *Brazil*, 1984, S. 15.
[885] Krumwiede/Waldmann, Lateinamerika, 1992, S. 61.
[886] Faria/Graeff, *Governance*, 2001, S. 6.
[887] Töpper/Müller-Plantenberg, Transformation, 1994, S. 9.
[888] Diniz, *Transição*, 1982, zitiert nach Veser, Brasilien, 1993, S. 153.
[889] Moltmann, Brasilien, 1989, S. 94 zitiert nach Lühr, Brasilien, 1983, S. 213.
[890] Braun, Schwellenland, 1989, S. 173.
[891] Guhl, Apartheid, 1994, S. 75.
[892] Lipset et al., *Democracy*, 1993, S. 158

<u>Der Öl-Schock von 1973</u>[893]

Brasilien importierte zum Zeitpunkt der Verminderung der Erdölproduktion durch die OPEC wegen des Jom-Kippur Krieges zu 80% Erdöl[894]. Die OPEC-Minister bestimmten im Dezember 1973, die Preise für Rohöl von 4$ pro Barrel auf 11$ pro Barrel zu erhöhen[895]. Infolge dieser Erhöhung mussten die Öl importierenden Länder innerhalb kurzer Zeit 65 Millionen $ mehr für Erdöl an die OPEC zahlen, was eine gewichtige Veränderung in der Handelsbilanz verursachte[896]. Brasilien sah sich infolge des Vorgehens der OPEC dazu gezwungen, seine Auslandsverschuldung von 6,2 Milliarden $ auf 11,9 Milliarden $ zu erhöhen und seine Währungsreserven teilweise zu verkaufen[897]. Hinzu kam die Aufhebung der Dollarkonvertibilität zum Gold durch Nixon im Jahr 1971 infolge des Vietnamkrieges: Deutschland und Japan begannen bereits in den 1960er Jahren, sich von ihren großen dollarabhängigen Sicherheiten schrittweise zu lösen und sich unabhängiger vom Dollar zu machen[898]. 1977/78 wurde die jährliche Inflationsrate auf 40% reduziert[899]. Infolge dieser Krise mussten sich die Märkte Lateinamerikas immer mehr zum Weltmarkt hin öffnen[900]. Bis zum Ende der 1980er Jahre hatten die meisten lateinamerikanischen Länder, darunter auch Brasilien, die sog. „Washington Consensus"-Policy-Orientierung angenommen, die eine Reduzierung der Inflation, Privatisierung von Staatsbetrieben, Handelsliberalisierung und die Öffnung vieler Wirtschaftssektoren für Investitionen aus dem Ausland vorsah[901]. Die Hauptexportprodukte Brasiliens sind Autos und Autoteile[902]. Seit 1980 befindet sich Brasilien in der größten Wirtschaftskrise in der Geschichte: hierbei ist es strittig, ob diese Krise durch die importsubstituierte Industrialisierung oder etwa durch äußere Faktoren beeinflusst wurde[903]. Caviedes (1984) und Pulantzas (1975) wiesen in ihren Arbeiten darauf hin, dass die Stabilität eines politischen Systems sehr stark von den wirtschaftlichen Bedingungen, die Einfluss darauf haben, abhängt[904].

---

[893] Skidmore, *Slow Road,* 1989, S. 8.
[894] Skidmore, *Slow Road,* 1989, S. 8.
[895] Cooper, et al., *Crisis,* 1994, S. 6.
[896] Cooper, et al., *Crisis,* 1994, S. 6.
[897] Skidmore, *Slow Road,* 1989, S. 8 und Faro de Castro/Valladão de Carvalho, *Brazil,* 2003, S. 467.
[898] Faro de Castro/Valladão de Carvalho, *Brazil,* 2003, S. 466.
[899] Wöhlcke, Brasilien, 1994, S. 76.
[900] Töpper/Müller-Plantenberg, Transformation, 1994, S. 9.
[901] Amann/Baer, *Neoliberalism,* 2002, S. 946.
[902] Schneider, *Order and Progress,* 1991, S. xii.
[903] De Castro, *Brazil,* 1994, S. 185.
[904] Caviedes, *State,* 1984 und Poulantzas, *Crise,* 1975.

5.6.1.1 Inflation und Stabilisierung[905]

„Since 1945 not a single major Latin American nation has been able to preserve a competitive political system and at the same time achieve sustained control of the inflation once the latter has exceeded 10 percent per year. Indeed, the social tensions exacerbated by inflation have contributed significantly to authoritarian coups in Brazil (1964), Argentina (1966), and Chile (1973)".

Thomas E. Skidmore

Bis 1968 konnten die Militärs die Inflation auf 20% p.a. reduzieren und sie blieb bis zum 1. Ölpreisschock konstant, bis sie ab 1973 auf 40% p.a. anstieg[906]. Mit dem 2. Ölpreisschock verdoppelte sich die Inflation ab 1980 und blieb bis 1995 im dreistelligen Bereich[907]. Die Inflationsrate stieg bis 1987 auf 370% an (1985: 200%)[908]. Aus diesem Grund versuchte der sog. Cruzado-Plan vom 28. Februar 1986 eine Preisniveaustabilität ohne eine Stabilisierungskrise zu erreichen[909]. Dieser Plan scheiterte jedoch, was 1987 mit einer Inflationsrate von 370% zum Rücktritt von Finanzminister Dilson Funaro führte[910]. Dessen Nachfolger, Luiz Bresser Pereira, versuchte mit einem neuen Plan, die hohe Inflation in den Griff zu bekommen: zum einen sollten kurzfristige Maßnahmen wie ein befristeter Preis- und Lohnstopp zur Inflationskontrolle beitragen (Teil 1, Juli 1987), zum anderen sollte dieses Ziel durch eine gesamtwirtschaftliche Steuerung mit Steuererhöhungen und Kürzung der Staatsausgaben (Teil 2, Juli 1987) erreicht werden[911]. Ab 1989 betrug die Inflationsrate zum ersten Mal über 1000%[912].

5.6.1.2 Das Wirtschaftswachstum

Nach dem Akteurstheoretiker Adam Przeworski entscheiden auf der wirtschaftlichen Seite in erster Linie das Wirtschaftswachstum und der Grad der wirtschaftlichen Entwicklung (BIP/capita) über die erfolgreiche Konsolidierung einer Demokratie (vergleiche die Weimarer Republik)[913]. Grundlegende Faktoren für das Wirtschaftswachstum in Brasilien waren niedrige Löhne infolge der Unterdrückung der Gewerkschaften, der einfache Zustrom ausländischer Investments, die Förderung nationaler und internationaler Großunternehmen und die starke Inanspruchnahme von Aus-

---

[905] Flynn, *Inflation*, 1989, S. 50 ff. Vgl. auch Calcagnotto et. al., Inflation, 1996, S. 231 ff.
[906] Bernecker, Geschichte, 2000, S. 272.
[907] Bernecker, Geschichte, 2000, S. 272.
[908] Wöhlcke, Brasilien, 1994, S. 70. Vgl. Wöhlcke, Brasilien, 1991, S. 89.
[909] Wöhlcke, Brasilien, 1994, S. 70.
[910] Wöhlcke, Brasilien, 1994, S. 70. Vgl. auch Skidmore, *New Test*, 2000, S. xii.
[911] Wöhlcke, Brasilien, 1994, S. 71.
[912] Mainwaring, *Democracy in Brazil*, 1994, S. 126.
[913] Przeworski et al., 1996; ders. et. al., 1997. Vgl. auch Merkel/Puhle, Transformationen, 1999, S. 19.

landskrediten[914]. Bereits in den 1950er Jahren verfolgten die Regierungen in Brasilien ein Konzept, dass eine Industrialisierung der industriellen Produktion vorsah[915]. Zwischen 1940 und 1961 nahm die Industrieproduktion um 683% zu, während das BSP um 232% anstieg[916].

Mit ein Grund für den langsamen Rückgang des Wirtschaftswachstums nach dem Kalten Krieg im Vergleich zu den „Wunderjahren" in der Militärzeit ist das weltweit abnehmende wirtschaftliche Wachstum seit den 1990er Jahren[917]. In den ersten Jahren der Regierung nahmen die Militärs ein geringes Wirtschaftswachstum in Kauf als Folge der künstlich niedrig gehaltenen Löhne, der Anti-Inflationspolitik und der Verringerung der öffentlichen Ausgaben[918]. Nach einer langen Phase hohen Wachstums (1968-1973) mit im Schnitt 11,3% Wachstum verlangsamte sich das Wachstum (1974: 9,5%, d.h. -2,6% gegenüber Vorjahr; 1975: -0,5% gegenüber Vorjahr) auf 6,1% (1974-1979, gegenüber 11,9% 1970-1973) mit einer anschließenden Beschleunigung von 7,3% (1979/80) und fand bei einem Minus von 1,9% (1981) sein Ende[919] (**Abb. 30**). Somit hatte Brasilien von 1967 bis 1980 eine der höchsten Wachstumsraten weltweit[920]. Am meisten profitierte die Mittel- und Oberklasse von diesem Wachstum[921]. 1982 stieg es wiederum auf 1,4% und 1983 sank es wieder auf -3,2%[922]. Mit der Machtübernahme durch José Sarney am 15.3.1985 betrug die Wachstumsrate über 8% und es machte sich die Hoffnung nach einem neuen Wirtschaftswunder (*milagre brasileiro*) breit, die sich aber nicht erfüllte, weil es sich nur um ein vorübergehendes Zwischenhoch handelte[923]. 1986 stieg das Wachstum auf 7,6% an[924]. (1983 fiel es wieder auf 3%[925]). Die Wachstumsrate des realen Bruttoinlandsprodukts in Brasilien fiel von 9,0% (1965-1980) auf 3,3% (1980-1987)[926]. Bis 1990 war Brasilien die achtgrößte Wirtschaftsnation der Erde, danach fiel Brasilien um einen Platz nach hinten und Spanien nahm Brasiliens Platz ein[927].

---

[914] Nolte, Militärregime, 1994, S. 25.
[915] Moltmann, Brasilien, 1989, S. 94.
[916] Calcagnotto, Umweltpolitik, 1990, S. 87.
[917] World Bank, *Brazil – Equitable*, 2003, S. 53.
[918] Moltmann, Brasilien, 1989, S. 88.
[919] Wöhlcke, Brasilien, 1991, S. 88.
[920] Mainwaring/Viola, *Brazil*, 1985, S. 201.
[921] Mainwaring/Viola, *Brazil*, 1985, S. 201.
[922] Wöhlcke, Brasilien, 1991, S. 88.
[923] Wöhlcke, Brasilien, 1994, S. 70.
[924] Mainwaring, *Democracy in Brazil*, 1994, S. 127.
[925] Wöhlcke, Brasilien, 1991, S. 89.
[926] Müller, Brasilien, 1991, S. 32.
[927] Black, *Redemocratization*, 1992, S. 87.

Es gehört ferner zu den 20 größten Erdölproduzenten weltweit[928]. Im Zeitraum 1972 bis 1975 stieg der Anteil der Investitionen von 21,4% auf 27,2% (im öffentlichen Sektor von 5,1% auf 7,4% und im privaten Sektor von 16,3% auf 19,8% - **Abb. 31**). Zwischen 1955 bis 1958 und zwischen 1967 bis 1979 wurden in Brasilien Kabinettsmitglieder, die gegen das industriellen Wachstum opponierten, aus ihren Ämtern enthoben[929]. Beim BIP/per capita belegt Brasilien in der langen Liste der defekten Demokratien einen unteren Platz im oberen Drittel mit einem Wert von 9700 $ (Durchschnitt weltweit: 3392 $)[930]. Die Menge von ausländischen Direktinvestitionen in Lateinamerika stieg seit Anfang der 1990er Jahre kontinuierlich an und betrug im Jahr 1997 50 Milliarden USD. Dabei handelt es sich jedoch nicht um langfristig geplante Investitionen, die sich als günstig für die dauerhafte Wirtschaftsentwicklung erweisen, sondern hauptsächlich um kurzfristige und spekulative Kapitalanlagen von Investoren, die nicht am Wachstumspotential dieser Region interessiert sind, sondern von der Aussicht auf hohe Gewinne an den Finanzmärkten angelockt werden[931].

5.6.1.3 Die Verschuldungskrise (Krise der Auslandsverschuldung)[932]

Brasilien befindet sich seit Anfang der 1980er Jahre wie viele andere lateinamerikanische und Dritte-Welt-Länder infolge des ersten und zweiten Ölpreis-Schocks (1973/74 und 1979/80)[933] in einer Phase einer katastrophalen Auslandsverschuldung mit restriktiven fiskalischen Effekten[934]. Die Größe der Auslandsverschuldung in Lateinamerika stieg von 242,6 Milliarden USD (1980) auf 432,5 Milliarden USD (1990) an, während der reale Schuldendienst von ca. 45% der Exporterlöse (1980) auf ca. 25% der Exporterlöse (1990) herabfiel (**Abb. 32**). Nach den Wahlen von November 1982 wurde das Ausmaß der Verschuldungskrise deutlich[935]. Die brasilianische Auslandsverschuldung stieg von 5,3 Milliarden USD (1970) auf 95,8 Milliarden USD (1985) (**Abb. 33**). Die gesamte Auslandsverschuldung der Entwicklungs-

---

[928] Black, *Redemocratization*, 1992, S. 87.

[929] De Castro, *Brazil*, 1994, S. 184.

[930] Merkel/Puhle, Transformation, 1999, S. 265. Vgl. auch Buch, „Ein ruheloser Kontinent" in: Welt am Sonntag v. 11.05.2008, S. 11.

[931] Mewes, Asienkrise, 1998, S. 12 und Nolte, Lateinamerika, 1997, S. 41, zitiert nach Krause, Partizipation, 2006, S. 69.

[932] Schirm, Macht, 1994, S. 121 ff. Vgl. auch Fritz, Brasilien, 2002, S. 85-111.

[933] Es sei hier auf den Aufsatz *The Brazilian Economy in the Seventies: Old and New Developments* von Malan und Bonelli in *World Development*, Bd. 5, Nr. 1 / 2, 1977, S. 19-45 verwiesen.

[934] Nohlen, Lexikon Dritte Welt, 2000, S. 119. Vgl. auch Töpper/Müller-Plantenberg, Transformation, 1994, S. 9. Vgl. auch Nohlen/Thibaut, Lateinamerika, 1996, S. 202, Rueschemeyer, *Developement*, 1992, S. 216 und Whitehead, *Alternatives*, 1992, S. 148.

[935] Mainwaring, *Transition*, 1986, S. 170.

länder hat sich infolge des *timelags* dieser Krise von 1980 bis 2001 auf 2,5 Billionen US$ verfünffacht (auf das Zwanzigfache des Schuldenstandes von 1970)[936]. In Brasilien stieg die Auslandsverschuldung von 6,6 Milliarden $ (1971) auf 100 Milliarden $ (1984)[937]. Mitursächlich für diese Krise ist die rege Investitionstätigkeit des öffentlichen und des privaten Sektors in Brasilien zu Beginn der 1970er Jahre (**Abb. 34**)[938]. Dieser Investitionsboom war eine direkte Folge des Booms des Welthandels seit den 1960er Jahren, dazu kam, dass die Entwicklungsländer in den frühen 1970er Jahren einen vergleichbaren Zugang zu den Welt- und Kapitalmärkten hatten wie in den 1920er Jahren[939]. Bereits zwischen 1962 und 1966 hatten die Auslandsschulden Brasiliens mehr als den doppelten Wert der durchschnittlichen jährlichen Exporte erreicht[940]. Diese Krise führte in Brasilien zu einer neuen Entwicklungsstrategie, die eine Phase der Redemokratisierung und Strukturveränderungen einleitete, was 1985 zum Ende der Militärherrschaft führte[941]. Sie brach jedoch in Brasilien trotz vielfach anders lautender Meinungen in der Fachwelt erst nach fortgeschrittenem Stadium des Transitionsprozesses im Jahr 1982 aus[942]. Durch ihre Folgewirkungen konnte in den lateinamerikanischen Volkswirtschaften eine neue Wachstums- und Entwicklungsdynamik entstehen[943]. 1991 betrug die Auslandsverschuldung Brasiliens 120 Milliarden Dollar, nachdem sie von 13,1 Mrd. $ (1973) auf 53,9 Mrd. $ (1979) gestiegen war[944]. Der große Handelsüberschuss in der Leistungsbilanz ab Mitte der 1980er Jahre erlaubte Brasilien die großzügige Aufnahme von ausländischen Krediten um die schädlichen Auswirkungen der Wirtschaftskrise abzufedern, was sich positiv auf die demokratische Transition ab 1985 auswirkte[945]. In Brasilien wurden die Auslandskredite sinnvoller verwendet als beispielsweise in anderen Entwicklungsländern, weil es diese Kredite für den Aufbau neuer Industrien, zur Verbesserung der Infrastruktur (Itaipú-Staudamm) und weniger für den Konsum verwendete[946]. Die Kreditaufnahme im Ausland war auch in Brasilien ein wichtiger

---

[936] Nohlen, Lexikon Dritte Welt, 2002, S. 854.
[937] Mainwaring, *Transition*, 1986, S. 170.
[938] World Bank, *Boom*, 1994, S. 5.
[939] World Bank, *Boom*, 1994, S. 2.
[940] Moltmann, Brasilien, 1989, S. 94.
[941] Nohlen, Lexikon Dritte Welt, 2002, S. 128. Vgl. auch Töpper/Müller-Plantenberg, Transformation, 1994, S. 9; Nohlen/Thibaut, Lateinamerika, 1996, S. 202; Rueschemeyer, *Developement*, 1992, S. 21; Whitehead, *Alternatives*, 1992, S. 148 und Sangmeister, Reformpolitik, 1991, S. 8.
[942] Nohlen/Thibaut, Lateinamerika, 1996, S. 202. Vgl. auch Sangmeister, Reformpolitik, 1991, S. 10.
[943] Sangmeister, Reformpolitik, 1991, S. 8.
[944] Wöhlcke, Brasilien, 1994, S. 74. Vgl. auch Schirm, Märkte, 1999, S. 145.
[945] Onis, *Brazil*, 1989, S. 127.
[946] Schirm, Märkte, 1999, S. 144 f.

Motor der Änderung in der Wirtschaftspolitik[947]. Diese Kredite waren wegen der großen weltweiten Verschuldung in den 70er Jahren zu sehr niedrigen Zinssätzen zu bekommen[948]. Außerdem waren diese Kredite, da sie von privaten Banken kamen, mit keinen politischen Bedingungen verbunden, was diese Kredite attraktiv machte[949]. Durch die hohe Summe dieser Kredite wurde ein hohes Wachstum von 7% bis zum Ende der 70er Jahre gesichert[950]. Gegen Ende der 70er Jahre konnte Brasilien wegen der globalen Rezession und der Hochzinswelle auf den Finanzmärkten (Zinspolitik der amerikanischen *Federal Reserve Bank* unter Volker) infolge des Zweiten Öl-Schocks 1979 seinen Zins- und Tilgungsverpflichtungen nicht mehr nachkommen, wodurch die Verschuldung immer mehr zunahm und es im Jahr 1981 auch zu einer großen Rezession kam[951]. Durch diese wirtschaftliche Krise der 1980er Jahre wurde die Führungsrolle der etablierten Führungsschicht durch die Wählerschaft immer mehr in Frage gestellt und immer mehr neue, unbekannte Politiker wurden gewählt. Infolge der Politik der letzten Militärregierung, die auf einer Exportsteigerung und einer Importverringerung basierte, wurden ab 1981 positive Salden im Außenhandel erzielt[952].

5.6.1.4 Unternehmer und Industrie

Nachdem zunächst die Großgrundbesitzer die maßgebliche Machtgruppe darstellten, entstand im 19. Jahrhundert in Brasilien zusätzlich eine industrielle und unternehmerische Elite mit guten Verbindungen in die USA[953], die den Staat dazu benutzte, ihren Einfluss kontinuierlich zu festigen und auszubauen[954]. Diese neue Wirtschaftselite stellte eine Herausforderung für die traditionell patriarchalische Gesellschaft Brasiliens und Lateinamerikas dar[955]. Die Unternehmer in Brasilien sind wie in Argentiniern, Ecuador und Kolumbien infolge von zahlreichen Regulierungsreformen vielfach unfähig, sich zu einer geschlossenen Interessenorganisation zusammenzuschließen[956]. In dem Zeitraum der demokratischen Phase von 1955-1964 (Kubitschek,

---

[947] Schirm, Märkte, 1999, S. 144.

[948] Schirm, Märkte, 1999, S. 144.

[949] Schirm, Märkte, 1999, S. 144.

[950] Schirm, Märkte, 1999, S. 145.

[951] Schirm, Märkte, 1999, S. 145. Vgl. auch Souza, *Transformation*, 2004, S.10 und Nohlen, Militärregime, 1986, S. 10.

[952] Wöhlcke, Brasilien, 1994, S. 74.

[953] So wurde z. B. die Infrastruktur für die Telekommunikation in Brasilien und vielen anderen lateinamerikanischen Ländern von US-amerikanischen Firmen aufgebaut.

[954] Skidmore/Smith, *Latin America*, 2005, S. 151 und Heinz, Militär, 2001, S. 123.

[955] Peterson, *Parties*, 1962, S. 1.

[956] Faust, Staatsversagen, 2002, S. 21.

Quadros, Goulart) kam es vermehrt zu größeren Spannungen („Verteilungskämpfen") zwischen den Unternehmern und den Gewerkschaften wobei es auch zu Interventionen des Staates kam[957]. Die Wirtschaftselite unterstützte 1964 den Coup gegen Goulart[958]. Ein Wirtschaftsführer behauptete sogar von sich:

„The 1964 Revolution was made by me. The military didn`t want to come in. They did it because they were begged by the business community. I know, because I begged them. It isn`t that the business community supported the military in their coup, but that the military supported us in our coup" (06.10.1987)[959].

Die Unmöglichkeit von Streiks und die repressive Kontrolle der Sozialbeziehungen ermöglichten eine ungehinderte Expansion der Unternehmen in der Militärzeit zuerst in der Industrie, später auch im Agrarbereich[960]. Die Wirtschaftselite begann jedoch 1978 damit, aktiv die Demokratisierung zu unterstützen und gegen das Militärregime zu opponieren[961]. Der Einfluss des Staates auf die Wirtschaft war dieser Elite zu groß geworden: 1979 war der Staat für 60% der Investitionen und 40% der Importe verantwortlich[962]. Gerade Kleinunternehmer spielten seit den 1970er Jahren bis in die 1980er Jahre eine große Rolle in der Politik sowie der Wirtschaft gegen diesen Einfluss des Militärregimes auf die Wirtschaft (Nylen 1993)[963].

Die von der Geschäftswelt in São Paulo geführte „Neuer Unionismus"- und „Anti-Verstaatlichung"-Kampagne trug dazu bei, dass die Militärs dahingehend unter Druck gesetzt wurden, entgegen ihrer ursprünglichen Ankündigung eine weitgehendere Liberalisierung zuzulassen[964]. Während der Amtszeit Cardoso`s (1994-2002) vollzog Brasilien einen institutionellen Transitionsprozess weg von einem ausschließlichen Staatsmonopol in bestimmten Wirtschafts- und Industriebereichen hin zu einem System mit mehr freiem Wettbewerb: bis 1999 kam es so zu insgesamt 65 Privatisierungen durch den Staat (**Abb. 35**) mit einem Transaktionsvolumen von 93 Milliarden US$ bis 2002, beginnend mit den Stahlanleiheveräußerungen[965]. Seit Ende 1992 stellen die Unternehmen in Brasilien wieder mehr Arbeitskräfte ein, produzieren mehr und auch der Absatz ist gestiegen[966]. Mit diesen Privatisierungen hoffte die Regie-

---

[957] Waldmann/Krumwiede, Lateinamerika, 1992, S. 62.
[958] Payne, *Industrialists*, 1994, S. xiii und Onis, Brazil, 1989, S. 127.
[959] Payne, *Industrialists*, 1994, S. 16.
[960] Moltmann, Brasilien, 1989, S. 98.
[961] Payne, *Industrialists*, 1994, S. xiii und Onis, Brazil, 1989, S. 127.
[962] Moltmann, Brasilien, 1989, S. 96.
[963] Nylen, *Owners*, 1993.
[964] Hagopian, *Brazil*, 1990, S. 149.
[965] World Bank, *Privatization*, 2003, S. 3.
[966] Calcagnotto, Dauerkrise, 1994, S. 221.

rung in Brasilien eine Reihe von Zielen zu erreichen: zum einen sollten diese bis zur Durchsetzung von größeren Strukturreformen überbrückt werden, da man sich aus diesen privaten Investitionen bessere Produktionsbedingungen erhoffte. Zum anderen erhoffte man sich eine Stabilisierung der öffentlichen Finanzen mit den Einnahmen aus den Privatisierungen[967]. Es wurde sogar auf Bundesebene ein Nationaler Privatisierungsrat (CND) für das Management der Privatisierungen eingerichtet[968]. Der Gewinn aus den Privatisierungen im Zeitraum 1994 bis 2000 betrug 3,7% des BIP (**Abb. 36**)[969]. Mit einem Zeitraum von 63 Tagen bis zur Eröffnung einer Unternehmung nimmt Brasilien einen Spitzenplatz in der Dritten Welt ein, insgesamt 35 Tage hinter Chile (**Abb. 37)**[970].

5.6.1.5 Die Gewerkschaften

Die Gewerkschaften in Lateinamerika können in den Typus der korporativistisch-populistischen Gewerkschaft (Mexiko, Venezuela, Argentinien in der Zeit Perons und Brasilien in der Militärzeit), bei dem diese eng mit einer „Staatspartei" verknüpft sind und von dieser kontrolliert werden, eingeteilt werden, wie auch in den Typus, bei dem die Arbeitsbeziehungen von der Oberschicht beherrscht werden (Kolumbien, teilweise Zentralamerika) und in den Typus des klassenorientierten Gewerkschaftstyps, bei dem die Gewerkschaften eine gewisse Art von Autonomie mit Handlungsspielräumen gegenüber dem Staat erreicht haben (brasilianische CUT seit den 1980er Jahren)[971]. Die neue Gewerkschaftsbewegung ist in Brasilien in den 1970er Jahren entstanden und konnte sich erst in den 1980er Jahren etablieren[972]. Allein die Anzahl der in agrarwirtschaftlichen Gewerkschaften organisierten Personen stieg von 2,9 Millionen (1974) auf 5,1 Millionen (1979) und die Anzahl dieser Gewerkschaften stieg von 449 (1966) auf 1.669 (1975)[973]. Mit der Industrialisierung lösten die Städte die bisher dominierenden agrarischen Produktionsgebiete ab 1910 ab und die politische Formierung der Arbeiter begann[974]. Schon unter Vargas wurden nach dem italienisch-faschistischen Modell als Vorbild Gewerkschaften in Brasilien zugelassen,

---

[967] Fritz, Brasilien (FES-Analyse), 1998, in:
http://library.fes.de/fulltext/stabsabteilung/00479008.htm#LOCE9E8 (Zugriff: 19.08.2007).
[968] IMF, *ROSC*, 2001, S. 15.
[969] World Bank, *Brazil – Equitable*, 2003, S. 31.
[970] World Bank, *Brazil – Equitable*, 2003, S. 52.
[971] Boris, Soziale Bewegungen, 1998, S. 89 und Zapata, *Reestructuración*, 1993, S. 63 ff.
[972] Calcagnotto, Gewerkschaften, 1994, S. 188.
[973] Hagopian, *Brazil*, 1987, S. 500, Daten basierend auf den jährlichen Berichten des *Instituto
Brasileira de Geografia e Estatística*.
[974] Moltmann, Brasilien, 1989, S. 96.

jedoch unter strikter staatlicher Kontrolle: die Gesetze, die eine Überwachung der Gewerkschaften zuließen, wurden im Jahr 1944 erlassen[975]. Aus diesem Grund fehlte es anders als in Argentinien, Chile und Uruguay den Gewerkschaften in Brasilien an einer gut organisierten und autonomen Basis[976]. In dieser Zeit begann auch die staatliche Sozialpolitik, d. h. die Lenkung zwischen Unternehmern und Gewerkschaften[977]. Im von Italien inspirierten Arbeitsgesetz (*Consolidação das Leis do Trabalho*, CLT) von 1934 (Sektion V der konsolidierten Arbeitsgesetze) wurde die Formierung und Registrierung der Gewerkschaften geregelt und es ist in der Zeit der Transition unverändert geblieben[978]. In den 1930er Jahren bildete sich einhergehend mit dem *developmentalist state* ein sog. „neuer Unionismus" (*novo sindicalismo*), der sich aus Absplitterungen aus der Gewerkschaftsbewegung bildete[979]. In dieser Zeit waren die Gewerkschaften ein untergeordneter Allianzpartner von nationaler Bourgeoisie, den Militärs und teilweise auch der Mittelschicht[980]. Die Finanzierung der Gewerkschaften erfolgte über eine Gewerkschaftssteuer in der Höhe eines Arbeitstages, das Arbeitsministerium leitete 80% davon an die Gewerkschaften weiter, die dieses Geld wiederum für medizinische und soziale Angelegenheiten verwendeten[981]. Gewerkschaftsvertretungen in Betrieben waren verboten[982]. Die Organisation des gewerkschaftlichen Systems im heutigen Brasilien ist nach wie vor archaisch, trotz des steigenden Industrialisierungsgrades der Gesellschaft[983]. Die Militärs begannen nach ihrem Putsch von 1964 die Rechte der Arbeitnehmer drastisch einzuschränken: so wurden die Minimallohnanpassung, staatliche Sozialleistungen, eine bestimmte Arbeitsplatzsicherheit etc. eingeschränkt[984]. Ab 1968 begann das Regime, Streiks niederzuschlagen (gerade die Streikbewegung von Osasco und Contagem, 1968), opponierende Gewerkschaftsfunktionäre durch regimetreue Personen (sog. *pelegos*)[985] zu ersetzen und die Kandidatur von Regimekritikern zu

---

[975] Wiarda/Klein, *Politics*, 2000, S. 26 und Moreira Alves, *Opposition*, 1989, S. 278.
[976] Moreira Alves, *Opposition*, 1989, S. 278.
[977] Moltmann, Brasilien, 1989, S. 95 f.
[978] Moreira Alves, *Opposition*, 1989, S. 182.
[979] Faro de Castro/Valladão de Carvalho, *Brazil*, 2003, S. 472.
[980] Boris, Soziale Bewegungen, 1998, S. 91.
[981] Hagopian, *Brazil*, 1987, S. 504.
[982] Boris, Soziale Bewegungen, 1998, S. 91.
[983] Hagopian, *Brazil*, 1987, S. 505.
[984] Boris, Soziale Bewegungen, 1998, S. 92.
[985] *Pelago* heißt Sattel/Pferdedecke. Dieses Wort soll die abfedernde Zwischenstellung der regierungsnahen Gewerkschaftsfunktionäre zwischen der Arbeiterschaft auf der einen Seite und zwischen Kapital und Staat auf der anderen Seite symbolisieren (Boris, Soziale Bewegungen, 1998, S. 91).

verhindern[986]. Dadurch war seit 1968 bis zu den Streiks von 1978 de facto keine opponierende Gewerkschaftsbewegung mehr vorhanden[987]. Ab Mitte der 1970er Jahre blühten die Gewerkschaftsbewegung, die von den kirchlichen Basisbewegungen unterstützt wurde, infolge des Ölschocks, der Abertura seit 1974 und der Rezession so wie die *grassroot movements* wieder auf[988]. Seit Beginn der 1970er Jahre konnten sich in strategisch wichtigen Industriezweigen Fabrikkommissionen bilden, denen organisierte und nicht organisierte Arbeiter angehörten[989]. Luiz Inácio da Silva („Lula") war einer der großen Gewerkschaftsführer, die Ende der 1970er Jahre die pro-demokratischen Kräfte maßgeblich unterstützten[990]. Seit 1977 kam es vermehrt zu Forderungen die zu niedrigen Löhne aus der Vergangenheit anzugleichen, was die Vorstufe der großen Streikbewegungen im Folgejahr darstellte[991]. Die Streiks der Automobilarbeiter in São Paulo und der Metallarbeiter von Groß-São Paulo (beide 1978) waren die ersten Streiks dieser Art seit Jahren[992]. Es kam zu einer Allianz zwischen der Gewerkschaftsbewegung mit Kräften aus anderen Gesellschaftsschichten in der Opposition gegen das Militärregime[993]. Neben den Lohnforderungen kamen bald Forderungen nach einer generellen politischen Demokratisierung und der Abschaffung der *Pelego*-Gewerkschaftsstruktur[994]. Das Regime beantwortete diese Streiks mit einer verstärkten Repression[995]. Der Versuch, eine Nationale Arbeitergewerkschaft zu schaffen, wurde vom Regime Ende der 1970er/Anfang der 1980er Jahre blockiert[996]. Die schwache Organisation der Gewerkschaften trug u. a. dazu bei, dass politisch vorrangige Ziele nicht erreicht werden konnten und die Gewerkschaftsbewegung zu einem eher populistischen Instrument der Machteliten instrumentalisiert wurde[997]. Die Anzahl der Streiks blieb in der Militärzeit mit 118 (1978) bis 492 (1984) relativ niedrig und stieg nach dem Ende der Militärzeit kontinuierlich an von 1.004 (1986) auf 2.193 (1987) (**Abb. 38**). Bis 1981 war das Streikrecht und die Tarifautonomie de facto durchgesetzt[998]. 1983 wurde die *Central Unica dos*

---

[986] Payne, *Industrialists*, 1994, S. xix.
[987] Mainwaring, *Transition*, 1986, S. 153.
[988] Mainwaring/Viola, *Brazil*, 1985, S. 204.
[989] Boris, Soziale Bewegungen, 1998, S. 92.
[990] Faro de Castro/Valladão de Carvalho, *Brazil*, 2003, S. 472.
[991] Boris, Soziale Bewegungen, 1998, S. 92.
[992] Mainwaring/Viola, *Brazil*, 1985, S. 204 und Boris, Soziale Bewegungen, 1998, S. 92.
[993] Moreira Alves, *Opposition*, 1989, S. 279.
[994] Boris, Soziale Bewegungen, 1998, S. 93.
[995] Mainwaring/Viola, *Brazil*, 1985, S. 204.
[996] Mainwaring/Viola, *Brazil*, 1985, S. 212.
[997] Moreira Alves, *Opposition*, 1989, S. 278.
[998] Boris, Soziale Bewegungen, 1998, S. 93.

Trabalhadores (CUT) gegründet, die die Interessen des *novo sindicalismo* vertrat[999]. Eine derartige Mobilisierung von unten aus der Unterschicht mit einer Ausweitung auf die Unterklassen und die Mittelschichten wie im Fall der brasilianischen Gewerkschaften hat es in keinem anderen lateinamerikanischen Land gegeben[1000]. Mit 47% der Stimmen (35 Millionen Stimmen) für Lula im Jahr 1989 bei der Stichwahl gegen Collor erreichte die Gewerkschaftsbewegung einen vorläufigen Höhepunkt in ihrer Geschichte, bevor sie um 1990 infolge der steigenden Inflation und der neoliberalen Orientierung an Einfluss verlor. Die Polarisierung des Wahlkampfes von 1989 leistete zudem ihr übriges: die CGT und Gruppierungen um sie hatten Collor unterstützt[1001]. Die Tatsache, dass die brasilianische Regierung bis 1992 keine gerechte Besteuerung des Besitzbürgertums eingerichtet hat, trug zu dem Vertrauensverlust der Arbeiterklasse in die Fähigkeit der Regierung bei, die sozialen Probleme zu lösen[1002]. Ferner setzte die Regierung Cardoso gegen die Streiks der Erdölarbeiter, die gegen die Privatisierungspolitik kämpften, wieder Militär ein wie die Juntas vor 1985, was ebenfalls zu einem Vertrauensverlust der Arbeiterklasse in die Regierung führte[1003]. Bis zum Wahlsieg Lulas gelang es den Gewerkschaften nicht, die starren Strukturen des Korporatismus aus dem 20. Jahrhundert in der Gesellschaft zu durchbrechen und ihren Einfluss auf die Politik zu verstärken, was auch auf die starken Beharrungskräfte innerhalb der Gewerkschaften zurückzuführen ist[1004]. 1998 betrug der gewerkschaftliche Organisationsgrad lediglich knapp 14%[1005].

5.6.1.6 Importsubstitution und Modell der ISI

In den 1930er Jahren begann in den lateinamerikanischen Ländern eine Phase der wirtschaftlichen Industrialisierung mit einer Industrialisierung zur Ersetzung der Importartikel, zunehmenden Urbanisierung und der Entstehung neuer sozialer Schichten[1006]. Durch die zu geringe Importkapazität Brasiliens wurde in Brasilien auch nach dem Zweiten Weltkrieg der Aufbau einer diversifizierten Produktionsstruktur verhindert[1007]. Der Rekord im Export von 1,7 Milliarden $ 1951 (Koreaboom)

---

[999] Boris, Soziale Bewegungen, 1998, S. 93.
[1000] Boris, Soziale Bewegungen, 1998, S. 94.
[1001] Boris, Soziale Bewegungen, 1998, S. 96.
[1002] Cavarozzi, 1992, S. 668. Vgl. auch Moreira Alves, *Opposition*, 1989, S. 278.
[1003] Boris, Soziale Bewegungen, 1998, S. 97.
[1004] Boris, Soziale Bewegungen, 1998, S. 97.
[1005] Boris, Soziale Bewegungen, 1998, S. 97.
[1006] Krause, Partizipation, 2006, S. 59.
[1007] Bernecker et al., Geschichte Brasiliens, 2000, S. 273.

konnte erst 1968 mit 1,8 Milliarden $ übertroffen werden[1008]. Das Model der ISI wurde von den Militärs nach dem Scheitern diverser „Entwicklungsmodelle" (Populismus unter Vargas, Desarrolismus unter Kubitschek und Reformismus unter Goulart) ab 1964 eingeführt und von allen Modellen favorisiert, um eine wirtschaftliche Modernisierung durch eine größere Förderung der dynamischen Sektoren und eine Internationalisierung des Binnenmarktes zu beschleunigen[1009]. Dabei bildeten der Staat mit seiner bereits unter Kubitschek gebildeten elitären militärischen und zivilen Staatstechnokratie, das nationale Kapital und das internationale Kapital (Investoren, Banken etc.) ein Dreiecksbündnis[1010]. Bis Ende der 1970er Jahre konnten in Brasilien infolge dieses Modells bereits 80% der gesamten Kapitalgüternachfrage aus der Produktion im Inland gedeckt werden[1011]. Dadurch entstand eine neue Art von politischem, wirtschaftlichem und industriellem Klientelismus, da sich die Staatstechnokratie in diesem Dreiecksbündnis die wichtigsten Schlüsselpositionen sicherte (in Staatsunternehmen, Aktiengesellschaften und der Regierungsbürokratie)[1012].

5.6.2 Gesellschaftliche Rahmenbedingungen

5.6.2.1 Korruption und klientelistisches System[1013]

5.6.2.1.1 Korruption

Key definiert Korruption wie folgt:

„(...) the abuse of control over the power and resources of the government for the purpose of personal or party profit (...) may be in the form of power or control within the political organization or in the form of political support from various individuals (...)"[1014].

Bereits auf der Grundbasis des Wahlsystems, den Munizipien ist eine Art "klientelistisches" bzw. „korruptes" System vorherrschend: in geographisch nah beieinander liegenden Städten und Nachbarschaften bildeten sich auf Initiative der Politiker sog. *cabos eleitorais* („Wahloffiziere"), die die Wähler mit materiellen Gütern als Gegenleistung für ihre Stimme versorgten, was durch den Umstand begünstigt

---

[1008] Bernecker et al., Geschichte Brasiliens, 2000, S. 273.
[1009] Calcagnotto, Umweltpolitik, 1990, S. 88.
[1010] Calcagnotto, Umweltpolitik, 1990, S. 88.
[1011] Moltmann, Brasilien, 1989, S. 95.
[1012] Calcagnotto, Umweltpolitik, 1990, S. 88.
[1013] Merkel, Defekte Demokratie: 1, 2003, S. 270.
[1014] Key, *Political Craft*, 1936, S. 5 f.

wurde, dass die Munizipien nur über ein sehr kleines Steueraufkommen verfügten und aus diesem Grund nicht selbst diese Güter ihren Bürgern beschaffen konnten[1015]. Diese Austauschvarianten von Gütern gegenüber Bürgern nehmen in der Wirtschaft Brasiliens andere Dimensionen an: so versuchte eine japanische Firma ihre Produkte an das brasilianische Gesundheitssystem zu verkaufen, welches darauf bestand, dass die Produkte zunächst an eine private Firma veräußert werden sollten, die diese dann wiederum diesem Ministerium zu überhöhten Preisen verkaufen sollte. Die japanische Firma ging nicht auf diesen Kuhhandel ein und erhielt auch nie wieder Aufträge von einer brasilianischen Behörde[1016]. In einer Anhörung vor dem US-Kongress legte der US-Marineleutnant Oliver North aus, dass ein Teil der Gelder aus dem Waffenverkauf an den Iran (sog. Iran-Contra-Affäre) auch dazu verwendet wurde, um die Wahl von bestimmten Kandidaten zum brasilianischen Kongress zu finanzieren[1017].

In der lateinamerikanischen Bevölkerung gelten die Streitkräfte als korruptionsresistenter als die anderen politischen Institutionen[1018].

5.6.2.1.2 Klientelistisches System

Obwohl die historische Entwicklung Brasiliens von vielen verschiedenen politischen Phasen geprägt war und auch heute noch ist, waren die regionalen und lokalen Machtnetze diejenigen Faktoren, die die politische Entwicklung mitprägten[1019]. Personen (z. B. ehemalige Militärs etc.) konnten auf diese Machtnetze nicht verzichten und waren zur Unterstützung ihrer Macht oder zur Machterhaltung auf diese angewiesen[1020]. Der Beginn dieser Machtzentren liegt in der Kolonialzeit: der mit Verordnungen von König Philipp (*Ordenações Filipinas*) ausgestattete Gemeinderat sollte ursprünglich als Kommunikationseinrichtung zwischen dem Mutterland Portugal und den Kolonisatoren dienen, wurde jedoch zu einer bedeutenden politischen Institution, die die Interessen der lokalen Großgrundbesitzer artikulierte[1021]. Oft gab die Kolonialmacht dem Druck der lokalen Machtzentren nach, obwohl dies de jure

---

[1015] Geddes/Neto, *Brazil*, 1992, S. 645.

[1016] *Takeshi depôe na PF e diz ter provas contra PC*, in: *Folha de S. Paulo*, 10.06.1992, S. 1.

[1017] Black, *Redemocratization*, 1992, S. 87.

[1018] Heinz, Militär, 2001, S. 59. Zur Korruption im brasilianischen Militär vor 1954 sei auf Smallmann 1997 verwiesen.

[1019] Krause, Partizipation, 2006, S. 178.

[1020] Krause, Partizipation, 2006, S. 178.

[1021] Krause, Partizipation, 2006, S. 179.

nicht so vorgesehen war[1022]. Da die Kolonialmacht allein nicht in der Lage war, andere Kolonialmächte militärisch abzuwehren, kam es zur Bildung von privaten bewaffneten Gruppen, die die Macht der Großgrundbesitzer vergrößerten[1023]. Die lokalen Führer waren die Hauptunterstützer der Provinzpräsidenten, obwohl diese von der Kolonialmacht ernannt wurden[1024]. Dieses klientelistische System basierte in erster Linie auf Familienclans und Freundschaften, wobei die Wählerschaft eines Politikers vererbt wurde[1025]. Die Führer der Machtnetze stützten sich hauptsächlich auf direkte Kontakte zur Wählerbasis[1026]. Sie verteilten das zum Leben Nötigste wie Lebensmittel und Wohnungen, um sich durch diese Gefälligkeiten eine Art Gewohnheitsrecht zu erkaufen[1027]. Dieses klientelistische System ist vertikal orientiert mit einem Güteraustausch von oben nach unten, was die Fähigkeit zum geschlossen Handeln der verschiedenen Parteien in der horizontalen Ebene beeinträchtigt und das System insgesamt destabilisiert[1028]. In der „Alten Republik" (1889-1930) kam es zu einer Neuverteilung der Macht in den Regionen: die Gouverneure wurden nun direkt gewählt und nicht mehr von der nationalen Exekutive ernannt und das Amt des Bürgermeisters wurde in den Munizipien neu eingeführt, wodurch die Stadträte an Bedeutung und Einfluss verloren, da der Bürgermeister die wichtigsten Entscheidungen selbst traf[1029]. In der Ära Vargas (1930-1945) kam es zu weiteren einschneidenden Veränderungen: zunächst wurden die regionalen Exekutiven in der Zeit der provisorischen Regierung (1930-1934) durch „Regierer" (*interventores*) ersetzt, wodurch gerade diejenigen Gouverneure der Bundesstaaten, die gegen die Revolution von 1930 waren, beseitigt wurden[1030]. Ferner ernannten die *interventores* von nun an die Bürgermeister, wodurch Vargas eine Kontrolle bis in die letzten lokalen Gebiete erreichen und konkurrierende Machtnetze ausschalten konnte[1031]. In der Phase der populistischen Demokratie (1945-1964) konnten die regionalen Oligarchen ihre Macht wieder ausbauen, da die regionalen Exekutiven nun wieder direkt gewählt wurden und keine Verpflichtungen mehr gegenüber der nationalen Exekutive

---

[1022] Krause, Partizipation, 2006, S. 179, zitiert nach Queiroz, *Mandonismo*, 1976, S. 42.
[1023] Krause, Partizipation, 2006, S. 179 f.
[1024] Krause, Partizipation, 2006, S. 180.
[1025] Krause, Partizipation, 2006, S. 181.
[1026] Krause, Partizipation, 2006, S. 182.
[1027] Krause, Partizipation, 2006, S. 182.
[1028] Hagopian, *Brazil*, 500, S. 500.
[1029] Krause, Partizipation, 2006, S. 182 f.
[1030] Krause, Partizipation, 2006, S. 184.
[1031] Krause, Partizipation, 2006, S. 185.

bestanden[1032]. Das regional geprägte Systen des Klientelismus wird durch die Politik der Kongressabgeordneten zusätzlich verschärft: diese Abgeordenten unterstützen auf der einen Seite Gesetze, die ihnen zu mehr Autonomie gegenüber Dritten verhelfen und schwächen dadurch auf der anderen Seite ihre eigenen Parteien, was zu einer Größeren Repräsentation der regionalen Klientel und zu einer Schwächung der Bundesebene führt[1033].

5.6.2.2 Armut und soziale Ungleichheit

Eine Ursache für die Armut in Brasilien ist u. a. die Tatsache, dass sich in der Zeit der Militärherrschaft ausschließlich nur einige Wenige bereichern konnten[1034]. Mitte 2002 lebten 53 Millionen von 170 Millionen Brasilianern unter der Armutsgrenze (31% der Bevölkerung) und hatten weniger als 80 brasilianische Reais (etwa 27€) monatlich zur Verfügung[1035]. In anderen Ländern mit vergleichbarem Pro-Kopf-Einkommen (3500-6000 $) sind die Armutsquoten deutlich niedriger: 15% in Chile und 4% in Bulgarien[1036]. Die Verfassung von 1988 versuchte, den Armen zu helfen, letztendlich jedoch blieb diese Hilfe auf das Papier des Verfassungstextes beschränkt[1037]. In der brasilianischen Verfassung von 1988 wird zwar formal ein Mindestlohn erwähnt, dieser ist aber in der Realität nicht gesichert[1038]. So verfügen statistisch 65 Millionen Menschen nicht über dieses Mindesteinkommen und 15 Millionen Menschen haben nur ein Einkommen, das einem Viertel des Mindesteinkommens entspricht: Brasilien ist eines der Länder mit der höchsten Ungleichheit in der Einkommensverteilung in der Welt[1039]. Besonders die Mittel- und die Unterschicht litt unter der sog. „inflationshemmenden" Lohnpolitik, mit der die Lohnsteigerungen künstlich unter der Inflationsrate gehalten wurden, was als Nebeneffekt auch zu einer Einschränkung des internen Marktes führte[1040]. Von den 1988 geborenen Brasilianern blieben 70% der schwarzen Bevölkerung Analphabeten, schwarze Erwachsene erhalten zudem bis zu 40% weniger für die gleiche Arbeit und ihre Lebenserwartung

---

[1032] Krause, Partizipation, 2006, S. 187.
[1033] Mainwaring, *Underdevelopment*, 1992/1993, S. 705.
[1034] Nohlen, Militärregime, 1986, S. 16.
[1035] Melchers, Agrarreform, 2002, S. 1 (elektronisches Dokument). Buch, „Ein ruheloser Kontinent", in: Welt am Sonntag v. 11.05.2008, S. 11.
[1036] Melchers, Agrarreform, 2002, S. 1 (elektronisches Dokument).
[1037] Wiarda, *Brazil*, 2000, S. 136.
[1038] Heinz, Verfassung, 1996, S. 108.
[1039] Heinz, Verfassung, 1996, S. 108. Vgl. auch Schrader, Sozialstruktur, 1994, S. 155, 159, Schwartzmann, *Transition*, 1997, S. 13 und Hoffmann, *Poverty*, 1989, S. 198.
[1040] Moltmann, Brasilien, 1989, S. 97.

ist um dreizehn Jahre geringer als bei den Weißen[1041]. Nach Angaben der UN-Wirtschaftskommission für Lateinamerika und die Karibik betrug die Zahl der in Armut lebenden Haushalte in Lateinamerika und der Karibik 164 Millionen (38% der Haushalte)[1042]. 1991 galten 36 Millionen Kinder und Jugendliche in Lateinamerika im Alter unter 18 als bedürftig (60% dieser Altersgruppe)[1043]. Ende der 1980er Jahre wurde die Zahl der verwahrlosten Kinder auf 8 Millionen geschätzt (2/3 dieser Altersgruppe)[1044]. Die Mittelklasse ist seit den 1930er Jahren größer geworden, konnte aber trotzdem nicht mit dem Einfluss der Militär- und Wirtschaftseliten mithalten[1045]. Sie entwickelte sich neben den seit dieser Zeit klar unterscheidbaren Klassen der industriellen Bourgeoisie und des städtischen Proletariats[1046]. Nach einem Bericht der Weltbank war bis Ende der 1980er Jahre nur noch in Honduras und in Sierra Leone die Einkommensverteilung ungleicher als in Brasilien[1047]. Infolge des Ausbleibens der von den Militärs Ende der 1960er Jahre angekündigten Agrarreform erfuhr der landwirtschaftlich-industrielle Komplex eine Ausweitung der landwirtschaftlichen Exporte, was zu einer steigenden Landflucht und damit zu einer Vergrößerung der städtischen Elendsviertel führte[1048]. Die Ansiedlungsprogramme (*assentamento*) des Staates (INCRA) blieben auf einem bescheidenen Niveau[1049]. Die Weltbank hat sich u.a. aus diesem Grund verstärkt darum bemüht, den Armen in den ländlichen Regionen Brasiliens Hilfe zu leisten, um diesem Ausmaß der Landflucht entgegenzuwirken[1050]. Nach Einschätzung der Weltbank würde die Umsetzung eines auf die Armutsbekämpfung ausgerichteten Marktöffnungs- und Marktliberalisierungsprogramms zu einem realen Einkommensgewinn von 520 Milliarden US-$ führen[1051]. Durch die weltweite Verschuldungskrise seit den 1970er Jahren kam es auch in Brasilien zu einer Verschlechterung des Lebensstandards, gerade der ärmsten Bevölkerungsschichten[1052]. Von 1960 bis 1989 stieg der Einkommensanteil der oberen 10% aller Einkommensgruppen in Brasilien von 39,6% auf 50,9%, während derjenige der unteren 40% in demselben Zeitraum stark rückläufig war – von 11,3%

[1041] Heinz, Militär, 2001, S. 124. Vgl. auch Levine, *Slavery*, 1989, S. 202.
[1042] Sangmeister, Reformpolitik, 1991, S. 39 f.
[1043] Wöhlcke, Brasilien, 1991, S. 101.
[1044] Wöhlcke, Brasilien, 1991, S. 101.
[1045] Wiarda, *Brazil*, 2000, S. 136.
[1046] Pereira, *Brazil*, 1984, S. 10.
[1047] Black, *Redemocratization*, 1992, S. 86.
[1048] Prien, Situation, 1997, S. 1 f.
[1049] Prien, Situation, 1997, S. 2.
[1050] World Bank, *Impowering the Poor*, 2001, S. 1.
[1051] BMZ, Bericht, 2005, S. 89.
[1052] Holtz, Verschuldungskrise, 1988, S. 7.

auf 7,9%; die Ärmsten 10% konnten jedoch ihren Anteil von 1960 bis 1980 um 92% erhöhen (**Abb. 39, 40 und 41**)[1053]. 1985 standen den Ärmsten 10% nicht mehr als 10 USD pro Monat aus ihrem Einkommen zum Leben zur Verfügung, obwohl die brasilianische Regierung 60 USD als den zum Leben mindestens erforderlichen Lohn deklariert hatte[1054]. Seit Ende der 1980er Jahre waren die städtische Mittelschicht und Teile der Unterschicht finanziell in der Lage, sich langlebige Konsumgüter wie Elektrogeräte zu leisten, dies änderte jedoch nichts an der Tatsache, dass sich der Verarmungsprozess beschleunigte[1055]. Daran konnte auch der rasche Anstieg des Bruttosozialprodukts seit Ende der 1980er Jahre nichts ändern[1056]. Das Pro-Kopf-Einkommen des reichsten Staates S. Paulo ist achtmal größer als das des ärmsten Staates Piauí[1057]. Seit Anfang der 1970er Jahre ist die Geburtenrate in Brasilien rückläufig und seit der zweiten Hälfte der 1970er Jahre nimmt die Kindersterblichkeit zu, was zu einem steigenden Anteil der älteren Bevölkerung führte[1058].

Der Anstieg des Wirtschaftswachstums hat die soziale Lage der brasilianischen Bevölkerung nicht deutlich verbessert (**Abb. 42**)[1059].

5.6.3 Internationale wirtschaftliche Rahmenbedingungen

5.6.3.1 CEPAL

Der CEPAL ist die autonome Wirtschaftskommission für Lateinamerika und ein Kind des lateinamerikanischen *bolivarismo*, der seinen Sitz aus diesem Grund möglichst weit entfernt von den USA in Santiago de Chile hat[1060]. Die Strategie der CEPAL basierte bis in die siebziger Jahre hinein auf einer Industrialisierung durch Substituti-on (ISI). Sie verfolgte in erster Linie eine binnenmarktorientierte Industrialisierung, welche mit Protektion und Interventionismus von Staats wegen zu einer größeren nationalen Autonomie führen sollte[1061]. Die Produktion war wegen ihrer Ausrichtung

---

[1053] Calcagnotto, Dauerkrise, 1994, S. 223 und Mainwaring, *Underdevelopment*, 1991/1992, S. 692, zitiert nach *Plano de Metas; Sustentação do Crescimento e Combate à Pobreza*, 1986-1989 (nicht spezifizierte Regierungseinrichtung).

[1054] Mainwaring, *Underdevelopment*, 1991/1992, S. 692, zitiert nach *Plano de Metas; Sustentação do Crescimento e Combate à Pobreza*, 1986-1989.

[1055] Moltmann, Brasilien, 1989, S. 97 f.

[1056] Moltmann, Brasilien, 1989, S. 98.

[1057] Hagopian, *Brazil*, 1987, S. 490.

[1058] De Lima Amaral, *Brazil*, 2007, S. 23 und Moltmann, Brasilien, 1989, S. 98, zitiert nach Hewlett, *Brazil*, 1980, S. 259 f.

[1059] Sangmeister, Verschuldung, 1994, S. 25.

[1060] Bodemer/Gratius, Lateinamerika, 2003, S. 12.

[1061] Töpper/Müller-Plantenberg, Transformation, 1994, S. 9.

auf die Binnenmärkte ineffizient und wurde von einer Technokratie reguliert, die sich ebenfalls als ineffizient erwies[1062]. Als das Modell der CEPAL Anfang der siebziger Jahre an seine Grenzen stieß, versuchten die Militärdiktaturen mit geringem Erfolg die Öffnung zum Weltmarkt wie zur Zeit des Kaiserreichs herbeizuführen[1063]. Dies führte bei den ohnehin schon sich in einer Stagnation befindenden Volkswirtschaften jedoch zu noch weitergehenden Rezessionen und Deindustrialisierungsprozessen[1064]. Das cepalistische Entwicklungskonzept wurde schließlich durch orthodoxe neoliberale Anpassungsprogramme abgelöst[1065]. Mit dem Beginn des letzten Jahrzehnts des 20. Jahrhunderts begannen die lateinamerikanischen Staaten auf eine verstärkte Einbindung in die Weltwirtschaft hinzuarbeiten[1066].

5.6.3.2 Weltbank und IWF

Mit der Zahlungsunfähigkeitserklärung durch Mexiko im September 1982 brach die internationale Verschuldungskrise aus, was zu einer Einschränkung der Kreditvergabe durch Banken an Brasilien führte und Brasilien dazu zwang, sich an den IWF zu wenden, um wirtschaftlich stabil zu bleiben[1067]. Die Weltbank und der Internationale Währungsfonds versuchten mit Strukturanpassungs- und Stabilisierungsprogrammen die lateinamerikanischen Schuldenpflichten über forcierte Exporte und eine interne Austeriät sicherzustellen und eine totale Öffnung der lateinamerikanischen Volkswirtschaften zum Weltmarkt herbeizuführen[1068].

Eine Folge der Durchsetzung dieser Stabilisierungsmaßnahmen des IWF war entweder mehr Repression oder mehr Konsens, wobei der Konsens innerhalb des Systems die kostengünstigere Alternative war[1069]. Die schweren wirtschaftlichen Probleme und die sozioökonomischen Spannungen stellten die „Neue Republik" vor große Herausforderungen, zumal die Wirtschaftspolitik mit den Gläubigerinteressen (z. B. IWF) abgestimmt werden musste[1070]. Als Voraussetzung für die Gewährung von Krediten forderte der IWF Kürzungen der öffentlichen Ausgaben, eine Steuererhöhung, eine Liberalisierung des Außenhandels und Lohnerhöhungen unter der

---

[1062] Töpper/Müller-Plantenberg, Transformation, 1994, S. 9.
[1063] Töpper/Müller-Plantenberg, Transformation, 1994, S. 9. Vgl. auch Krumwiede/Waldmann, Lateinamerika, 1992, S. 61.
[1064] Töpper/Müller-Plantenberg, Transformation, 1994, S. 9.
[1065] Töpper/Müller-Plantenberg, Transformation, 1994, S. 9.
[1066] Faust, Staatsversagen, 2002, S. 17.
[1067] Schirm, Märkte, 1999, S. 146.
[1068] Töpper/Müller-Plantenberg, Transformation, 1994, S. 9 f.
[1069] Nohlen, Militärregime, 1986, S. 11.
[1070] Schirm, Brasilien, 1990, S. 105.

jeweiligen Inflationsrate[1071]. Diese wirtschaftlichen Probleme trugen also indirekt zur Demokratisierung bei, da Brasilien aufgrund der internationalen Vorgaben nur noch wenige Optionen zur Auswahl hatte[1072]. Die Weltbank bemühte sich vor allem, die Grundlagen der Infrastruktur in den ländlichen Regionen wie z. B. im Nordosten Brasiliens mit von ihr selbst organisierten Projekten zu verbessern und die Armut in diesen Regionen zu reduzieren. Um vom IWF und zusätzlich von Privatbanken Kredite zu erhalten, um der Schuldenlast begegnen zu können, mussten die Bedingungen des IWF, die zu einer Verringerung der staatlichen Subventionspraxis führten, eingehalten werden[1073].

5.6.3.3 Mercosur / Mercosul[1074]

Nach dem Ende des Kalten Krieges wurde am 26.03.1991 die Handelszone „Cono Sur" mit der Unterzeichnung des Vertrages von Asunción in Mercosur (gemeinsamer Markt des Südens[1075]) umgewandelt und 1994 gegründet[1076]. Der „Cono Sur" bestand neben Brasilien aus den Staaten Argentinien, Paraguay und Uruguay, mittlerweile auch mit Assoziierungen mit Bolivien und Chile[1077]. Der Mercosur ist ein Binnenmarkt mit mehr als 260 Millionen Menschen und besteht aus den Ländern Argentinien, Brasilien, Paraguay, Uruguay, seit 2006 auch Venezuela[1078]. Zwischen 1990 und 1999 stieg der Anteil des Mercosur an den Gesamtexporten Brasiliens von 4,2% (1990) auf 14,2% (1999) und erreichte 2005 12,0% (2002: 5,4%)[1079]. Das Ziel der Schaffung eines einheitlichen, stabilen und harmonischen Freihandelsraums ohne große konjunkturell bedingte Einschnitte gelang jedoch nicht[1080]. Einzelne Lobbygruppen wie Unternehmer und Gewerkschaften (sog. *Rent-seeker*) nahmen wiederholt negativen Einfluss auf die Entwicklung dieses Freihandelns, da diese ihre eigene Wohlfahrt durch Handelsbarrieren und Subventionen sicherstellen wollten[1081]. Außerdem gelang auch keine Institutionalisierung des Mercorsur, weil Brasilien seine

---

[1071] Nohlen, Militärregime, 1986, S. 10.

[1072] Mainwaring/Viola, Brazil, 1985, S. 206.

[1073] Moltmann, Brasilien, 1989, S. 97.

[1074] Cason, *Mercosul*, 2000, S. 204 ff.

[1075] *Mercado Común del Sur* (Spanische Bezeichnung) bzw. *Mercado Comum do Sul* (Portugiesische Bezeichnung).

[1076] Bodemer/Gratius, Lateinamerika, 2003, S. 13. Vgl. auch http://de.wikipedia.org/wiki/Mercosur (Zugriff: 12.03.2007) und Schirm, Strukturpolitik, 2007, S. 5.

[1077] Bodemer/Gratius, Lateinamerika, 2003, S. 13.

[1078] http://de.wikipedia.org/wiki/Mercosur (Zugriff: 12.03.2007) und Schirm, Strukturpolitik, 2007, S. 5.

[1079] Daten der CEPAL in: Fishlow, Albert, *Brazil*, 2004, S. 283, zitiert nach Schirm, Strukturpolitik, 2007, S. 5.

[1080] Schirm, Strukturpolitik, 2007, S. 5.

[1081] Schirm, Strukturpolitik, 2007, S. 5.

„Souveränität" nicht durch ein internationales multilaterales Abkommen einschränken lassen wollte[1082]. Dadurch, dass die einzelnen nationalen Regierungen bei Mercosur über wichtige Entscheidungen einen multilateralen Konsens („gleiches Recht für alle"–Prinzip) erzielen müssen, konnte sich Brasilien als größtes Land in Südamerika Vorrechte und Machtansprüche gegenüber den anderen Mercosur-Mitgliedern sichern; diese Haltung Brasiliens ist anders als seine Haltung gegenüber der WTO oder der UNO, wo Brasilien für eine Stärkung der multilateralen Verbindlichkeit eintritt, da es hier keine Machteinschnitte zu befürchten braucht im Gegensatz zum Mercosur[1083].

5.6.4 Die Wirtschaftspläne[1084]

5.6.4.1 in der Militärzeit

Die Militärs in Brasilien verfolgten als eines ihrer vordersten Ziele eine Verbesserung der wirtschaftlichen Situation nach dem chaotischen Regime von Goulart und nach dem strengen Regime Medicis mit mehreren Wirtschaftsplänen (1964-1968: *Progamma de Ação Economica do Governo* (PAEG), 1966-1976: *Programa Estratégico de Desenvolvimento* (PED), 1970-1971: *Metas e Bases para a Ação de Governo* (MB), 1972-1974: *I Plano Nacional de Desenvolvimento* (I PND), 1974-1979: *II Plano Nacional* und den drei Delfim Plänen: 1979 (I) + 1983 (II+III))[1085]. Ziel dieser Politik war es, mit ausländischem Kapital die wirtschaftliche Stärke Brasiliens deutlich zu machen[1086]. Infolge dieser anfänglichen Wirtschaftspläne kam es zu einer Bevölkerungskonzentration in den industrialisierten urbanen Regionen im Süden Brasiliens[1087].

5.6.4.2 nach der Militärzeit

Die Wirtschaftspläne zwischen 1985 und 1994 wurden von der brasilianischen Mittelschicht als Eingriffe in das Privateigentum weit schwerwiegender empfunden als die hoheitlichen Maßnahmen des Staates wie z.B. Volkszählungen oder Angaben zum Einkommen[1088].

[1082] Schirm, Mercosur, 2002, S. 179 ff., zitiert nach Schirm, Strukturpolitik, 2007, S. 6.
[1083] Schirm, Strukturpolitik, 2007, S. 6.
[1084] Faro de Castro/Valladão de Carvalho, *Brazil*, 2003, S. 479.
[1085] Veser, Brasilien, 1993, S. 152 und Faro de Castro/Valladão de Carvalho, *Brazil*, 2003, S. 479.
[1086] Veser, Brasilien, 1993, S. 151.
[1087] Veser, Brasilien, 1993, S. 152.
[1088] Krell, Bundesverfassung, 1999, S. 10.

a) <u>Der Cruzado-Plan</u>[1089] (1986)

Der Cruzado-Plan wurde unter Sarney im Februar 1986 ins Leben gerufen, um die trotz des starken Wirtschaftswachstums ansteigende Inflation zu bekämpfen[1090]. Ziel dieses Plans war es, die Inflation zu reduzieren und das Wachstum zu verbessern[1091]. Um dieses Ziel zur erreichen, wurde vorgeschrieben, die realen Löhne zu erhöhen[1092]. In der Anfangszeit des Plans nahm dann auch das Wirtschaftswachstum zu, die Inflation sank auf 0%, die Einkommensverteilung entwickelte sich zugunsten der Armen und die PMDB erzielte einen überragenden Sieg bei der Wahl im November 1986[1093]. Infolge des Scheiterns des Cruzado-Plans wurde die Modernisierung der brasilianischen Industrie und der wirtschaftlichen Infrastruktur auf unbestimmte Zeit aufgeschoben[1094]. Eine PMDB-Abgeordnete kommentierte den Cruzado-Plan wie folgt:

„I am indignant because these packages should have been approved by Congress. We cannot, in power, govern by the use of decree laws, a practice that we condemned when we were in opposition"[1095].

b) <u>Collor I (1990) und Collor II (1991)</u>

Der Versuch, einen Mittelweg zwischen Hyperinflation und Rezession zu finden gelang Collor weder mit seinem ersten noch mit seinem zweiten Wirtschaftsplan (Collor I im November 1990 und Collor II im Januar 1991)[1096]. Die Art und Weise, wie Collor diesen Wirtschaftsplan gegenüber der Bevölkerung und der politischen Ebene präsentierte, lässt tiefe Einblicke in dessen Regierungsstil geben: der Plan wurde im Fernsehen ausgestrahlt, ohne vorher gesellschaftliche Gruppen, die Parteien oder etwa den Kongress zu informieren oder zu konsultieren[1097].

c) <u>Der Plano *Verde*</u>[1098] (1993)

Im Januar 1993 stellte der neue Finanzminister Fernando Henrique Cardoso ein neues Wirtschaftsprogramm mit dem Titel *Plano Verde* (Programm der Wahrhaftig-

---

[1089] Amann, *Economic Policy*, 1985, S. 109.
[1090] Mainwaring, *Democracy in Brazil*, 1995, S. 134.
[1091] Hagopian, *Brazil*, 1987, S, 494.
[1092] Hagopian, *Brazil*, 1987, S, 505.
[1093] Mainwaring, *Democracy in Brazil*, 1995, S. 134 und Hagopian, *Brazil*, S. 509.
[1094] Skidmore, *New Test*, 2000, S. xii.
[1095] Hagopian, *Brazil*, 1987, S, 494, zitiert nach *Veja*, 26.11.1986, S. 39.
[1096] Wöhlcke, Brasilien, 1994, S. 72. Vgl. auch Linz/Stepan, *Problems*, 1996, S. 170.
[1097] Linz/Stepan, *Problems*, 1996, S. 170.
[1098] Wöhlcke, Brasilien, 1994, S. 73.

keit) vor[1099]. Die Wachstumserwartung infolge des Konjunkturaufschwungs aufgrund der großen Hoffnungen in diesen Plan betrug 3-4% (Ende 1993)[1100].

d) Der *Plano-Real*[1101]

Nach langem Zögern und Zurückhaltung bei grundlegenden Wirtschaftsreformen startete Cardosos *Plano Real* mit einem umfassenden Stabilisierungs- und Strukturanpassungsprogramm am 01.07.1994, der weitgehend über Dekrete durchgeführt wurde, die mit dem Kongress ausgehandelt wurden[1102]. Mit diesem Stabilisierungsprogramm bildete Brasilien das Schlusslicht von allen lateinamerikanischen Ländern[1103]. Dadurch wurde der präsidentielle Regierungsstil kooperativer, weil er auf Verhandlung, Kompromiss und Konsens ausgelegt war[1104]. Bei seiner Einführung war der Real mit 20% überbewertet[1105]. Das Scheitern des „*Plano Real*" stellte eine ernste Krise und Bewährungsprobe für die junge brasilianische Demokratie dar[1106].

5.7 Nachhaltigkeit

Nachhaltig ist eine Entwicklung, "die den Bedürfnissen der heutigen Generation entspricht, ohne die Möglichkeiten künftiger Generationen zu gefährden, ihre eigenen Bedürfnisse zu befriedigen und ihren Lebensstil zu wählen" - so definierte die Weltkommission für Umwelt und Entwicklung unter Führung der ehemaligen norwegischen Ministerpräsidentin Gro Harlem Brundtland den Begriff der Nachhaltigkeit (1987)[1107]. Als gleichrangige Ziele dieses Konzepts gelten soziale Gerechtigkeit, ökologische Verträglichkeit und ökonomische Leistungsfähigkeit ("Dreieck der Nachhaltigkeit")[1108].

[1099] Wöhlcke, Brasilien, 1994, S. 73.
[1100] Wöhlcke, Brasilien, 1994, S. 73.
[1101] Skidmore, *New Test*, 2000, S. xiii. Fritz, Brasilien, 2002, S. 162-319.
[1102] Linz/Stepan, *Problems*, 1996, S. 188. Vgl. auch Merkel et. al., Defekte Demokratie: 1, 2003, S. 135.
[1103] Ames, *Brazil*, 2001, S. 5.
[1104] Merkel et. al., Defekte Demokratie: 1, 2003, S. 135. Vgl. auch Thibaut, Brasilien, 1996, S. 309 und Nohlen, Lexikon Dritte Welt, 2002, S. 128.
[1105] Skidmore, *New Test*, 2000, S. xiv.
[1106] Skidmore, *New Test*, 2000, S. xiv.
[1107] http://www.dekade.org/sites/einfuehrung.htm (Zugriff: 23.10.2006).
[1108] http://www.dekade.org/sites/einfuehrung.htm (Zugriff: 23.10.2006).

5.7.1 Bildung

Nach Moore ist ein „gehobenes Ausbildungsniveau" der Bevölkerung für den Demo-
kratisierungsgrad einer Gesellschaft sehr vorteilhaft[1109]. Brasilien hatte nach Linz
Mitte der 1990er Jahre das schlechteste Bildungssystem von allen lateinamerikanischen Ländern[1110]. Die Analphabetenquote bei Personen über 15 Jahren beträgt in
Brasilien 12% und die Unesco ist bemüht, diese Rate im Rahmen des Dakar Forums
zu reduzieren (Ziel 2008: 88,6% Alphabetisierungsrate)[1111]. 1980 betrug die Lese-
und Schreibfähigkeitsrate in Brasilien 74% (**Abb. 44**). Die Militärs haben zwar viel
Geld in das Bildungssystem investiert (für Gebäude, Lehrer etc.), dabei wurden
jedoch nicht die psychosozialen und kulturellen Aspekte von Kindern aus der Arbeiterklasse oder mit Migrationshintergrund (Afro-Brasilianer) berücksichtigt[1112]. Die
Dauer des Schulbesuchs von Eingangsschulen (*primary schools*) wurde in dieser
Zeit von vier auf acht Jahre erhöht[1113]. 1990 wurde das „Statut des Kindes und des
Erwachsenwerdenden" verabschiedet[1114]. Die brasilianische Regierung gab 2006
10,9% ihres Haushalts für Bildung aus, was 4,1% des Bruttosozialproduktes entspricht (**Abb. 45**). 1992 wurden in Brasilien 1,5 Millionen Studenten in Einrichtungen
höherer Bildung ausgebildet – in 83 Universitäten, 720 unabhängigen Schulen und
67 Föderationen -, was 13% des Jahrgangs entsprach[1115]. Die Anzahl der Kinder im
Alter von 7 bis 14 Jahren, die keine Schulde besuchten, sank von 18,2% (1992) auf
4,0% (1999) (**Abb. 46**). Die Möglichkeit zum Schulbesuch hängt sehr stark mit den
Regionen des Landes und den Unterschieden zwischen den einzelnen Schichten
zusammen[1116]. Bei einem großen Teil der Schüler kommt also kaum eine reguläre
Schullaufbahn vor[1117]. Die brasilianische Regierung hat sich aus diesem Grund 1998
zum Ziel gesetzt, dass alle Kinder die Schule mit einem geeigneten Bildungsgrad
verlassen sollen und ihre primäre Schulausbildung auch beenden[1118]. Nach einer
brasilianischen sozialwissenschaftlichen Studie ist mit einem höheren Bildungsgrad

---

[1109] Moore, 1995. Vgl. auch Merkel/Puhle, Transformationen, 1999, S. 19.
[1110] Linz, *Problems*, 1996, 166.
[1111] http://portal.unesco.org/geography/en/ev.php-
URL_ID=2491&URL_DO=DO_TOPIC&URL_SECTION=201.html (Zugriff: 23.10.2006). Vgl. auch
Buch, „Ein ruheloser Kontinent, in: Welt am Sonntag v. 11.05.2008, S. 11.
[1112] Filho/Neder, *Children*, 2001, S. S. 13.
[1113] Filho/Neder, *Children*, 2001, S. S. 13.
[1114] Filho/Neder, *Children*, 2001, S. S. 16.
[1115] Schwartzmann, *Education*, 1992, S. 1.
[1116] Kosminsky, Armut, 1992, S. 46.
[1117] Kosminsky, Armut, 1992, S. 49. Vgl. auch Campos, *Infância*, 1991, S. 147 f.
[1118] World Bank, *FUNDESCOLA II*, 1998, S. 1.

der Bevölkerung auch der Grad der Organisierung in Vereinigungen und Organisationen größer[1119]. Mit steigendem Einkommen steigt auch der Anteil der Kinder, die zur Schule gehen[1120]. Aus den Daten des IBGE und des Mikrozensus von 1979 geht hervor, dass der Anteil von Kindern und jungen Menschen zwischen 10 und 24 Jahren, die niemals eine Schule besuchten, 14,2% betrug (6.799.783 Personen)[1121]. Maria Malta Campos stellte in einer Untersuchung im Stadtviertel Campo Limpo in S. Paulo fest, dass für die ärmsten Familien ein Schulbesuch der Kinder eine sehr große Belastung darstellt: „Mehr als zwei Drittel der befragten Mütter, die Kinder im Schulalter hatten, die aber nicht zur Schule gingen, gaben an, Schwierigkeiten zu haben, die Ausgaben für die Schule zu bezahlen"[1122]. Unter Figueiredo wurde die Bildungspolitik, die seit Jahren unter einer Repression von Einrichtungen der höheren Bildung litt, liberaler[1123]. Er beendete u.a die offene Präsenz des Sicherheitsapparates in den Universitäten und ließ eine Wiederbewerbung von bereits aus dem Dienst suspendierten Lehrern und Hochschuldozenten zu[1124]. Über die Hälfte der Straßenkinder hatte bereits die Schule verlassen, bevor sie Straßenkinder wurden, 25% verließen die Schule, als sie ihr Leben als Straßenkinder begannen und 12,5% verließen die Schule, als sie diesen Wechsel vornahmen[1125]. In den 1970er Jahren stieg die Anzahl der Bildungsprogramme für höhere Bildung sprunghaft an (**Abb. 47**). 1990 waren 2.928 Personen als Personen in Bundeseinrichtungen für höhere Bildung tätig, dies entspricht 53% des Bildungshaushalts (**Abb. 48**).

5.7.2 Umwelt und Natureinwohner

5.7.2.1 Umwelt

Brasilien ist noch vor Indonesien, Kolumbien und Mexiko das artenreichste Land der Erde mit 20% der auf der Erde existierenden Arten[1126]. Mit einem bewaldeten Anteil von 63% seiner Fläche liegt Brasilien weit vor anderen Ländern wie Mexiko mit 29% oder Kanada mit 27% ihrer Fläche (**Abb. 49**)[1127]. Als direkte Folge der UNO-Konferenz von Stockholm im Jahr 1972 zur menschlichen Umwelt kreierte die

---

[1119] Linz/Stepan, Brasilien, 1996, S. 187.
[1120] Kosminsky, Armut, 1992, S. 46.
[1121] Kosminsky, Armut, 1992, S. 47.
[1122] Kosminsky, Armut, 1992, S. 46.
[1123] Mainwaring/Viola, *Brazil*, 1985, S. 216.
[1124] Mainwaring/Viola, *Brazil*, 1985, S. 216.
[1125] Filho/Neder, *Children*, 2001, S. S. 20.
[1126] http://de.wikipedia.org/wiki/Brasilien (Zugriff: 18.03.2007)
[1127] World Bank, *Brazil – Equitable*, 2003, S. 90.

Militärtechnokratie in Brasilien das neue Amt eines speziellen Sekretärs für die Umwelt (SEMA)[1128]. Mit dem Jahr 1985 und im Besonderen ab 1988 (Verfassung) bekamen umweltpolitische Themen in der brasilianischen Politik immer mehr an Bedeutung[1129]. Alle großen Parteien stellten auf ihren Parteitagen 1986 Kandidaten mit umweltpolitischem Hintergrund für die Wahlen zur Verfassungsgebenden Versammlung auf (so PT/PMDB/PCB/PSB und PH)[1130]. In der Verfassung von 1988 erhielt die Umwelt zum ersten Mal ein eigenes Kapitel, das

„die Erhaltung der Umwelt als gemeinsames Gut der Bevölkerung für die gegenwärtigen und künftigen Generationen zur Sache der öffentlichen Gewalten und der Gemeinschaft"
erklärt[1131].

Bis 1989 soll die Anzahl der Umweltgruppen in Brasilien auf über 1500 angestiegen sein[1132]. Von der Umweltverschmutzung sind besonders die am meisten industrialisierten Staaten im Süden und Südosten wie Espirito Santo und Minas Gerais betroffen[1133]. In diesen Regionen sind die Trinkwasservorräte durch Agrargiftstoffe, ungeklärte Haushaltsabwässer und Industrieabfälle gefährdet[1134]. Dort, wo Monokulturen wie z. B. Soja in Rio Grande do Sul angebaut wurden, sind teilweise Wüstenflecken entstanden[1135].

Durch Brandrodungs-Wanderfeldbau entstandene Bodendegeneration kam es im brasilianischen Nordosten bereits im Jahr 1877-78 zur ersten großen Dürre[1136]. Die Anzahl von Einrichtungen für die Umweltpolitik stieg in Brasilien von ca. 25 (1950) auf über 200 (1990) derartige Einrichtungen (**Abb. 50**). Allein die Mitte der 1970er Jahre aus einem Verbund zur Bekämpfung der Wasser- und Luftverschmutzung im Raum S. Paulo entstandene Umweltbehörde CETESB war mit ihren 2.044 Mitarbeitern die größte Behörde dieser Art in ganz Lateinamerika[1137]. Anfang der 1990er Jahre stiegen die Kredite der Weltbank für Umweltprojekte in Lateinamerika kontinuierlich an (**Abb. 51**).). Zwischen 1937 und 1989 wurden 38 Nationalparks gegründet

---

[1128] Chadwick, *Brazil*, 2000, S. 150.
[1129] World Bank, *Conservation*, 1995, S. 1.
[1130] Calcagnotto, Umweltpolitik, 1990, S. 91.
[1131] Calcagnotto, Umweltpolitik, 1990, S. 91, zitiert nach Art. 225, caput und 4 der Verfassung (1988).
[1132] Calcagnotto, Umweltpolitik, 1990, S. 91.
[1133] World Bank, *Conservation*, 1995, S. 1.
[1134] Calcagnotto, Umweltpolitik, 1990, S. 86.
[1135] Calcagnotto, Umweltpolitik, 1990, S. 86.
[1136] Calcagnotto, Umweltpolitik, 1990, S. 87.
[1137] Calcagnotto, Umweltpolitik, 1990, S. 87.

mit einer Fläche von über 1 Million ha[1138]. Der Zustand der Umwelt in Brasilien ist eine direkte Folge der von den verschiedenen Regimen (Vargas` Populismus, 1940/1945; Kubitscheks Desarrolismus, 1956/1961 und Goularts Reformismus, 1961/1964) verfolgten Politik des sog. brasilianischen Modells der ISI: ohne Rücksicht auf die Umwelt wurde die schnelle Erreichung eines sehr hohen Wirtschaftswachstums angestrebt, bis 1995 wurden so 9% des brasilianischen Regenwaldes zerstört, was eine Vergrößerung der Menge der Treibhausgase zur Folge hat und die natürliche Kohleproduktion limitierte[1139]. In der Hochphase des brasilianischen Wirtschaftswunders (1969-1974) machte das Medici-Regime sogar damit Werbung für ausländische Investitionen, dass Brasilien nur wenig Rücksicht auf die ökologischen Schäden infolge von Investitionen nehme[1140]. Infolge des Multiplikatoreneffekts durch ihre Kampagne parallel zur Kampagne „Präsidentschaftswahlen sofort" (1984) konnte sich die brasilianische Ökologiebewegung in allen sechs industrialisierten Bundessaaten des Südens und des Südostens etablieren[1141]. Diese ökologischen Schäden führen zusammen mit der Verschuldungskrise zu schwerwiegenden volkswirtschaftlichen Kosten, die teilweise irreparabel sind und für die es momentan keine Lösung gibt[1142]. Das Pilotprogramm zur Bewahrung der tropischen Regenwälder Brasiliens (PPG7) wird von den G7-Mitgliedstaaten seit 1994 unterstützt. Ziel dieses Programms ist die Reduzierung der Einwanderung von Menschen in den Regenwald über die Förderung der Zivilgesellschaft bis hin zur Einrichtung und zum Schutz der Indianergebiete[1143]. In das Programm *Programa da Amazônia Sustentável* (*PAS*, kurz vor 2005 ins Leben gerufen) der brasilianischen Regierung für die Entwicklung Amazoniens wurden viele Vorschläge aus dem PPG7-Programm übernommen[1144]. Dabei bemüht sich Deutschland bei seinem weltweiten Engagement in der Entwicklungshilfe gerade neben Mexiko auch um Brasilien als sog. „Ankerland"[1145] in Lateinamerika, um auf diese Weise verstärkt Einfluss auf den Klima- und Ressourcenschutz in dieser Region zu nehmen[1146]. Brasilien und

---

[1138] Calcagnotto, Umweltpolitik, 1990, S. 87.
[1139] World Bank, *Conservation*, 1995, S. 1 und Calcagnotto, Umweltpolitik, 1990, S. 88.
[1140] Viola, *Brasil*, 1987, S. 19.
[1141] Calcagnotto, Umweltpolitik, 1990, S. 91.
[1142] Calcagnotto, Umweltpolitik, 1990, S. 88.
[1143] BMZ, Bericht, 2005, S. 53.
[1144] BMZ, Bericht, 2005, S. 54.
[1145] Den sog. „Ankerländern" „kommt auf Grund ihres wirtschaftlichen Gewichts, ihres politischen Einflusses (...) und ihrer zunehmenden Entschlossenheit zur Mitwirkung an internationalen Prozessen eine Schlüsselrolle zu", BMZ, Bericht, 2005, S. 112.
[1146] BMZ, Bericht, 2005, S. 112.

Deutschland engagieren sich zusammen mit Frankreich, Spanien, Chile und Algerien in der sog. Lula-Initiative für den Umweltschutz[1147]. Hierzu sagt das BMZ:

„(die) Lula-Initiative, der neben Brasilien, Frankreich, Spanien, Chile und Algerien auch Deutschland angehört, setzt sich für innovative Finanzierungsinstrumente ein. Dazu zählen beispielsweise Nutzungsentgelte für globale Umweltgüter, möglicherweise ausgerichtet auf den Flugverkehr in Form einer Kerosinsteuer oder Ticketabgabe"[1148].

Bei dem UNO-Klimagipfel Ende 2007 in Thailand verwiesen die USA auf Brasilien und darauf, dass gerade auch Brasilien einer Verbesserung seiner Umweltpolitik bedarf, um die eigenen Fehler im Umgang der USA mit der Umwelt zu kaschieren. In die Verfassung von 1988 wurde die Bewahrung der natürlichen Biodiversität und des Ökosystems als ein Verfassungsziel aufgenommen wie auch die Errichtung von geschützten Gebieten[1149].

5.7.2.2 Natureinwohner

Es wird angenommen, dass nur 200 000 Ureinwohner (nach Nohlen ca. 180 000) in Brasilien den Kolonialisierungs- und Erschließungsprozess des Amazonas und weiter Gebiete des brasilianischen Regenswaldes überlebt haben[1150]. Im April 2000 wurde von der Militärpolizei in Porto Seguro (Staat Bahia) eine Demonstration von Ureinwohnern und Landarbeitern gegen die Regierung aus Anlass der Feierlichkeiten zum Jahrestag der Entdeckung Brasiliens im Jahr 1500 niedergeschlagen[1151].

5.8 Der Nordosten Brasiliens

Obwohl im Nordosten Brasiliens 30% der brasilianischen Bevölkerung leben, trägt diese Region nur 30% zu dem Faktor des BIP bei[1152]. Der Nordosten hat einen Anteil von 70% an der ländlichen Armut Brasiliens[1153]. Im Nordosten gibt es im Gegensatz zum Süden, der in der Landwirtschaft europäische Züge aufweist, keine kleinbäuerli-

---

[1147] Schirm, Strukturwandel, 2007, S.
[1148] BMZ, Millenium, 2005, S. 14.
[1149] World Bank, *Conservation*, 1995, S. 1.
[1150] Black, *Redemocratization*, 1992, S. 89. Vgl. auch Nohlen, Lexikon Dritte Welt, 2002, S. 128.
[1151] Napolitano, *Chronology*, 2006, S. 164.
[1152] Ames, *Brazil*, 2000, S. 20.
[1153] Melchers, Agrarreform, 2002, S. 1 (elektronisches Dokument).

che Tradition[1154]. Hier müssen 60% von zwei Millionen kleinbäuerlichen Familien in Brasilien von weniger als 5 ha Land pro Kopf leben[1155].

5.9 AIDS

Der erste bekannte Fall von AIDS ist in Brasilien im Jahr 1980 aufgetreten[1156]. Bis 2004 traten 300 000 offiziell registrierte AIDS-Fälle auf, das entspricht einem Anteil von 12,8% pro 100 000 Einwohner[1157]. Die reelle Zahl liegt jedoch bei 600 000 Fällen, was einem Anteil von 0,6% der Bevölkerung zwischen 15 und 49 Jahren entspricht[1158]. Ab 1983 begann die brasilianische Regierung, Maßnahmen gegen die Verbreitung von AIDS einzuleiten, obwohl es bis zu diesem Zeitpunkt erst vier Fälle von AIDS gab[1159]. Die Ausgaben im Kampf gegen das Virus belaufen sich auf 250 bis 260 Millionen USD pro Jahr (2004)[1160].

5.10 Sicherheits- und Außenpolitik, internationale Organisationen

5.10.1 Sicherheitspolitik

Während Brasilien während des Kalten Krieges den Kommunismus als Feindbild hatte und parallel dazu erfolgreich versuchte, sich von den USA unabhängiger zu machen, wurde mit dem Wegfall der Bipolarität und den USA als einziger Weltmacht nach 1990 die über Jahrzehnte gewonnene Unabhängigkeit durch die neue weltweite Hegemonie der USA und die neuen weltweiten wirtschaftlichen Blockbildungen gefährdet[1161]. Als Hauptantreiber der brasilianischen Sicherheitspolitik sind nach wie vor wie in Argentinien die Militärs und die Diplomatie zu sehen, welche die zahlreichen politischen Umbrüche des 20. Jahrhunderts in diesen Ländern relativ gut überstanden haben[1162].

[1154] Melchers, Agrarreform, 2002, S. 4 (elektronisches Dokument).
[1155] Melchers, Agrarreform, 2002, S. 4 (elektronisches Dokument).
[1156] World Bank, *AIDS Crisis*, 2004, S. 11.
[1157] World Bank, *AIDS Crisis*, 2004, S. 11.
[1158] World Bank, *AIDS Crisis*, 2004, S. 11.
[1159] World Bank, *AIDS Crisis*, 2004, S. 11.
[1160] World Bank, *AIDS Crisis*, 2004, S. 12.
[1161] Moltmann, Brasilien, 1993, S. 172 f.
[1162] Moltmann, Brasilien, 1993, S. 171.

5.10.2 Außenpolitik

Die brasilianische Außenpolitik zeigt eine größere Kontinuität im Vergleich zu anderen lateinamerikanischen Regimen wie z. B. Argentinien[1163]. Einhergehend mit dem Liberalisierungs- und Öffnungsprozess wurde die brasilianische Außenpolitik gegenüber den USA durchsetzungsfähiger und stärker[1164]. Seit der Demokratisierung 1985 baute Brasilien seine Beziehungen zur Dritten Welt und zu Lateinamerika stetig aus[1165]. Mit dieser Schwerpunktverlagerung seiner diplomatischen Beziehungen distanzierte sich Brasilien von den Industrieländern und damit im Besonderen von den USA[1166]. Mit Beginn der Amtszeit Lulas beschränkte sich die Außenpolitik Brasiliens nicht mehr nur auf die eigene Region, sondern begann globale Dimensionen anzunehmen: so kam es zu einem schärferen Profil im Auftreten bei WTO-Verhandlungen, in der UNO und im Verhalten gegenüber den USA bei den Planungen zur ALCA[1167].

5.10.2.1 Partnerschaft Brasilien-EU

Am 30.05.2007 machte die EU-Kommission den Vorschlag, die EU solle eine strategische Partnerschaft mit Brasilien, dem wichtigsten Markt für die EU in Lateinamerika, anstreben[1168]. Zu einem ersten Gipfeltreffen zwischen der EU und Brasilien war es am 04.07.2007 in Lissabon gekommen[1169]. Kern der Zusammenarbeit sollen nach der EU-Außenkommissarin Benita Ferrero-Waldner die „Schlüsselfaktoren" Energie, Seeverkehr und regionale Entwicklung sein[1170]. Noch im Mai 2006 wurde bei dem EU-Lateinamerikagipfel in Wien eine Wiederaufnahme der Verhandlungen von Fortschritten bei der WTO-Runde abhängig gemacht[1171]. Unabhängig von den Mercorsur-Verhandlungen sollen Handels- und Investitionsfragen von besonderer bilateraler Bedeutung in Angriff genommen werden[1172]. Die EU-Mercosur Verhand-

---

[1163] Mainwaring/Viola, *Brazil*, 1985, S. 215.
[1164] Mainwaring/Viola, *Brazil*, 1985, S. 215.
[1165] Schirm, Brasilien, 1990, S. 154.
[1166] Schirm, Brasilien, 1990, S. 154.
[1167] Schirm, Strukturwandel, 2007, S. 17.
[1168] Artikel „EU-Kommission schlägt engere Partnerschaft mit Brasilien vor" (30.05.2007) , in: http://www.finanzen.net/news/news_detail.asp?NewsNr=532156, (Zugriff: 02.06.2007).
[1169] Artikel „EU-Kommission schlägt engere Partnerschaft mit Brasilien vor" (30.05.2007), in: http://www.finanzen.net/news/news_detail.asp?NewsNr=532156, (Zugriff: 02.06.2007).
[1170] Artikel „EU-Kommission schlägt engere Partnerschaft mit Brasilien vor" (30.05.2007), in: http://www.finanzen.net/news/news_detail.asp?NewsNr=532156, (Zugriff: 02.06.2007).
[1171] Artikel „EU-Kommission schlägt engere Partnerschaft mit Brasilien vor" (30.05.2007), in: http://www.finanzen.net/news/news_detail.asp?NewsNr=532156, (Zugriff: 02.06.2007).
[1172] Artikel „EU-Kommission schlägt engere Partnerschaft mit Brasilien vor" (30.05.2007), in:

lungen verliefen im Oktober 2004 ergebnislos, da die EU ihren Agrarmarkt aus Gründen der Protektion nicht öffnen wollte und es zu keinem konsistenten Angebot von Seiten des Mercosur kam[1173].

5.10.2. USA

Am 27. Mai 1990 proklamierte George Bush in einer Rede seine *Enterprise for the Americas*-Initiative, die eine neue Partnerschaft in Handel, Investitionen und Wachstum vorsah mit dem Ziel einer umfassenden Freihandelszone für den amerikanischen Kontinent, von der auch Brasilien profitieren könnte[1174]. Dieses Vorhaben blieb jedoch nur eine Vision, die im Angesicht der Drogenbekämpfung und der Problematik der illegalen Einwanderung in den Hintergrund trat[1175].

5.10.2.3 Rio-Gruppe

Die Gründung der Rio-Gruppe im Jahr 1986 ist eine Folge des Contadora-Prozesses, der die Befreiung Zentralamerikas zum Ziel hatte und infolge dessen sich die lateinamerikanischen Staaten in ihrem Auftreten in internationalen Angelegenheiten gerade gegenüber den USA und Europa besser koordinieren wollten[1176].

5.10.3 Internationale Organisationen

5.10.3.1 WTO

Unter der führenden Rolle Brasiliens wurde im Jahr 2003 auf der WTO-Ministerkonferenz in Cancun die Gruppe der 20 (G20) gegründet, in der sich Schwellen- und Entwicklungsländer zusammengeschlossen haben, um ihr Gewicht gegenüber den USA und der EU zu erhöhen[1177]. Im Jahr 2004 beteiligte sich Brasilien zum ersten Mal an der G5-Gruppe (USA, EU, Australien, Indien) zur Vorbereitung der WTO-Konferenz in Genf[1178].

---

http://www.finanzen.net/news/news_detail.asp?NewsNr=532156, (Zugriff: 02.06.2007).
[1173] Schirm, Strukturwandel, 2007, S. 6.
[1174] Moltmann, Brasilien, 1993, S. 173.
[1175] Moltmann, Brasilien, 1993, S. 174.
[1176] Moltmann, Brasilien, 1993, S. 174.
[1177] Schirm, Strukturwandel, 2007, S. 1.
[1178] Schirm, Strukturwandel, 2007, S. 1.

5.10.3.2 UNO

Der vergrößerte internationale Einfluss Brasiliens macht sich auch in der Übernahme der Führung der UNO-Blauhelmtruppe auf Haiti deutlich, wo Brasilien das größte Truppenkontingent stellt[1179]. Zudem strebt Brasilien einen Sitz im UNO-Sicherheitsrat im Rahmen einer möglichen Reform der UNO in der Zukunft an[1180]: zusammen mit Deutschland, Indien und Japan will Brasilien eine Neuorganisation des UN-Sicherheitsrates herbeiführen (sog. G4-Initiative). So kam es am 19. April 2007 in Brasilia zu einem Treffen auf Beamtenebene bei dem der Wille zum Ausdruck gebracht wurde, eine baldige Reform des UN-Sicherheitsrates herbeizuführen[1181]. Diese vier Länder betrachten sich dabei als *legitimate candidates for permament membership*[1182].

Lula da Silva sagte zu diesem Vorhaben vor der UNO-Generalversammlung:

„Reform of the United Nations has become an urgent task (...). The security council must be fully empowered to deal with crises and threats to peace. (…) Above all, its decisions must be seen as legitimate by the Community of Nations as a whole. Its composition – in particular as concerns permament membership – cannot remain unaltered almost 60 years on. It can no longer ignore the changing world. More specifically, it must take into account the emergence in the international scene of developing countries. (…) Brazil believes that it has a useful contribution to make"[1183].

[1179] Schirm, Strukturwandel, 2007, S. 1.

[1180] Schirm, Strukturwandel, 2007, S. 9.

[1181] Bulletin Nr. 1658 (20.04.2007) der brasilianischen Botschaft, Berlin, in: http://www.brasilianische-botschaft.de/current/msg06004/B200704203046, Zugriff: 26.04.2007.

[1182] Schirm, Strukturwandel, 2007, S. 17.

[1183] Lula da Silva, UNO-Rede, 23.09.2003.

6 Ergebnis der Analyse und Bewertung

Nach dem Politologen Wöhlcke gibt es folgende Gründe für die politische Öffnung Brasiliens: zum einen die Unfähigkeit des Militärs, die wirtschaftlichen Probleme des „brasilianischen Modells" zu lösen, zum anderen Zugeständnisse des Militärs an die politisch erstarkenden Mittel- und Unterschichten und die Initiative des Militärs zu einer Rückkehr zu den eigentlichen Zielen der „Revolution" von 1964[1184]. Dazu kommen weitere Faktoren wie das Erstarken einer neuen wirtschaftlichen und alten industriellen Elite (siehe dazu auch das Buch von Payne) wie auch die Zunahme des Einflusses der sozialen Bewegungen (Frauenbewegung, Landlosenbewegung etc.) und der *grassroot*-Bewegungen. Sicherlich wurden die Militärs gerade durch die Wirtschaftskrise der 1970er Jahre auch dazu gezwungen, das System zu liberalisieren und eine politische Öffnung herbeizuführen, um Brasilien international wettbewerbsfähig zu halten.

Die *Abertura* schuf neue politische Institutionen, die eine weitere demokratische Entwicklung förderten[1185]. Gerade die Behörden trugen zur Entwicklung eines neuen politischen Systems mit neuen Eigenschaften und Charakteristika bei wie einer neuen Art von Klientelismus, der die alten klientelistischen Systeme des *coronelismo* und *tenentismo* aus dem 19. Jahrhundert ablöste.

Für den Zeitraum von 1974 bis 1982 kann man bezüglich des Systemwandels von einer „Transition von oben" sprechen, für den Zeitraum von 1983 bis 1985 von einer „Transition durch Zurückziehen"[1186]: einmalig gegenüber allen anderen Regimen in Lateinamerika ist für Brasilien, dass die Militärs seit ihrer Machtübernahme das Land in einem engen Austausch mit den politischen Eliten redemokratisieren bzw. konsolidieren wollten, um einen Rückfall zu den anarchischen Zuständen von vor 1964 zu verhindern.

Die Wiedereinführung des föderalen Systems nach 1985 ist für die Gewaltenteilung und die Konsolidierung ein sehr wichtiger Faktor: dadurch, dass nun nicht mehr ein zentralistisches System mit einer starken Bundesexekutive das politische System beherrschte, besteht nun die Hoffnung, dass sich der Einfluss des klientelistischen Systems verringert und das System pluralistischer wird, eine mögliche Entwicklung,

---

[1184] Wöhlcke, Brasilien, 1991, S. 50.
[1185] Selcher, *Liberalization*, 1986, S. 6.
[1186] Mainwaring/Viola, *Brazil*, 1985, zitiert nach Mainwaring, *Transition*, 1986, S. 171.

die auch durch den Typus der PT als neuer Massenpartei positiv beschleunigt werden kann.

Jedoch ist Brasilien nach wie vor eine defekte Demokratie: Korruption ist nach wie vor vorherrschend und die Kontrolle der Exekutive durch das Parlament ist immer noch eingeschränkt, was die Gewaltenkontrolle beeinträchtigt[1187]. Auch die effektive Regierungsgewalt und die zivile Kontrolle über die Streitkräfte ist immer noch beeinträchtigt: so ist der Einfluss des Militärs auf das politische System immer noch groß und das Militär stellt immer noch Minister aus den eigenen Reihen[1188]. Der Einfluss der Exekutive auf die Jurisdiktion und Legislative gibt in diesem Zusammenhang sehr großen Anlass zur Sorge. Die Grundrechte der Bürger werden auch immer noch verletzt, da die Polizei ihre alten Denkmuster und Verhaltensweisen aus der Militärzeit noch nicht aufgegeben hat. Zwar blieben die Menschenrechtsverletzungen in der Militärzeit in Brasilien unter dem Level der anderen lateinamerikanischen Regime, nach 1985 erhöhte sich deren Anzahl jedoch stetig und Brasilien hat heute den Spitzenwert in diesem Bereich trotz der Konsolidierung der Demokratie[1189]. Es fehlt hier eine Art von „Neuschulung" und „Umschulung" der Polizei und der bewaffneten Kräfte, um die Doktrinen und Verhaltensweisen aus der Militärzeit aus den Köpfen der Menschen zu entfernen.

Das relativ schnelle Ende des Militärregimes 1985 brachte Brasilien die Chance, seine Beziehungen zur Dritten Welt und zu Lateinamerika auszubauen[1190]. Mit dieser Schwerpunktverlagerung seiner diplomatischen Beziehungen konnte sich Brasilien von den westlichen Industrieländern distanzieren, im Besonderen von den USA[1191]. Dazu kamen eine verstärkte Einbindung Brasiliens in die multilaterale internationale Politik (leitendes UNO-Mandat in Haiti) Ende der 1990er Jahre und das neue Selbstbewusstsein Brasiliens auf der internationalen Bühne (WTO, G4-Initiative) stellt aufgrund seiner Ambivalenzen einen wichtigen Faktor in der Demokratisierung Brasiliens dar. Durch diese neuen internationalen Verflechtungen ergibt sich für andere Länder eine neue Möglichkeit, auf Brasilien positiv einzuwirken (so EU, UNO etc.) und Brasilien kann in einer Art Symbiose von diesen Einwirkungen profitieren. Gerade im Bereich der Umweltpolitik ist die internationale Kooperation mit Brasilien

---

[1187] Vgl. Merkel, Defekte Demokratie: 1, 2003, S. 91.
[1188] Vgl. Merkel, Defekte Demokratie: 1, 2003, S. 95.
[1189] Vgl. Merkel, Defekte Demokratie: 1, 2003, S. 87.
[1190] Schirm, Brasilien, 1990, S. 154.
[1191] Schirm, Brasilien, 1990, S. 154.

sehr erfolgreich und auch Deutschland bemüht sich, die ökologischen Probleme in Brasilien als Ankerland in Lateinamerika zu beheben.

Durch das Erstarken der PT seit Ende der 1990er Jahre gibt es auch Hoffnung auf eine Erneuerung und Modernisierung des alteingesessenen und dem von Klientelismus geprägten Parteiensystem in Brasilien. Lula hat als erster Präsident die Möglichkeit, durch eine deutliche Mehrheit in Kongress und Senat, das politische und wirtschaftliche System Brasiliens zu reformieren. Es besteht jetzt zum ersten Mal die Möglichkeit, das die ganze Gesellschaft durchdringende klientelistische System durch den Einfluss sich neu formierender Massenparteien zu ersetzen.

Nach wie vor ist die Armut breiter Bevölkerungsteile ein sehr großer Nachteil und ein sehr großes Hindernis für die Konsolidierung Brasiliens. Das Programm zur Mikrofinanzierung[1192] in Brasilien ist ein erster Schritt, alltägliche Konsumgüter breiten Bevölkerungsteilen zugänglich zu machen.

Nach Hagopian reichen eine größerwerdende Mittelklasse und eine neu organisierte Arbeiterschaft allein nicht dazu aus, Brasilien vollständig zu demokratisieren[1193].

Nur wenn es Brasilien in den nächsten Jahren gelingen wird, die Probleme der Menschenrechte, der Armut, des Klientelismus, der Parteienentwicklung und der Bildung zu lösen, besteht Hoffnung, dass sich Brasilien konsolidieren wird und eine Annäherung an den Status der politischen Systeme in Westeuropa erreicht.

Lula hat als erster Staatspräsident Brasiliens die einmalige Möglichkeit, auf dem Background einer modernen Massenpartei nach amerikanischem Vorbild, erste Ansätze und Lösungsversuche für diese Probleme auf den Weg zu bringen.

[1192] Vgl. hierzu den Aufsatz von Ströh (2006) und auch deren Diplomarbeit (bei Polymundo).
[1193] Hagopian, *Brazil*, 1990, S. 166.

Tabelle der Abbildungen

Abb. 1

Types of Political Regimes

Regime Types \ Attributes	Number & Type of actors allowed access to power	Methods of access to power	Rules for making publicly binding decisions
Democratic	Many actors: leaders of multiple political parties	regularly held competitive elections with popular participation	system of checks and balances
Authoritarian	Few actors: leaders of military and business elites	decisions within the military	bounded artibrariness
Totalitarian	One actor: leaders of single party	decisions within the single party	unbounded artibrariness

(Quelle: Munck, *Diaggregating*, 1996, S. 16)

Abb. 2

Zyklen des politischen Wandels in Lateinamerika, 1900-2000

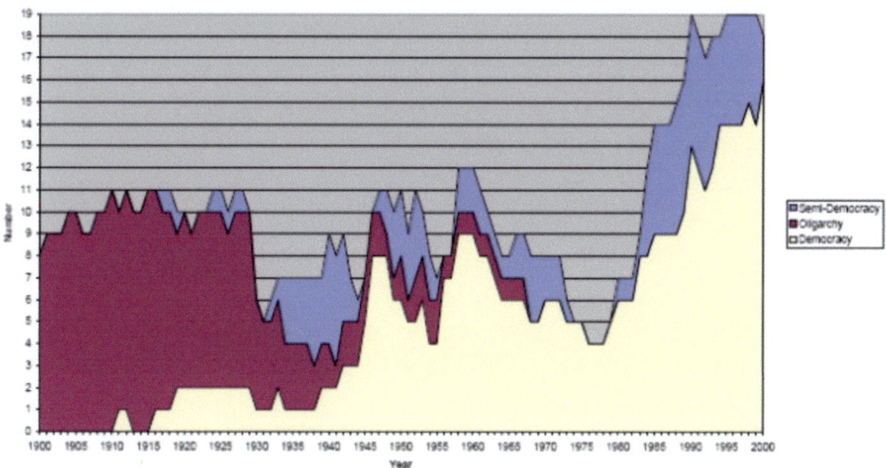

(Quelle: Smith, *Democracy*, 2004, S. 8)

Abb. 3

Militärinterventionen in der Politik in Brasilien, 1889-1994

Year/Intervention		Year/Intervention		Year/Intervention		Year/Intervention	
1889	xxx	1916		1943		1970	xxx
1890	xxx	1917		1944		1971	xxx
1891	xx	1918		1945	xx	1972	xxx
1892	x	1919		1946		1973	xxx
1893	x	1920		1947		1974	xxx
1894		1921		1948		1975	xxx
1895	x	1922	x	1949		1976	xxx
1896		1923		1950		1977	xxx
1897	x	1924	x	1951		1978	xxx
1898		1925		1952		1979	xxx
1899		1926		1953		1980	xxx
1900	x	1927		1954	xx	1979	xxx
1901		1928		1955	xx	1980	xxx
1902		1929		1956	x	1981	xxx
1903		1930	xx	1957		1982	xxx
1904	x	1931	x	1958		1983	xxx
1905	x	1932	xx	1959	x	1984	xxx
1906		1933		1960		1985	xxx
1907		1934	x	1961	xx	1986	
1908		1935	x	1962		1987	
1909		1936		1963	x	1988	
1910	x	1937	xx	1964	xxx	1989	
1911		1938	x	1965	xxx	1990	
1912		1939		1966	xxx	1991	
1913		1940		1967	xxx	1992	
1914		1941		1968	xxx	1993	
1915	x	1942		1969	xxx	1994	

Sources: For 1889-1985, Hollanda and Fausto 1960-84, Skidmore 1988 and 1967, Schneider 1991,
Carvalho 1985 and 1982, Iglesias 1993 and Rouquie 1980. For 1985-1994, research by the author.
Obs: (xxx) military supplantation of the government; (xx) military displacement, replacement or
reinforcement of the government; (x) military blackmail of the government or the opposition. Between
1889 and 1985, the longest period without military interventions in politics was eight years and ten
months, from November 1945 to August 1954. This record was broken in 1994. From March 1985 to
March 1994, there were nine years without military interventions in politics in Brazil.

(Quelle: Neto, *Intervention*, 1995, S. 102)

Abb. 4

Größe der Streitkräfte in Brasilien, 1830-1990

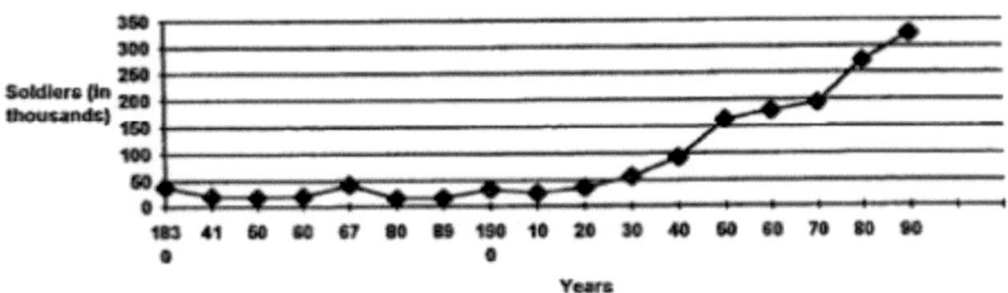

Sources: ISSS, *The Military Balance 1992-92*, *The Military Balance 1980-81*, *The Military Balance 1970-71*, Carvalho 1985 and 1982b, Coelho 1976, Vidigal 1985, Schulz 1994.

(Quelle: Neto, *Intervention*, 1995, S. 124)

Abb. 5

Streitkräfte in Südamerika, 1981 und 1991

Country	Soldiers in Armed Forces, 1981	Soldiers in Armed Forces, 1991	Soldiers in Para-military Forces 1981	Soldiers in Para-military Forces 1991
Argentina	185,000	65,000	43,000	17,000
Bolivia	26,600	31,500	5,000	16,200
Brazil	272,550	296,700	185,000	243,000
Chile	92,000	91,800	27,000	27,000
Colombia	70,000	139,000	50,000	85,000
Ecuador	38,800	57,500	5,800	200
Guyana	7,000	2,000	5,000	3,500
Paraguay	16,000	16,000	4,000	8,000
Peru	130,000	112,000	25,000	84,000
Surinam	1,000(a)	3,000	n.a.	n.a.
Uruguay	29,700	24,700	1,500	1,200
Venezuela	40,800	52,000	20,000	23,000
Total	909,450	891,200	371,3	508,100

Source: IISS, *The Military Balance 1992-93* and *The Military Balance 1981-82*.
(a) ACDA, *World Military Expenditures and Arms Transfers 1991-92*.

(Quelle: Neto, *Intervention*, 1995, S. 67)

Abb. 6

Soldaten in den Streitkräften per 1000 Einwohner in Südamerika, 1981 und 1991

Country	1981	1991
Argentina	5.4	2.2
Bolivia	4.7	4.6
Brazil	3.6	1.9
Chile	10.3	6.8
Colombia	2.4	3.3
Ecuador	4.1	5.0
Guyana	9.2	4.7
Paraguay	4.3	3.3
Peru	8.8	5.5
Surinam	2.8	9.9
Uruguay	9.5	8.0
Venezuela	3.6	3.6

Source: ACDA: *World Military Expenditures and Arms Transfers 1991-1992.*

(Quelle: Neto, *Intervention*, 1995, S. 67)

Abb. 7

Militärische Ausgaben in ausgewählten Ländern in Südamerika, 1881-1991

Year	Argentina	Brazil	Chile	Colombia	Peru	Venezuela
1981	4,755	2,378	844	302	2,192	433
1982	7,575	3,045	793	444	2,404	631
1983	5,517	2,829	772	401	2,163	780
1984	5,910(e)	2,776	811	438	2,620(e)	708
1985	4,517(e)	2,940	794	485(e)	3,121(e)	424
1986	4,945(e)	3,655	737	480(e)	3,574(e)	568
1987	4,645	4,201	988(e)	529(e)	3,046(e)	1,354(e)
1988	4,468	5,759	950(e)	633	n.a.	1,006(e)
1989	4,147	6,335	888(e)	753(e)	n.a	975(e)
1990	3,099	6,882	976(e)	902	827(e)	964(e)
1991	2,449	5,295	1.010(e)	1.037	506(e)	1.900
Total	52,027	46,095	9,563	6,404	20,453	9,743

Source: ACDA, *World Military Expenditures and Arms Transfers 1991-92.* Figures are in US$ millions, at 1991 prices and exchange rates.

(Quelle: Neto, *Intervention*, 1995, S. 104)

Abb. 8

RESOURCE BASE BY LEVEL OF GOVERNMENT, BRAZIL

	Share of Total Government Tax Revenue Collected by Level of Government				Share of Total Resources Available by Level of Government			
	Central Government	States	Municipalities	Total	Central Government	States	Municipalities	Total
1957–63	49.8	43.5	6.7	100.0	42.6	47.3	10.1	100.0
1964–68	49.6	44.6	5.8	100.0	39.3	46.1	14.6	100.0
1969–74	57.2	39.1	3.7	100.0	48.5	37.6	14.0	100.0*
1975–80	61.8	33.4	4.8	100.0	51.3	34.5	14.2	100.0
1981–83	62.1	33.3	4.6	100.0	52.5	32.9	14.6	100.0
1984–86	61.8	34.3	3.9	100.0	49.0	34.9	16.1	100.0

Source: Afonso, Rezende, and Varsano 1992: 115.
For more current but somewhat different (and noncomparable) figures, see Affonso and Silva 1995: 206.
* Discrepancies due to rounding.

(Quelle: Mainwaring/Samuels, *Federalism*, 1999, S. 6)

Abb. 9

Entwicklung des Sozialversicherungssystems in Brasilien (1923-1970)

TABLE 3. *Evolution of the social insurance system in Brazil (1923–1970)*

Year	Number of institutions	Active insured	Retired insured
1923	24	22,991	–
1930	47	142,464	8,009
1940	95	1,912,972	34,837
1950	35	3,030,708	181,267
1960	6	4,222,470	518,088
1970	1	9,545,000	890,000

Source: Malloy (1979), p. 102

(Quelle: Faro de Castro/Valladão de Carvalho, *Brazil*, 2003, S. 470)

Abb. 10

Sitzgewinne und –verluste im Abgeordnetenhaus nach Parteien in % (von den Ergebnissen der Wahlen von 1982 bis vor den Wahlen von 1986)

Jahr	1983	1984	1985	1986	Gesamt-gewinn +	Gesamt-Verlust -	A	B
PDS	-4,5	0	-16,1	-13,2	-	33,8	97,7%	-
PFL	-	-	+16,5	+8,1	24,6	-	-	71,9%
PMDB	+2,5	0	0	+2,9	5,4	-	-	15,8%
PDT	+2,2	0	0	+0,8	3,0	-	-	8,7%
PCB	-	-	-	+0,6	0,6	-	-	1,8%
PTB	-0,6	0	-0,6	+0,6	-	0,6	1,7%	-
PC do B	-	-	-	+0,4	0,4	-	-	1,2%
PL	-	-	-	+0,2	0,2	-	-	0,6%
PT	+0,5	0	0	-0,7	-	0,2	0,6%	-
Ohne Partei*	-	-	0,2	0,2	-	-	-	-
Summe**	-	-	-	-	34,2	34,6	-	-

* Abgeordnete ohne Partei bzw. die aus ihrer Partei austraten, aber keiner Partei beitraten.
** Die Summen von Gewinnen und Verlusten sind nicht exakt gleich, weil die Quelle die Prozentsätze der Sitze nur annähernd wiedergibt. Dies kann aber das Gesamtergebnis der Tabelle nicht in Frage stellen.
A = Prozentsatz der Verluste der Partei im Verhältnis zu den Sitzverlusten aller Parteien.
B = Prozentsatz der Gewinne der Partei im Verhältnis zu den Sitzgewinnen aller Parteien.

(Quelle: Daten nach Nicolau, 1996, S. 78; zitiert nach Krause, Partizipation, 2006, S. 209)

Abb. 11

Wahlergebnisse für Senat und Abgeordnetenhaus (1986)

Partei	% der Sitze im Senat	% der Sitze im Abgeordnetenhaus
PMDB	77,6	53,4
PFL	14,3	24,2
PDS	4,1	6,8
PDT	2,0	4,9
PMB	2,0	-
PTB	-	3,5
PT	-	3,3
PL	-	1,2
PDC	-	1,0
PCB	-	0,6
PC do B	-	0,6
PSB	-	0,2
PSC	-	0,2

(Quelle: Nicolau, S. 85, 95; zitiert nach: Krause, Partizipation, 2006, S. 210)

Abb. 12

Measure	1982-1990	1990-2002
Fragmentation (effective number of parties, lower chamber)[a]		
1982	2.39	
1986	2.83	
1990		8.65
1994		8.13
2002		8.38
Electoral volatility, Pederson Index, Chamber of Deputies:[b]		
1982-86	48.6	
1986-90	45.2	
1990-94[c]		21.1
1994-98[c]		15.9
1998-02		15.0
Party switching		
1987-90 (48th)	197/503[d]	
1990-94 (49th)	260/503[d]	198/503[e]
1995-98 (50th)		169/513[e]
1998-01 (51st)		92/513
Party cohesion in legislature: Rice index:[f]		
1986-90	68	
1995-98		80
Weighted party unity (1989-98)		.75

Sources: Figures for party fragmentation (1982-1994), electoral volatility (1982-1994), and party switching (1987-1994) are from Scott Mainwaring, *Rethinking Party Systems in the Third Wave of Democratization: The Case of Brazil* (Stanford University Press, 1999), pp. 128, 108; Rice index figures (1986-90, 1995-98) are calculated from Argelina Cheibub Figueiredo and Fernando Limongi, *Executivo e Legislativo na nova orden constitucional* (Rio de Janeiro, FGV: 1999), p. 112, and weighted party unity scores are from John Carey, "Getting Their Way or Getting in the Way? Presidents and Party Unity in Legislative Voting," paper prepared for the American Political Science Association Meeting, 2002 (July 29, 2002 draft); Figures for party fragmentation (2002), electoral volatility (1994-98, 1998-02), and party switching (1998-01) are based on my calculations.

[a] The effective number of parties is calculated by squaring each party's share of the seats (or vote), summing the squares, and dividing one by this sum.

[b] The Pederson Index of electoral volatility is calculated by adding the net change in percentage of votes (or seats) gained or lost by each party from one election to the next, then dividing by two.

[c] Mainwaring's calculation of 21.1 is based on counting the PPR as the successor party to the PDS. By this same logic, if we treat the PPB as the successor party of the PP [and the PPR], the rate for 1994-98 would be 12.5.

[d] These figures are not precisely comparable to the other figures for party switching; the figure for 1987 to 1990 represents the number of *net switches*, and the figures for 1990-94, calculated by David Samuels, counted multiple switches by the same deputy.

[e] These figures are from Scott Desposato (personal communication).

[f] The Rice Index represents the difference between the percentage of party members voting yes and the percentage of party members voting no averaged over the votes in a particular congress.

(Quelle: Hagopian, *Brazil*, 2003, S. 44)

Evolution of Political Parties' Voting (1966-1982)

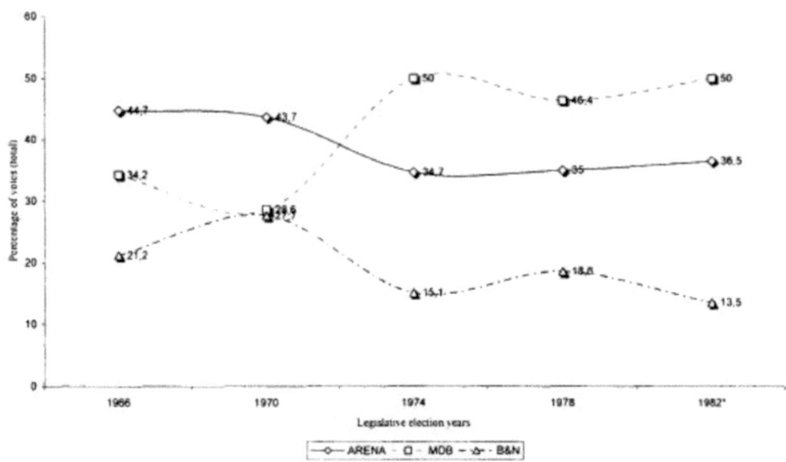

Graph 1. Evolution of the vote for political parties, Brazilian Senate (1966-1982)
Legend: ARENA (National Alliance for Renovation); MDB (Brazilian Democratic Movement); Null votes.
*Votes obtained by the PDS were included in the ARENA column; votes obtained by the various opposition parties (PMDB,PT,PDT, PTB) were included in the MDB column.

Graph 2   Evolution of the vote for political parties, Brazil's National House of Representatives (1966-1982)

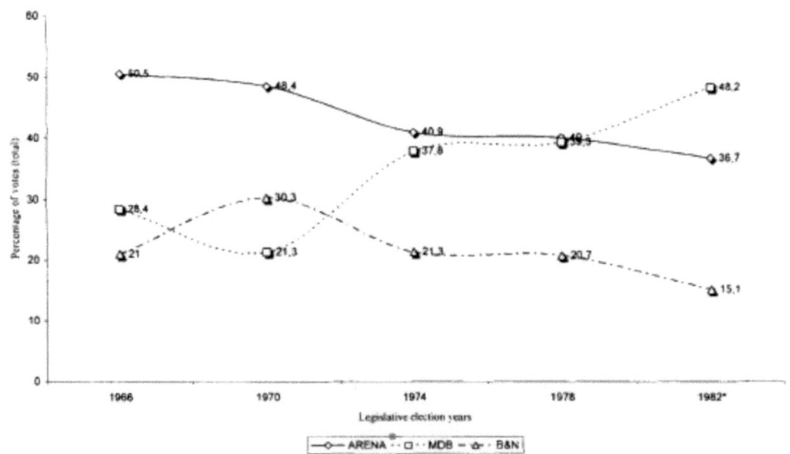

Graph 2 Evolution of the vote for political parties, Brazil's NationalHouse of Representatives(1966-1982).
Legend: ARENA (National Alliance for Renovation); MDB (Brazilian Democratic Movement); Null votes.*Votes obtained by the PDS were included in the ARENA column; votes obtained by the various opposition parties (PMDB,PT,PDT, PTB) were included in the MDB column.

(Quelle: Codato, *Transition*, 2006, S. 25)

Abb. 14a

PT - Kongresswahlen

Congressional Elections

Year	% votes for PT in the Chamber of Deputies	% of PT seats in the Chamber	Number of PT seats	Number of PT Senators
1982	3.5	1.7	8	0
1986	6.9	3.3	16	0
1990	10.2	7.0	37	1
1994	12.8	9.6	50	5
1998	13.2	11.3	60	8
2002	16.5	17.7	91	14

(Quelle: Branford/Kusincinski, *Lula*, 2003, S. 43)

Abb. 14b

PT - Präsidentschaftswahlen

Lula's Record in the Presidential Elections

Year	1 round: votes	1 round: % of votes	2 round: votes	2 round: % of votes
1989	11,622,000	16.0	31,000,000	44.2
1994	16,802,000	22.0	———	———
1998	21,803,000	26.1	———	———
2002	39,444,000	46.4	57,200,000	61.3

(Quelle: Branford/Kusincinski, *Lula*, 2003, S. 43)

Abb. 14c

PT – Stadtwahlen

Municipal Elections

Year	Number of Mayors	Number of Councillors
1982	2	127
1988	37	1006
1992	54	1100
1996	115	1895
2000	174	2475

(Quelle: Branford/Kusincinski, *Lula*, 2003, S. 55)

Abb. 14d

PT - Bundesstaatenwahlen

State Elections

Year	Number of Governors	Number of State Deputies
1982	Zero	12
1986	Zero	40
1990	Zero	81
1994	2	92
1998	3	90
2002	3	147

(Quelle: Branford/Kusincinski, *Lula*, 2003, S. 55)

Abb. 15

Entwicklung der Zahl der Wahlberechtigten in der "Ära Vargas"

Jahr	Wahlberechtigte in % der Gesamtbevölkerung
1932	4%
1933	5,5%*
1934	5,5%*

(Quelle: IBGE/TSE, Brasília; *Revista Veja*, 07.10.1998, S. 48 f.; die Daten von 1930 stammen aus Soares, 1973, S. 41; zitiert nach Krause, Partizipation, 2006, S. 122)

Abb. 16

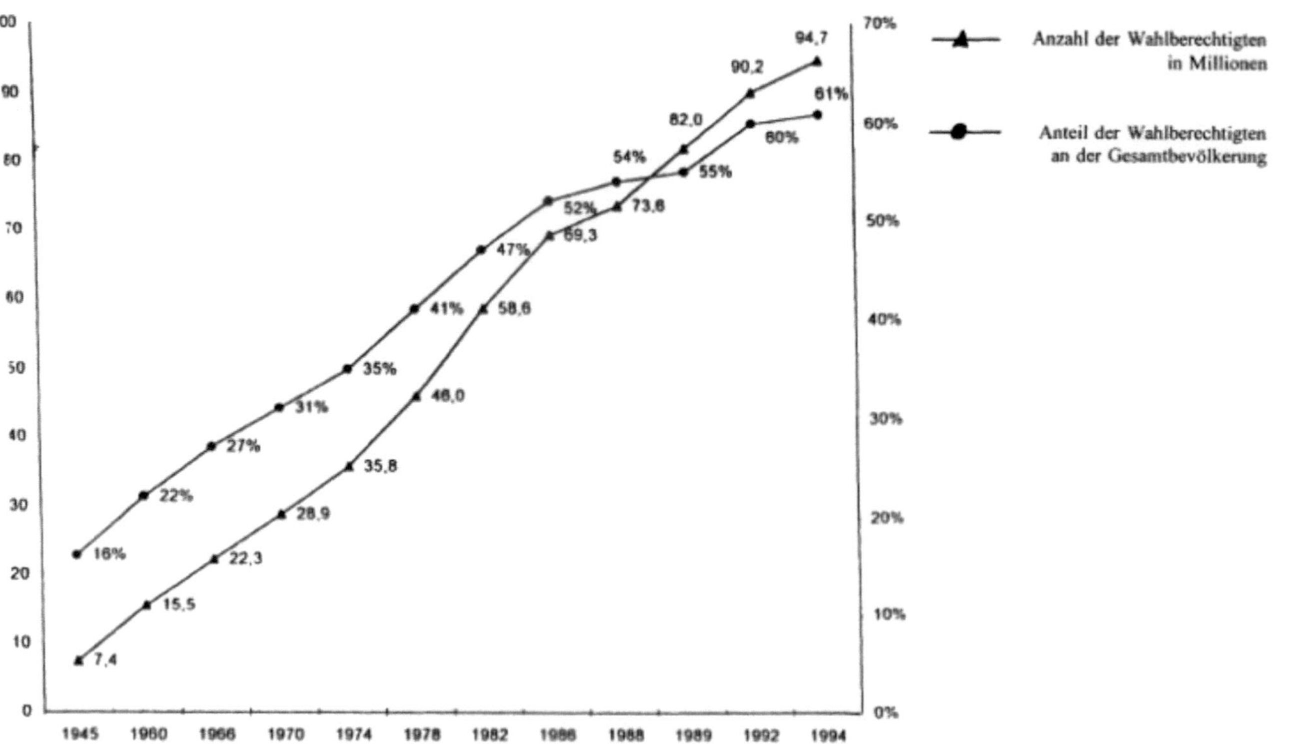

(Quelle: Lamounier, Demokratisierung, 1996, S. 17)

Abb. 17

Entwicklung der Zahl der Wahlberechtigten im demokratischen Experiment (1945-1964)

Jahr	Wahlberechtigte in % der Gesamtbevölkerung
1946	16%
1951	22%
1961	22%
1962	24,62%

(Quelle: IBGE/TSE, Brasília; *Revista Veja*, 07.10.1998, S. 48 f.; die Daten von 1962 stammen aus Braga, 1990, S. 102; zitiert nach Krause, Partizipation, 2006, S. 125)

Abb. 18

Entwicklung der Wahlpartizipation bei den Präsidentschaftswahlen in der Konsolidierungsphase der „Neuen Republik"

	Wahlenthaltung	Unausgefüllte	Ungültige Stimmen	W + S + U*
1989(a)	11,9%	1,6%	4,8%	18,3%
1989(b)	14,4%	1,4%	4,4%	20,2%
1994	17,7%	9,3%	9,6%	36,6%
1998	21,49%	8,03%	10,67%	40,19%

(a) Erster Wahlgang; (b) Zweiter Wahlgang.
* W = Wahlenthaltung; S = Unausgefüllte Stimmzettel ; U = Ungültige Stimmen.

(Quelle: Nicolau, 1998, S. 24, 26, 28, www.tse.gov.br; zitiert nach Krause, Partizipation, 2006, S. 235)

Abb. 19a

Credibility of Institutions, Organizations, and Individuals (in percentages)				
	Always Tells the Truth	Usually Tells the Truth	Usually Lies	Always Lies	N.A.
Politicians	0.8	4.4	51.1	41.2	2.5
President Sarney	4.5	17.4	35.7	36.6	5.8
Cabinet Ministers	1.2	10.3	43.9	37.4	7.3
Catholic Church	24.1	34.6	22.5	7.7	11.1
TV News	7.4	37.3	42.5	10.3	2.5
Newspapers	6.9	41.4	34.0	11.5	6.5
Labor leaders	7.9	32.8	34.6	10.2	14.5
Radio news	8.8	43.1	32.8	7.4	7.9
Entrepreneurs	2.1	17.1	40.9	28.1	11.8
Court system	5.6	23.6	36.3	22.1	12.4
Magazines	3.9	32.2	31.8	16.4	15.8

Source: IBOPE survey, 500 people, June 1988.

IBOPE-Umfrage, unter jeweils 100 Bürgern in fünf Großstädten (S. Paulo, Rio, Belo Horizonte, Curitiba, Recife, 10.-13.06.1988)
(Quelle: Mainwaring, *Underdevelopment*, 1991/1992, S. 687)

Abb. 19b

Levels of Interest in Politics

Level of Interest in Politics	Class A and B	Class C	Class D and E
High interest	22.2%	18.4%	6.0%
Medium interest	31.3%	21.8%	17.2%
Little interest	17.2%	12.6%	21.9%
No interest	29.3%	46.6%	53.3%
No answer	0.0%	0.4%	1.7%
N (total = 500)	129	157	214

Source: IBOPE, 500 interviews, 10 to 13 June 1988, in five major cities–São Paulo, Rio de Janeiro, Recife, Curitiba, Belo Horizonte.

(Quelle: Mainwaring, *Underdevelopment*, 1991/1992, S. 692)

Abb. 20

Vergleich der finanziellen Ressourcen von mehreren lateinamerikanischen Ländern

DISTRIBUTION OF RESOURCES BY LEVEL OF GOVERNMENT, SIX LATIN AMERICAN COUNTRIES

	Share of Total Government Tax Revenue Collected by Level of Government				Share of Total Government Expenditure by Level of Government			
	Central	Intermediate	Local	Total	Central	Intermediate	Local	Total
Chile, 1992	100.0	-	0.0	100.0	87.3	-	12.3	100.0*
Venezuela, 1989	36.9	0.1	3.1	100.0*	77.7	15.7	6.5	100.0*
Mexico, 1992	82.7	13.4	3.9	100.0	87.8	9.5	2.8	100.0*
Colombia, 1991	81.6	11.1	7.3	100.0	67.0	15.7	17.2	100.0
Argentina, 1992	80.0	15.4	4.6	100.0	51.9	39.5	8.6	100.0
Brazil, 1988/93	47.1	49.4	3.6	100.0*	36.5	40.7	22.8	100.0

Source: Garman, Haggard, and Willis 1999: Table 4.
For Brazil, the share of total government tax revenue refers to 1988. The share of total government expenditure refers to 1993.
* Discrepancies due to rounding.

(Quelle: Mainwaring/Samuels, *Federalism*, 1999, S. 8)

Abb. 21

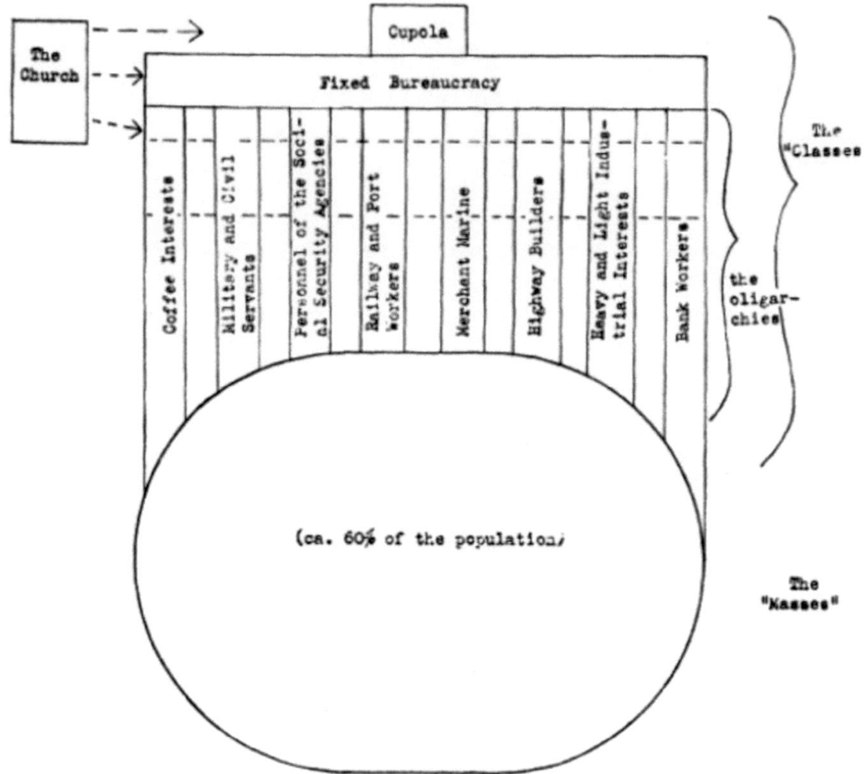

FIG. 1. Teixeira's model of the Brazilian power structure: with reference to political pressure groups.

(Quelle: Leeds, *Social Structure*, 1964, S. 1326)

162

Entwicklungsmöglichkeiten einer Bewegungsorganisation

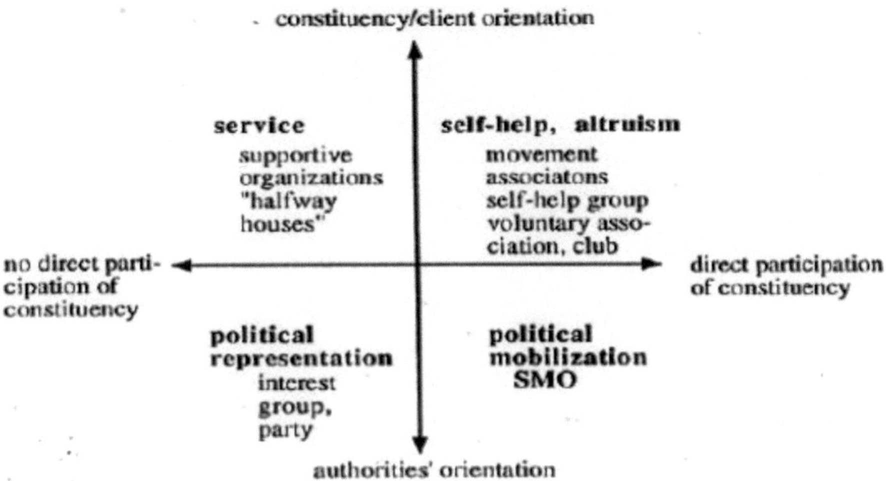

(Quelle: Kriesi, *Structure*, 1996, S. 156)

Abb. 23a

Anzahl der MST-Lager und in ihr lebenden Familien (1990-2001)

Jahr	Anzahl der Lager	Anzahl Familien
2001	585	75.730
2000	555	73.066
1999	538	69.804
1998	388	62.864
1997	281	52.276
1996	250	42.682
1995	101	31.619
1994	125	24.590
1993	214	40.109
1992	149	20.596
1991	78	9.203
1990	119	12.805
Insgesamt	2.194	368.325

(Quelle: www.mst.org.br/biblioteca/acampam/acampamptot.html, zitiert nach Fontaine, MST, 2005, S. 121)

Abb. 23b

Anzahl der MST-Lager (1990-2001)

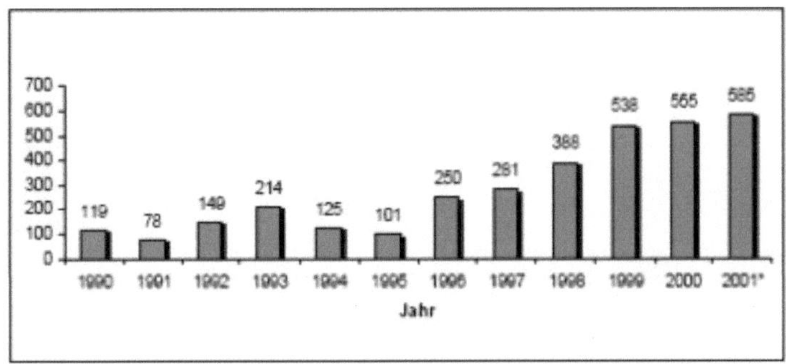

(Quelle: www.mst.org.br/biblioteca/acampam/acampamptot.html, zitiert nach Fontaine, MST, 2005, S. 75)

Abb. 24

Anzahl der Landbesetzungen in Brasilien (1983-1992)

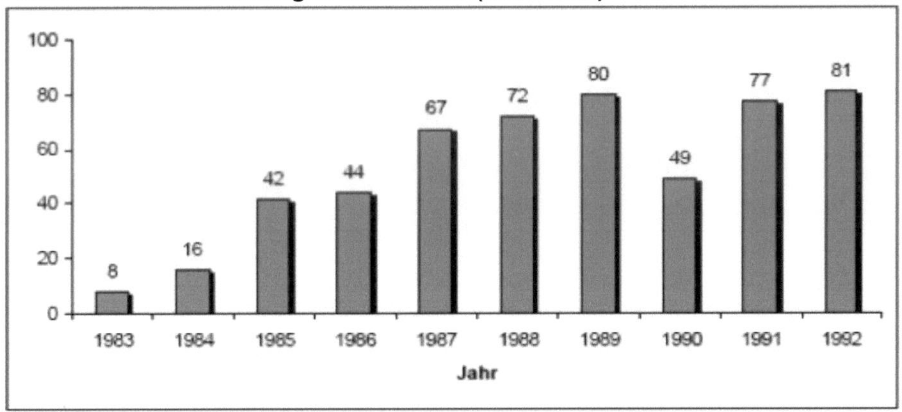

(Quelle: Bröckelmann-Simon, Landlose, 1994, S. 266, zitiert nach Fontaine, MST, 2005, S. 75)

Abb. 25

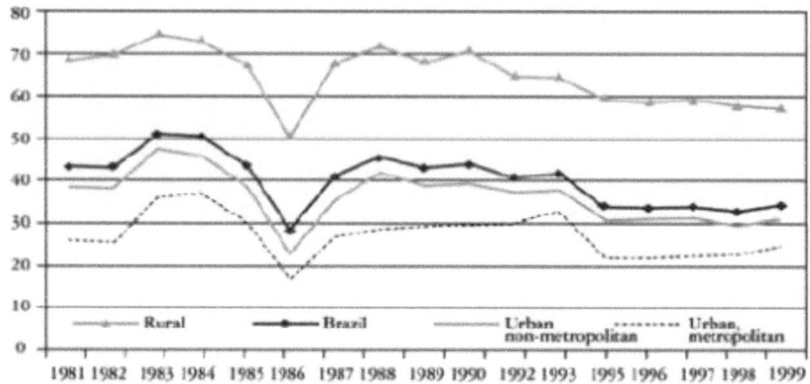

(Quelle: World Bank, *Brazil – Equitable*, 2003, S. 25)

Abb. 26

Landenteignungen durch die Exekutive (1985-1994)

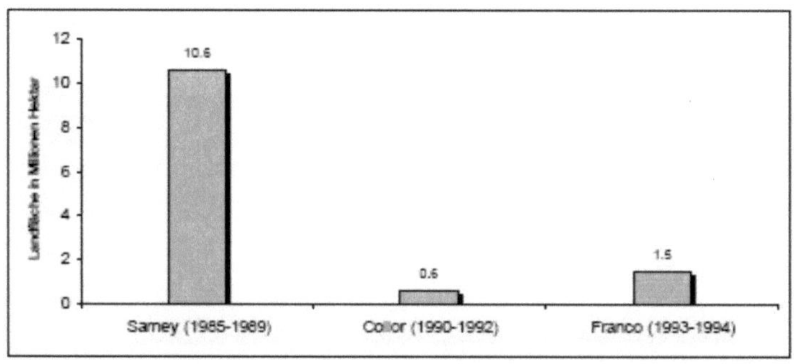

(Quelle: www.incra.gov/estrut/rel30anos/rel30anos3.htm, zitiert nach Fontaine, MST, 2005, S. 76)

Ansiedlung landloser Familien durch die Exekutive (1985-1994)

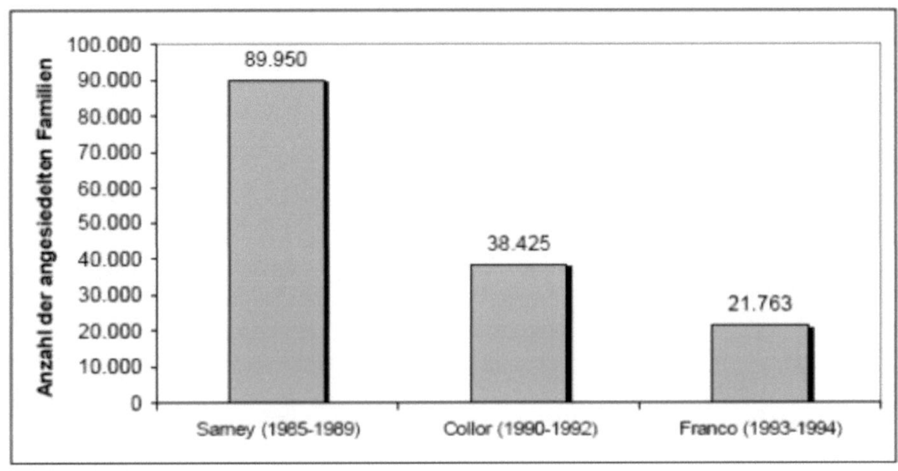

(Quelle: Fontaine, MST, 2005, S. 55)

Abb. 28

Percent of respondents indicating membership in voluntary associations by gender: Brazil 1993

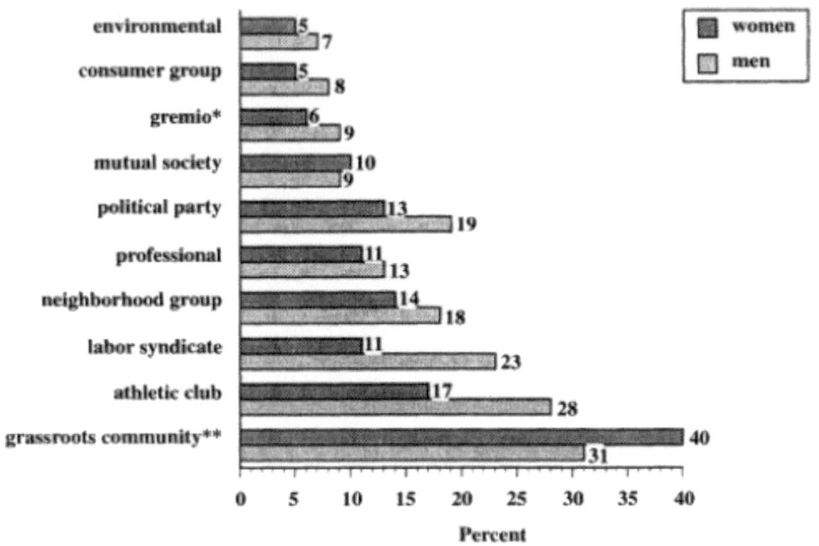

(Quelle: McDonough, *Democratication*, 1998, S. 925)

Economic Activity Rates for Women, in Korea, Brazil, and Spain: 1970 and 1990

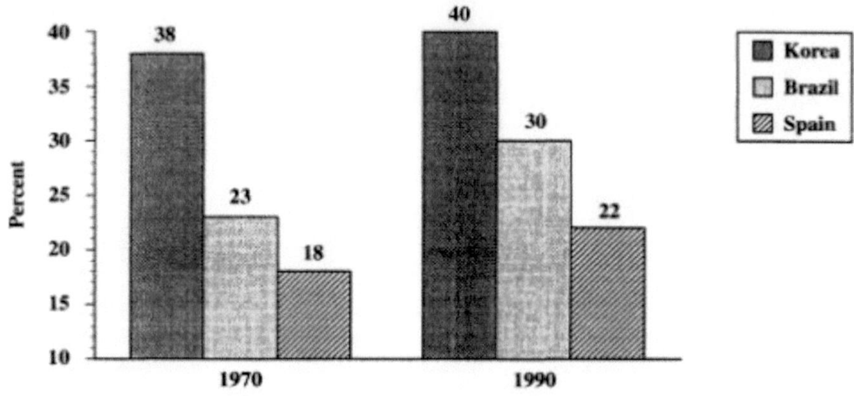

(Quelle: McDonough, *Democratication*, 1998, S. 928)

Abb. 30

Terms of Trade Shocks, 1974 and 1975, and GNP Growth

percent)

Country	Percentage of GDP		GNP growth	
	1974	1975	1970–73	1974–79
Chile	−12.4	−5.1	1.7	2.8
Cameroon	−3.8	−3.7	2.7	8.6
Côte d'Ivoire	−0.9	−6.4	6.4	5.8
Kenya	−4.1	−3.0	9.7	5.6
Costa Rica	−5.1	−1.0	7.4	5.2
Pakistan	−3.1	−2.8	4.7	4.8
Korea, Republic of	−4.0	+0.9	9.1	9.6
Sri Lanka	−3.1	−0.6	3.1	5.2
Thailand	−0.8	−3.0	7.0	7.3
Brazil	−2.6	−0.5	11.9	6.1
Mexico	−0.9	−0.6	8.5	5.8
Turkey	−1.1	−0.3	6.3	5.3
Argentina	−0.9	−0.3	3.6	2.4
India	−0.9	+0.0	2.4	3.4
Colombia	+0.9	−1.1	7.2	5.3
Morocco	+3.0	+1.3	3.9	5.6
Indonesia	+17.0	−3.0	8.5	6.6
Nigeria	+23.1	−2.6	9.8	3.9

Note: The terms of trade must be regarded as giving an order of magnitude only: there are considerable divergences in several cases between World Bank data and those given in the country studies. (But only in the case of Kenya were World Bank data clearly wrong.)

Source: LCCR, tables 3.1 and 3.5.

(Quelle: World Bank, *Boom*, 1994, S. 7)

Abb. 31

Investmentbooms (in BIP)

Country	Period	Investment					
		Public		Private		Total	
Brazil	1972–75	5.1	7.4	16.3	19.8	21.4	27.2

Note: F indicates gross fixed capital formation. The figures for total investment differ from those derived from the World Bank data base (which are expressed as a percentage of GNP, not GDP) given in the appendix tables in LCCR. But there is no serious conflict. The figures for Korea are from Servén and Solimano (1991).

Source: LCCR, table 3.3, and IMF, *Supplement on Government Finance Statistics, 1986.*

(Quelle: World Bank, *Boom*, 1994, S. 5)

Abb. 32

Lateinamerika – Auslandsverschuldung 1980-1990

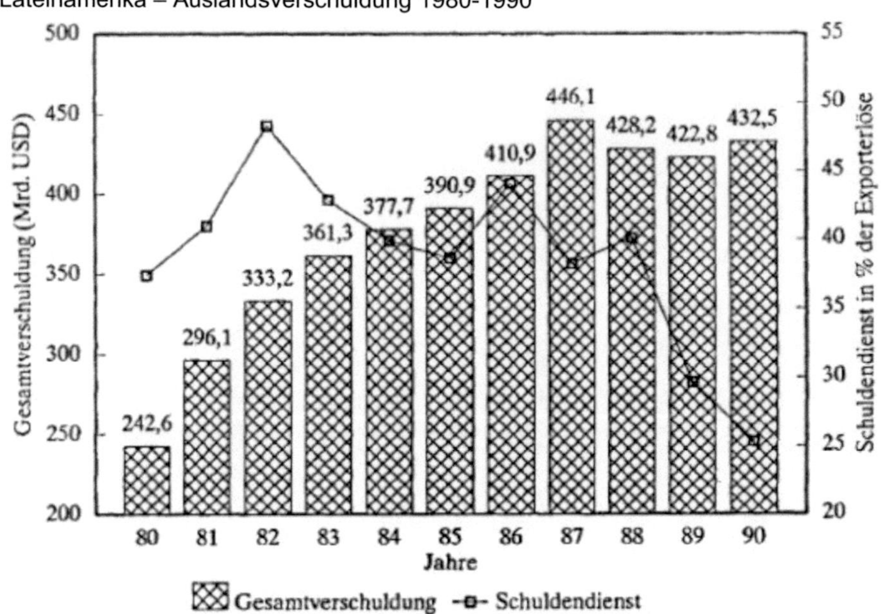

(Quelle: Sangmeister, Wirtschaftsreformen, 1993, S. 30)

Abb. 33

Auslandsschulden Brasiliens, 1970-1985

BRAZIL'S FOREIGN DEBT, 1970–1985

Year	Registered Foreign Debt* (US$ billion)	Total Foreign Debt	Net Interest Payments** (US$ million)	Net Interest as percent of:	
				GDP	Exports
1970	5.3	5.5	234	.5	8.7
1971	6.6	7.0	302	.6	10.1
1972	9.5	10.0	359	.6	9.2
1973	12.6	13.8	514	.7	8.3
1974	17.2	18.5	652	.6	8.2
1975	21.2	22.2	1,498	1.2	17.2
1976	26.0	28.7	1,870	1.2	18.5
1977	32.0	34.9	2,103	1.2	17.4
1978	43.5	47.8	2,696	1.3	21.2
1979	49.9	53.9	4,186	1.8	27.5
1980	53.8	60.8	6,311	2.5	31.4
1981	61.4	71.8	9,166	3.3	39.3
1982	70.2	83.3	11,353	4.0	56.2
1983	81.3	91.6	9,555	4.6	43.6
1984	91.1	99.8	10,203	4.8	37.8
1985	95.8	103.1	9,589	4.4	37.5

Sources: Banco Central do Brasil, Annual Reports; Jeffry A. Frieden, "The Brazilian Borrowing Experience," *Latin American Research Review*, Vol. 22, No. 1, 1987, p. 103.

*Registered Foreign Debt = Medium- and Long-Term Debt
**Net Interest Payments = Interest Paid on Debt – Interest received on reserves

(Quelle: Hagopian, *Brazil*, 1987, S. 491)

Abb. 34   = Abb. 31

Abb. 35

Tabelle 1: Privatisierung: Überblick nach Jahren (ohne Telekommunikation)				
Jahr	Zahl der privatisierten Unternehmen	Verkaufserlös	Vom Käufer übernommene Schulden	Summe
1991	4	1.614	374	1.988
1992	14	2.401	982	3.383
1993	6	2.627	1.561	4.188
1994	9	1.966	349	2.315
1995	8	1.003	625	1.628
1996	11	4.080	669	4.749
1997	4	4.265	3.559	7.824
1998	7	1.655	1.082	2.737
1999	2	133	-	133
Summe	**65**	**19.744**	**9.201**	**28.945**
Angaben in Mio. US$. – Nur Besitz der Zentralregierung. Quelle: BNDES.				

(Quelle: Meyer-Stamer, Strukturwandel, 2000, S. 8)

Erlös aus Privatisierungen ./. Bundesschuld, 1994-2000

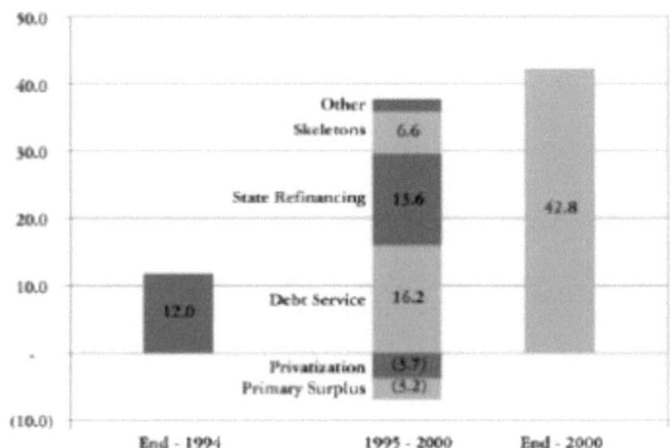

Note: For the same period, increases in state and municipal net debt have been approximately offset by reductions in the debt of state owned enterprises.
Source: A.S. Bevilaqua and M.G.P. Garcia, 2002, "Debt Management in Brazil: Evaluation of the Real Plan and Challenges Ahead," International Journal of Finance and Economics 7 (1).

(Quelle: World Bank, *Brazil – Equitable*, 2003, S. 31)

Abb. 37

Indicator	Brazil	Comparison		2010 target
		Latin America	OECD	
GDP growth, 1990-2000* (%)	2.7	3.1 (Mexico) 6.8 (Chile)	3.4 (United States)	5.0?
Labor productivity, 2000 (value added per worker, US$)[b]	13,894	18,492 (Mexico) 27,765 (Chile)	54,879 (United States)	16,000?
Trade volume, 2000* (% GDP)	23	63 (Chile) 64 (Mexico)		40?
Days to start a business, 2001[c]	63	28 (Chile)	1-3 (Ireland)	20?
Private sector credit, 2001* (% GDP)	35	69 (Chile)	143 (United States)	50?

Source: World Bank – a SIMA database, b Brazil Jobs Report, c Foreign Investment Advisory Service.

(Quelle: World Bank, *Brazil – Equitable*, 2003, S. 52)

Abb. 38

Totale Anzahl der Streiks - durchschnittliche Anzahl der Arbeiter, die nicht arbeiten - Arbeitstage, in denen nicht gearbeitet wird – und durchschnittliche Anzahl der Tage mit Arbeitsunterbrechung in urbanen Regionen Brasiliens, 1978/1987

Year	Total of strikes	Average number of workers stopped *	Days not worked	Average days of work stoppages (%)
1978	118	1,868	2,162,903	6.5
1979	246	9,777	26,627,083.	6.6
1980	144	9,012	24,225,695	7.4
1981	150	6,107	6,545,003	8.8
1982	144	4,934	6,967,215	5.9
1983	347	3,689	28,407,743	4.4
1984	492	2,946	13,311,365	3.9
1985	619	11,016	90,637,512	6.3
1986	1,004	5,181	49,525,864	5.8
1987	2,193	4,187	132,445,423	8.2

Source: NEPP/UNICAMP, 1989, p. 129-131 (data selected from Tables 1; 2; 3 and 4)

* Industrial workers, construction industry workers, middle class wage earners, service sector workers and other professional categories were considered here.

(Quelle: Codato, *Transition*, 2006, S. 15)

Income Distribution in Brazil, 1960-1980
(Percent Change in Earnings of the Economically Active Population)

Decile	1960-70	1970-80	% Change 1960-1980
10th	20	50	92
9th	21	47	79
8th	18	46	72
7th	15	39	60
6th	9	30	42
5th	6	34	42
4th	8	48	60
3rd	21	47	79
2nd	35	51	104
1st	67	53	155

Sources: Data for 1960-1970 from Langoni (1973); data for 1970-1980 from Denslow and Tyler (1983).

(Quelle: De Castro, *Brazil*, 1994, S. 185)

Abb. 40

Einkommensverteilung 1960-1985

Einkommens-klasse	1960	1970	1980	1985
unterste 20%	3,9	3,4	2,8	2,4
unterste 50%	17,4	14,9	12,6	12,0
oberste 10%	39,6	46,7	50,9	48,8
oberste 1%	11,9	14,7	16,9	14,1

Quelle: IBGE.

(Quelle: Bernecker, Geschichte Brasiliens, 2000, S. 275)

Abb. 41

Einkommensverteilung in der brasilianischen Bevölkerung (1980-1988)

Jahr	50 % Ärmere	10 % Reichere
1980	14,2	47,8
1981	13,4	46,6
1982	12,6	48,1
1983	12,5	48,1
1984	12,0	48,8
1985	12,5	48,8
1986	11,7	49,0
1987	11,1	51,2
1988	10,6	53,2

* Anteil der 50 % ärmeren und 10 % reicheren Bevölkerungsschichten am Nationaleinkommen

Quelle: 1980: Volkszählung, folgende Jahre: Stichprobenuntersuchung der Haushalte durch das Brasilianische Statistische Bundesamt IBGE

(Quelle: Calcagnotto, Gewerkschaften, 1994, S. 228)

Abb. 42

Brasilien – Quellen des Wachstums, 1960-2003

	Brazil			Latin America			Industrial Countries			East Asia 1/		
	Output per worker	Contribution of		Output per worker	Contribution of		Output per worker	Contribution of		Output per worker	Contribution of	
		Capital 2/	TFP		Capital 2/	TFP		Capital 2/	TFP		Capital 2/	TFP
1960-70	2.8	1.1	1.6	2.8	1.1	1.6	4.0	1.7	2.3	3.7	2.2	1.5
1970-80	2.7	1.6	1.1	2.7	1.6	1.1	1.9	1.5	0.4	4.3	3.4	0.9
1980-90	-1.8	0.5	-2.3	-1.8	0.5	-2.3	1.7	0.9	0.8	4.4	3.1	1.3
1990-2003	0.3	0.5	-0.2	0.3	0.5	-0.2	1.6	1.1	0.5	3.1	2.5	0.6
1960-2003	1.0	0.9	0.1	1.0	0.9	0.1	2.2	1.2	1.0	3.8	2.8	1.0

Source: Bosworth and Collins (2003); updated tables, The Brookings Institution.

1/ Excluding China

2/ Includes physical capital and education.

(Quelle: IMF, *Growth*, 2006, S. 3)

Indicator	Brazil	Comparison		2010 target
		Latin America	OECD/Other	
Net Secondary Enrollment' (%)	33	58 (Mexico) 70 (Chile)	98 (Rep. of Korea)	60?
Illiteracy rate - 15 and older (%)	14.4	4.1 (Chile) 8.3 (Mexico)	0	10?
Infant mortality per 1,000 live births	30	10 (Chile) 29 (Mexico)	7 (United States)	15?
Life expectancy (years)	68.1	75.7 (Chile) 73.0 (Mexico)	77.1 (United States)	70?
Homicides per 100,000 people	26.2	17.1 (Mexico)	14.7 (United States)	20?

a. *World Bank-adjusted numbers. Source: World Bank SIMA Database.*

(Quelle: World Bank, *Brazil – Equitable*, 2003, S. 37)

Language and Literacy in Latin America and the Caribbean

Nation or Territory	Total Population* (in 1,000s)	Literacy Rate[b] (%)	Number of Languages	Number with 10,000+ speakers
Brazil	150,052 (1989)	74 (1980)	208	7

* Total population figures are official estimates. Unless otherwise indicated, they are for 1988.

[b] Literacy rates are based on the last official census figures for that country, for the population 10 years of age and older. Rates for Bolivia, Colombia, Guyana, and Surinam, which do not have a literacy question in their census are from Barbara Grimes, ed. 1988. *Ethnologue: Languages of the World*. Dallas, Texas: Summer Institute of Linguistics.

Source: Hornberger 1992, Table 1.

(Quelle: Cummings/Tamayo, *Education*, 1994, S. 2)

Abb. 45

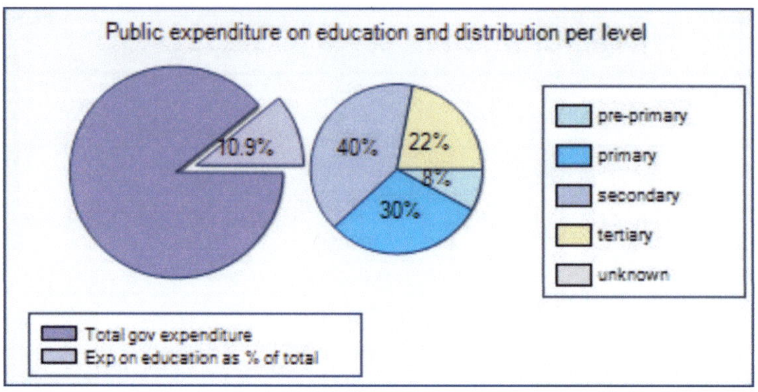

(Quelle:
http://www.uis.unesco.org/profiles/EN/EDU/countryProfile_en.aspx?code=760,
Zugriff: 23.10.2006)

Abb. 46

Percentage of Children 7-14 out of School

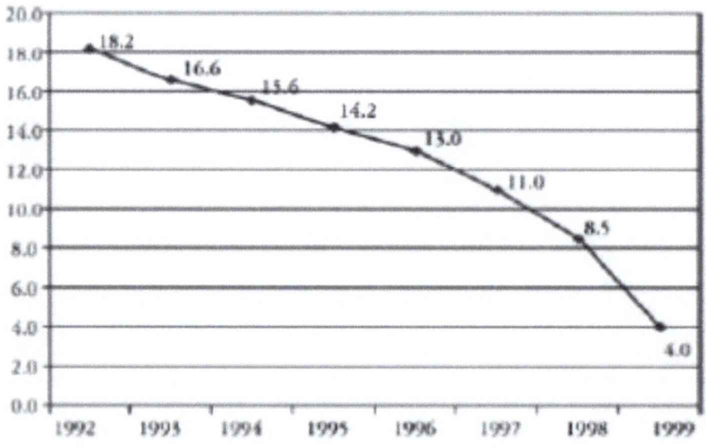

(Quelle: World Bank, *Brazil - Equitable*, 2003, S. 27)

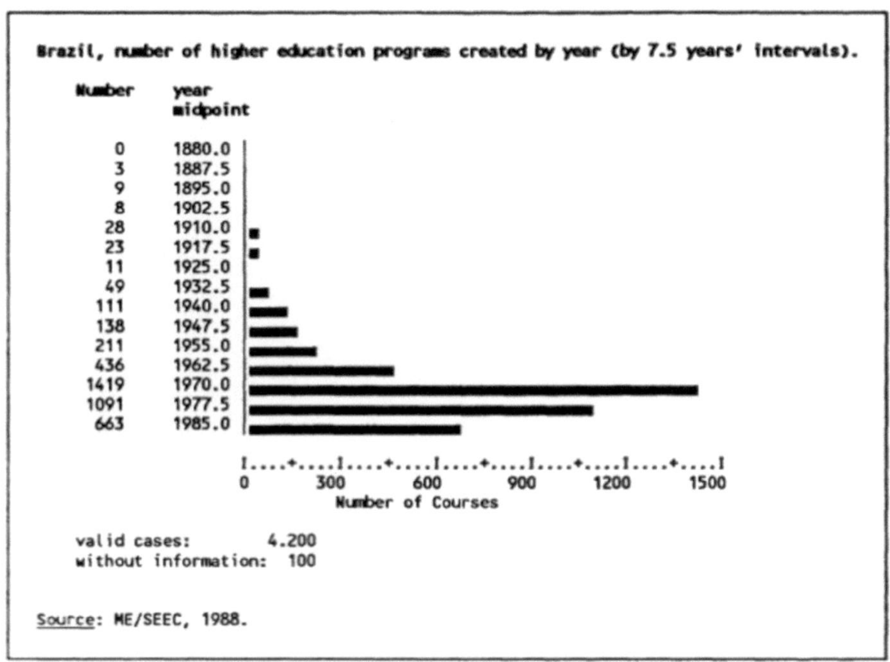

(Quelle: Schwartzmann, *Education*, 1997, S. 3)

Abb. 48

Brazil, Ministry of Education, Expenditures in 1990 (in US$ millions)						
	Resources from the Federal Budget				Other resources (%)	Total (%)
	Personnel	Current expenditures *(custeio)*	Investments *(Capital)*	Total (%)		
Federal Higher Education Institutions	2,928	217	166	78.40		53.00
CAPES	1	131		3.13		2.11
Federal Technical Schools	205	20	6	5.47		3.70
Other agencies	245	151	153	13.0		8.79
Fund for Assistance to Students (FAE)					30.43	9.86
National Fund for the Development of Education (FNDE)					23.72	7.68
Salário Educação (transferred to States)					45.85	14.86
Total (percentages)				100	100	100
Total (in US$ millions)	3,379	519	325	4,223	2,204	6,427

Source: Taken from José Goldemberg, *Relatório sobre a Educação no Brasil*, 1993 Data from the Ministry of Education.

(Quelle: World Bank, *Education*, 2003, S. 12)

Abb. 49

Indicator	Brazil	Comparison		2010 target
		Latin America	OECD	
Protected land, 2002 (%)	4.4	18.9 (Chile)	9.8 (Canada) 7.1 (Australia)	10?
Deforestation, 2002 (% per year)	0.42	0.13 (Chile)	0 (Canada)	0.10?
Forested area, 2002 (%)	63	29 (Mexico)	27 (Canada)	-
Urban access to sanitation, most recent estimate (%)	85	87 (Mexico) 98 (Chile)	100	95?
Rural access to sanitation, most recent estimate (%)	37	28 (Mexico) 93 (Chile)	100	60?

Source: World Bank SIMA database.

(Quelle: World Bank, *Brazil – Equitable*, 2003, S. 90)

Abb. 50

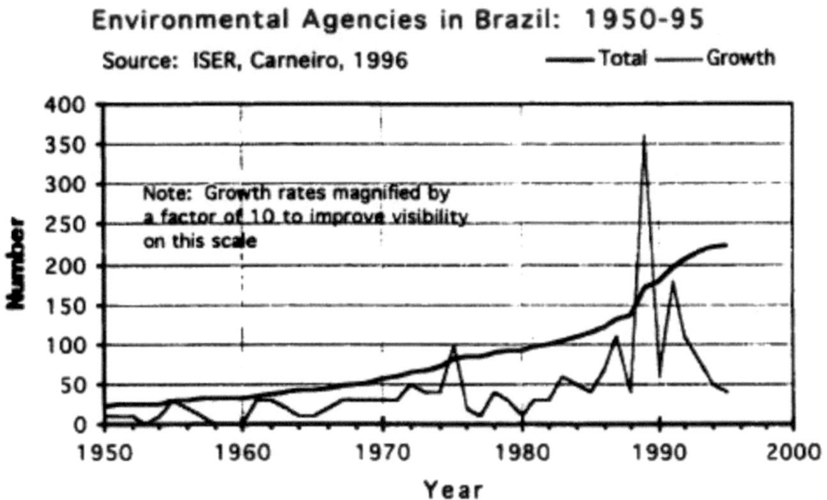

(Quelle: Chadwick, *Brazil*, 2000, S. 159)

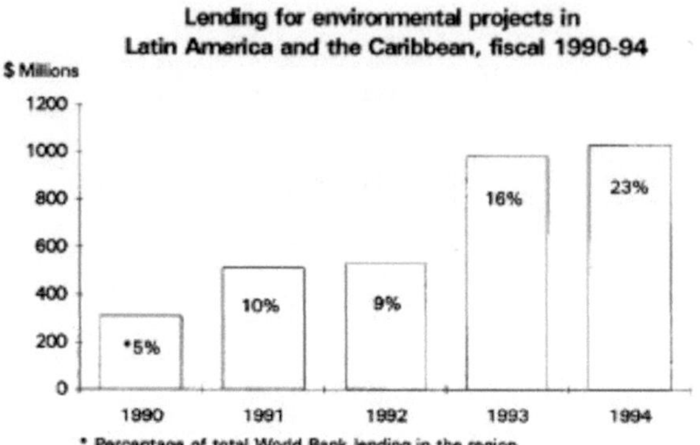

(Quelle: World Bank, *Partnership*, 1994, S. 2)

Literaturverzeichnis

Acuña, C./Gamarra, E./Smith, W.C. (Hrsg.) [Acuña et al., Brazil, 1994], *Democracy, Market and Structural Reform in Latin America: Argentina, Bolivia, Brazil, Chile and Mexico*, New Brunswick (NJ), Transaction Publishers, 1994, S. 183-214.

Alvarez, S.E. [Alvarez, *Brazil*, 1990], *Engendering Democracy in Brazil: Women`s Movements in Transition Politics*, Princeton, Princeton University Press, 1990.

Alves, M.H.M. [Alves, *Brazil*, 1985], *State and Opposition in Military Brazil*, Austin, University of Texas Press, 1985.

Amann, E., *Economic Policy and Performance in Brazil since 1985*, in: Kinzo, *Brazil*, 2003, S. 107-138.

Ames, B. [Ames, *Brazil*, 2001], *The Deadlock of Democracy in Brazil*, Ann Arbor, The University of Michigan Press, 2001.

Amoureux, J.L. [Amoureux, *Brazil*, 2004], *Neoliberlism and Social Democracy in Brazil : Socialization and Identity*, Montreal, 2004 (Paper presented at the International Studies Association Convention, 2004, Montreal, Quebec), in: http://www.allacademic.com/meta/p_mla_apa_research_citation/0/7/3/1/6/p73160_in dex.html (Zugriff: 04.07.2008)

Araya, E.[Araya, Chile, 1992], Chile zwischen Autoritarismus und Demokratie – Der Übergang zur Demokratie in Chile, Mainz, 1992 (Diss.)

Armijo, L.E./Kearney, C.A., *Does Democratization Alter the Policy Process? – Trade Policymaking in Brazil*, Berkeley, 2007, in: http://www.bu.edu/pardee/events/conferences/2007/Pardee.CGI/Book%20Project/Do es%20Democratization%20Alter%20the%20Policy%20Process.pdf (Zugriff: 20.07.2007)

Aydos, E.D. [Aydos, *Questão,* 1984], *A Questão Militar e o Momento Liberal*, in: *Encontro Annual da ANPOCS*, Águas des São Pedro (SP), Oktober 1984.

Bacha, E.L./Klein, H.S. [Bacha et al., *Brazil,* 1989], *Social Change in Brazil 1945-1985 – The Incomplete Transition*, Albuquerque, University of New Mexico Press, 1989.

Bahro, H./Zepp, J. [Bahro/Zepp, *Mudança*, 1988], *Mudança Política e Desinvolvimento Regional no Brasil desde o ano 1964*, in: *Revista da Informações Legislativas (Senado Federal)*, Brasília, Ano 25, 1988 (Juli/September), Nr. 99, S. 285-310.

Baiocchi, G. [Baiocchi, Radicals, 2003], *Radicals in Power: The Workers`Party and Experiments in Urban Democracy in Brazil*, London und New York, Zed Books Ltd., 2003.

Barios, Harald [Barios, Konsolidierung, 1999], Konsolidierung der Demokratie: Zur Substanz eines strapazierten Konzeptes, in: Bodemer et. al. (Hrsg.), Lateinamerika Jahrbuch, 1999.

Bernecker, W.L./Pietschmann, H./Zoller, R. [Bernecker et. al., Geschichte Brasiliens, 2000], Eine kleine Geschichte Brasiliens, Frankfurt/M., Suhrkamp Verlag, 2000.

Biersteker, T.J., The „Triumph" of Liberal Economic Ideas in the Developing World, in: Stallings, Barbara (Hrsg.), Global Change, Regional Response, Cambridge, Cambridge University Press, 1995.

Bodemer, K./Gratius, S. [Bodemer/Gratius, Lateinamerika, 2003], Lateinamerika im internationalen System – Zwischen Regionalismus und Regionalisierung, Opladen, Leske + Budrich, 2003.

Bodemer, K./Krumwiede, H.-W./Nolte, D./Sangmeister, H. (Hrsg.) [Bodemer et. al., Lateinamerika Jahrbuch, 1992], Lateinamerika Jahrbuch, Frankfurt/M., Vervuert Verlag, erscheint seit 1992.

Bogenschild, T.E./Oliveira N., Edson de/ Wirth, J.D. (Hrsg.) [Bogenschild et al., Brazil, 1987], State and Society in Brazil: Continuity and Change, Boulder (Co), Westview Press, 1987,

Boris, D. [Boris, Soziale Bewegungen, 1998], Soziale Bewegungen in Lateinamerika, Hamburg, VSA-Verlag, 1998.

Bos, E. [Bos, Eliten, 1994], Die Rolle von Eliten und kollektiven Akteuren in Transitionsprozessen, in: Merkel, Systemwechsel 1, 1994, S. 81-109.

Braga, H.S. [Braga, Brasil, 1990], Sistemas Eleitorais do Brasil (1821-1988), Senado Federal, Brasília, 1990.

Briesemeister, D. (Hrsg.) [Briesemeister, Brasilien, 1994], Brasilien heute – Politik, Wirtschaft, Kultur, Frankfurt/M., Vervuert Verlag, 1994.

Bruneau, T.C., Brazil: The Catholic Church and Basic Christian Communities, in: Levine, D.H., Religion and Political Conflict in Latin America, University of North Carolina Press, 1986, S. 106-123.

_____ [Bruneau, Transition, 1992], Brazil`s Political Transition, in: Higley et al., Elites, 1992, S. 257-282.

_____ [Bruneau, Intelligence, 2007], Intelligence Reforms in Brazil : Contemporary Challenges and the Legacy of the Past, Center for Contemporary Conflict – Naval Postgraduate School, Monterey (Cal), Mai 2007, in: http://www.ccc.nps.navy.mil/si/2007/May/bruneauMay07.pdf (Zugriff: 17.11.2007)

_____ The Church in Brazil: The Politics of Religion, Austin, University of Texas Press, 1982.

Bundesministerium für wirtschaftliche Zusammenarbeit und Entwicklung [BMZ Millenium, 2005], Der Millenium+5 Gipfel, Bonn, BMZ-Diskurs 05), 2005.

Bundesministerium für wirtschaftliche Zusammenarbeit und Entwicklung [BMZ Bericht, 2005], XII. Bericht zur Entwicklungspolitik der Bundesregierung, Referat „Entwicklungspolitische Informations- und Bildungsarbeit", Bonn, Mai 2005.

Burns, E.B. [Burns, *History*, 1980], *A History of Brazil*, 2. Auflage, New York, Columbia University Press, 1980.

_____ [Burns, *Nationalism*, 1968], *Nationalism in Brazil*, New York, Frederick A. Praeger, 1968.

Calcagnotto, G. [Calcagnotto, Dauerkrise, 1994], Brasilien: Dauerkrise vor dem Ende?, in: Jahrbuch Dritte Welt, 1994, S. 221-232.

_____ [Calcagnotto, Gewerkschaften, 1994], Brasiliens Gewerkschaften zwischen Neoliberalismus und Neokorporatismus, in: Grewe et al., Lateinamerika, 1994, S. 187-298.

_____ [Calcagnotto, Politische Kultur, 1994], Politische Kultur und Demokratisierung, in: Briesemeister, Brasilien, 1994, S. 176-196.

Caldeira, T.P. [Caldeira, Voto, 1980], *"Para que Serve o Voto? As Eleições e o Cotidiano na Periferia de São Paulo*, in: Lamounier, B. (Hrsg.), *Voto de Desconfiança Eleições e Mundança Política no Brasil, 1970-1979*, Petropolis, Vozes, 1980, S. 81-115.

Cammanck, P. [Cammack, *Politics,* 1988], *Brazilian Party Politics 1945-1987: Continuities and Discontinuities*, in: Randall, *Parties*, 1988, S. 113-134.

_____ [Cammack, *Brazil,* 1982], *Clientelism and Military Government in Brazil*, in: Clapham, *Patronage*, 1982, S. 53-76.

Campos, M.M. [Campos, *Infância*, 1991], *Infância abandonada, o piedoso disfarce do trabalho precore*, in: Martins, J. De S., *O masscre dos inocentes*, São Paulo, HUCITEC, 1991.

Cardoso, F.H. [Cardoso, *Regime*, 1981], *The Authoritarian Regime at the Crossroads: The Brazilian Case* (Working Paper #93), Latin American Program - Woodrow Wilson International Centre for Scholars, Washington DC, 1981.

Cardoso, F.H./Lamounier, B. [Cardoso, *Brasil*, 1975], Partidos e Eleições no Brasil, Rio de Janeiro, Paz e Terra, 1975.

Cason, J. [Cason, *Mercosul*, 2000], *Democracy Looks South: Mercosul and the Politics of Brazilian Trade Strategy*, in: Kingstone/Power, *Brazil*, 2000, S. 204-217.

Caviedes, C. [Caviedes, *State,* 1984], *The Southern Cone, Realities of the Authoritarian State*, Rowman & Allenhled, Totowa (NJ), 1984.

Chadwick, B.P. [Chadwick, *Brazil*, 2000], *Democratic Environments: Democratization and the Search for Sustainable Development in Brazil*, New York, Columbia University, 2000 (Ph.D.).

Clapham, C. (Hrsg.) [Clapham, *Patronage*, 1982], *Private Patronage and Public Power*, London, Frances Pinter, 1982.

Codato, A.N. [Codato, *Transition*, 2006], *Political Transition, Democratic Consolidation – Studies on Contemporary Brazil*, Hauppauge, Nova Science Publishers, 2006.

Conca, K. [Conca, *Complex*, 1997], *Comparative Politics – Manufacturing Insecurity: The Rise and Fall of Brazil`s Military-Industrial Complex*, Boulder, Lynne Rienner Publishers, 1997.

Cooper, R.N./Corden, W.M./Little, I.M.D./Rajapatirana, S. [Cooper et al., *Crisis*, 1994], *Boom, Crisis, and Adjustment: The Macroeconomic Experience of Developing Countries, 1970-1990 – A Summary* (Report #13729), The World Bank, Washington DC, 1994.

Corrêa, O. [Correa, Vorwort, 1987], Vorwort, in: Machado Peixoto, J.P. (Hrsg.), *Partidos Políticos no Brasil*, Insituto Tancredo Neves/Fundação Friedrich Naumann, Escopo Editora, 1987.

Costa, S. [Costa, Demokratisierung, 1986], Dimensionen der Demokratisierung – Öffentlichkeit, Zivilgesellschaft und lokale Partizipation in Brasilien, Frankfurt/M., Vervuert Verlag, 1997.

Couto, C.G., *A longa constituente : reforma do Estado e fluidez institucional no Brasil*, in: *Dados* 41, Nr. 1, S. 51-86.

Cummings, S.M./Tamayo, S., *Language and Education in Latin America: An Overview* (Report #13068), The World Bank, Washington DC, 1994.

Dahl, R. [Dahl, *Democracy*, 1989], *Democracy and Its Critics*, New Haven, Yale University Press, 1989.

_____ [Dahl, *Polyarchy*, 1971], *Polyarchy, Participation and Opposition*, New Haven, Yale University Press, 1971.

Daase, C./Feske, S./Moltmann, B./Schmid, C. (Hrsg.) [Daase et al., Regionalisierung, 1993], Regionalisierung der Sicherheitspolitik – Tendenzen in den internationalen Beziehungen nach dem Ost-West-Konflikt, Baden-Baden, Nomos Verlagsgesellschaft, 1993.

DaMatta, R. [DaMatta, *Citizenship*, 1987], *The Quest for Citizenship in a Relational Universe*, in: Bogenschild et al., *Brazil*, 1987, S. S. 305-335.

De Castro, A.B. [De Castro, *Brazil*, 1994], *Renegade Development: Rise and Demise of State-Led Development in Brazil*, in: Acuña et al., *Brazil*, 1994, S. 183-214.

De Lima Amaral, E.F.N. [De Lima Amaral, *Brazil*, 2007], *Demographic Change and Economic Development at the Local Level in Brazil*, Austin, The University of Texas, 2007 (Ph.D.), in: lib.utexas.edu und
http://www.worldcat.org/wcpa/oclc/173650123?page=frame&url=http%3A%2F%2Fw
ww.lib.utexas.edu%2Fetd%2Fd%2F2007%2Fdelimaamarale81258%2Fdelimaamaral
e81258.pdf%23page%3D3&title=&linktype=digitalObject&detail=
(Zugriff: 04.11.2007)

Desch, M.C. [Desch, 1999], *Civilian Control of the Military: The Changing Security Environment*, Baltimore, John Hopkins University Press, 1999.

De Souza, A. [De Souza, *Reform*, 2004], *Political Reform in Brazil: Promises and Pitfalls - Policy Papers on the Americas*, Vol. XV, Study 3, *Center for Strategic and Internatioanal Studies*, April 2004.

Diniz, E. [Diniz, *Transição*, 1985], *A Política da Transição no Brasil: Uma Reavaliação da Dinâmica da Abertura*, Rio de Janeiro, 1985.

Dombois, R./Pries, L. (Hrsg.) [Diniz, *Modernización*, 1993], *Modernización empresarial: tendencias en América Latina y Europa*, Caracas, 1993

Drake, P.W. [Drake, *Democratization*, 1998], *The International Causes of Democratization, 1974-1990*, in: Drake, *Liberty*, 1998.

Drake, P./McCubbins, M.D. (Hrsg.) [Drake et al., *Liberty,* 1998], *The Origins of Liberty: Political and Economic Liberalization in the Modern World*, Princeton, Princeton University Press, 1998.

Dressel, H.F. [Dressel, Brasilien, 1995], Brasilien – Von Getúlio bis Itamar, Berlin, ELA Edition Latein-Amerika, 1995.

Eckstein, S./Merino, M.A. (Hrsg.) [Eckstein/Merino, *Popular Protest,* 1989], *Power and Popular Protest: Latin American Social Movements*, Berkeley, University of California Press, 1989.

Encarnación, O.G. [Encarnación, *Consolidation*, 2003], *The Myth of Civil Society : Social Capital and Democratic Consolidation in Spain and Brazil*, New York, Palgrave MacMillan, 2003.

Erdmann, G. [Erdmann, Demokratie 1996], Demokratie und Demokratieförderung in der Dritten Welt (Wissenschaftliche Arbeitsgruppe für Weltkirchliche Arbeit der Deutschen Bischofskonferenz), Bonn, 1996.

Evers, H.-D./Senghaas, D./Wienholz, H. (Hrsg.) [Evers et al., Wirtschaftsordnung, 1983], Auf dem Weg zu einer neuen Weltwirtschaftsordnung? Bedingungen und Grenzen für eine eigenständige Entwicklung, Baden-Baden, 1983.

Fanger, U. [Fanger, Demokratisierung, 1994], Demokratisierung und Systemstabilität in Lateinamerika, in: Oberreuter et al., Demokratie, 1994.

Faria, V./Graeff, E. u.a. (Hrsg.) [Faria/Graeff, Governance, 2001], *Progressive Governance for the 21st Century: The Brazilian Experience* (Working Paper # 1), University of California – Berkeley, Center for Latin American Studies, Oktober 2001.

Finke, A. [Finke, Landflucht, 1998], Die Landflucht-Problematik im Nordosten Brasiliens, Arbeitshefte des Lateinamerika-Zentrums (Nr. 45) - Westfälische Wilhelms-Universität, Münster, 1998.

Fishlow, A., *Brazil: FTA or FTAA or WTO?*, in: Schott, Jeffrey J. (Hrsg.), *Free Trade Agreements: US Strategies and Priorities*, Institute for International Economics, Washington DC, S. 277-296.

Fleischer, D. [Fleischer, *Parties*, 1998], *Brazilian Political Parties and Party System, 1945-1997* (WP98-1), Working Papers, The George Washington University – The Centre for Latin American Issues, Washington DC, Januar 1998.

_____ [Fleischer, *Politics*, 1995], *Brazilian Politics: Structures, Process, Elections, Parties & Political Groups (1985-1995)* (WP95-2), The George Washington University Washington – The Centre for Latin American Issues, Februar 1995.

_____ [Fleischer, *Elections*, 1995], *Brazil's 1994 General Elections: An Alliance of Social Democrats and Social Liberals Takes Power* (WP95-1), Working Papers, The George Washington University Washington – The Centre for Latin American Issues, Januar 1995.

_____ [Fleischer, *Congress*, 1990], *The Constituent Assembly and the Transformation Strategy: Attempts to Shift Political Power from the Presidency to Congress*, in: Graham et al., *Brazil*, 1990.

Flynn, P. [Flynn, *Brazil*, 1978], *Brazil – A Political Analysis*, Boulder, Westview Press, 1978.

Foweraker, Joe/Craigm Ann L. [Foweraker, *Chance*, 1990], *Popular Movements and Political Change in Mexico*, Boulder/London, 1990, S. 23-42.

Fritz, B., Brasilien – wirtschaftliche Perspektiven im Licht der Asienkrise (FES-Analyse), Bonn, FES Library (electronic edition), 1998.

_____ [Fritz, Brasilien, 2002], Entwicklung durch wechselkurs-basierte Stabilisierung? – Der Fall Brasilien, Marburg, Metropolis Verlag, 2002.

German, C. [German, Autoritarismus, 1983], Brasilien: Autoritarismus und Wahlen, München, Weltforum Verlag, 1983.

Göhler, G. [Göhler, Grundfragen, 1987] Grundfragen der Theorie politischer Institutionen – Forschungsstand, Probleme, Perspektive, Opladen, Westdeutscher Verlag, 1987.

Gohn, M., *Teorias dos Movimentos Sociais*, São Paulo, Edições Loyola, 1997.

Graham, L./Wilson, R.H. [Graham et al., *Brazil*, 1990], *The Politcal Economy of Brazil: Public Policies in an Era of Transition*, Austin, University of Texas Press, 1990.

Grewe, H./Mols, M. (Hrsg.) [Grewe et al., Lateinamerika, 1994], Staat und Gewerkschaften in Lateinamerika – Wandel im Zeichen von Demokratie und Marktwirtschaft, Paderborn, 1994.

Guhl, A. [Guhl, Südafrika, 1994], Apartheid, Unternehmer und Sanktionen, Bamberg, Difo-Druck, 1994 (Diss.).

Hacke, C. [Hacke, Weltmacht, 2005], Zur Weltmacht verdammt – Die amerikanische Außenpolitik von J. f. Kennedy bis G. W. Bush, Ullstein Verlag, 2005.

Hagopian, F./Mainwaring, S. [Hagopian et al., *Wave*, 2005], *The Third Wave of Democratization in Latin America – Advances and Setbacks*, New York, Cambridge University Press, 2005, S. 90-120.

Hagopian, F. [Hagopian, *Brazil*, 2003], *The (Too-Low but) Rising Quality of Democracy in Brazil and Chile?* (Conference on The Quality of Democracy: Improvement or Subversion?, Stanford), Notre Dame, 2003, in:
http://iis-db.stanford.edu/pubs/20435/QofD_in_Brazil_and_Chile.pdf
(Zugriff: 20.07.2007)

_____ [Hagopian, *Politics*, 1996], *Traditional Politics and Regime Change in Brazil*, New York, Cambridge University Press, 1996.

Heinz, W. [Heinz, Militär, 2001], Neue Demokratien und Militär in Lateinamerika: die Erfahrungen in Argentinien und Brasilien (1983-1999), Frankfurt/M., Vervuert Verlag, 2001 (Habilitationsschrift).

Higley, J./Gunter, R. [Higley et al., *Elites*, 1992], *Elites and Democratic Consolidation in Latin America and Southern Europe*, Cambridge, Cambridge University Press, 1992,

Hochstetter, K. [Hochstetter, *Pressures*, 2000], *Democratizing Pressures from Below? Social Movements in the Brazilian Democracy*, in: Kingstone/Power, *Brazil*, 2000, S. 162-185.

Hoffman, H. [Hoffman, *Poverty*, 1989], *Poverty and Prosperity: What is Changing?*, in: Bacha et al., *Brazil*, 1989, S. 197-233.

Holtz, U. [Holtz, Brasilien, 1981], Brasilien – Eine historisch-politische Landeskunde, Paderborn, Ferdinand Schöningh Verlag, 1981 (Bd. 2: Qellen und Anmerkungen).

_____ [Holtz, Verschuldungskrise, 1988], Verschuldungskrise der Entwicklungsländer – Anhörung im Deutschen Bundestag, Baden-Baden, Nomos Verlagsgesellschaft, 1988.

Hopfmann, A./Wolf, M.(Hrsg.) [Hopfmann, Transformation, 2006], Transformation und Interdependenz – Beiträge zu Theorie und Empirie der mittel- und osteuropäischen Systemwechsel, Münster, Lit Verlag, 1998.

Hunter, W. [Hunter, *Transformation*, 2006], *Growth and Transformation of the Workers` Party in Brazil, 1989-2002* (Working Paper #326), University of Notre Dame - Kellog Institute, Indiana, August 2006.

Huntington, S.P. [Huntington, *Soldier*, 1957], *The Soldier and the State: Theory and Practice of Civil-Military Relations*, Cambridge, Harvard University Press, 1957.

_____ [Huntington, *Third Wave*, 1991], *The Third Wave – Democratication in the Late Twentieth Century*, Oklahoma, University of Oklahoma Press, 1991.

IMF [IMF, *ROSC*, 2001], *Brazil: Report on Observance of Standards and Codes (ROSC) – Fiscal Transparency Module* (Report #01-217), Washington DC, 2001.

_____ [IMF, *Growth*, 2006], *Brazil`s Long Term Growth Performance – Trying to Explain the Puzzle* (WP #06-282), IMF, Washington DC, 2006.

Jenks, M. [Jenks, *Parties*, 1979], *Political Parties in Authoritarian Brazil*, Duke University, 1979 (Ph.D.).

Junker, D./Nohlen, D./Sangmeister, H. (Hrsg.) [Junker et al., Lateinamerika, 1994], Lateinamerika am Ende des 20. Jahrhunderts, München, Beck Verlag, 1994.

Kahle, G. [Kahle, Lateinamerika Ploetz, 1989], Lateinamerika Ploetz - Die Geschichte der lateinamerikanischen Länder zum Nachschlagen, 2. Auflage, Freiburg, Verlag Ploetz, 1993.

Karl, T.L./Schmitter, P.C. [Karl/Schmitter, *Modos*, 1992], *Modos de Transitión en América Latina, Euopa del Sur y Europa del Este, Trabajo presentado al primer congresso nacional de ciencia política*, San Salvador, 22 al 24 de Julio de 1992.

Kaufman, R.R. [Kaufman, *Corporatism*, 1992], *Corporatism, Clientelism and Partisan Conflict: A Study of Seven Latin American Countries*, in: Malloy, *Corporatism*, 1977.

Key, V.O. [Key, *Political Craft*, 1936], *The Techniques of Political Craft in the United States*, Chicago, University of Chicago, 1936.

Kingstone, P./Power, T. (Hrsg.) [Kingstone/Power, *Brazil*, 2000], *Democratic Brazil: Actors, Institutions, and Process*, Pittyburgh, University of Pittsburg Press, 2000.

Kinzo, M. [Kinzo, *MDB*, 1988], *Legal Opposition Politics under Authoritarian Rule in Brazil – The Case of the MDB, 1966-1979*, New York, St. Martin`s Press, 1988 (Ph.D.).

_____ [Kinzo, *Brazil*, 2001], *Transitions: Brazil*, in: Garreton/Newman (Hrsg.), *Democrazy in Latin America – (Re)Constructing Political Society*, New York, 2001, S. 19-45.

_____ [Kinzo, *Brazil,* 2003], *Brazil since 1985 – Economy, Polity and Society*, London, Institute of Latin American Studies, 2003.

_____ [Kinzo, *Challenges,* 1993], *Brazil: The Challenges of the 1990s,* London, University of London Press, 1993

_____ [Kinzo, *Consolidation,* 1993], *Consolidation of Democracy: Governability and Political Parties in Brazil,* in: Kinzo, *Challenges,* 1993.

Kosminsky, E. [Kosminsky, Armut, 1994], Kinder und Jugendliche in Armut – Zu brasilianischern Sozialindikatoren, Arbeitshefte des Lateinamerikazentrums (Nr. 22), Westfälische Wilhelmsuniversität, Münster, 1994.

Kowarick, L./Singer, A. [Kowarick, *Workers` Party*, 1994], *The Workers` Party in São Paulo*, in: Kowarick, L. (Hrsg.), *Social Struggles and the City: The Case of São Paulo*, New York, Monthly Review, 1994, S. 225-256.

Krause, S. [Krause, Partizipation, 2006], Politische Partizipation und Repräsentation in Brasilien: Eine Fallstudie zur Konsolidierung der neuen Demokratien in Lateinamerika, Eichstätt, Katholische Universität Eichstätt, 2006 (Diss.), in: http://www.opus-bayern.de/ku-eichstaett/volltexte/2006/39/ (Zugriff: 11.07.2008)

Krüger, C. [Krüger, Transformation 2005], Transformation zur Demokratie in der pazifischen Inselwelt – Eine Vergleichsstudie des politischen Systemwechsels in Kiribati, Papua-Neuguinea und Samoa, Marburg, Tectum Verlag, 2005 (Diss.).

Krumwiede, W.H./Waldmann, P. [Krumwiede/Waldmann, Lateinamerika, 1992], Politisches Lexikon Lateinamerika, 3. Auflage, München, Beck Verlag, 1992.

Lafer, C.[Lafer, *Sistema*, 1983], *O Sistema Político Brasileiro hoje: Tendências e Perspectivas, Instituto de Estudos Econômicos Sociais e Políticos de São Paulo* (IDESP), 1, São Paulo, 1983.

Lamounier, B. [Lamounier, *Brazil*, 1983], *Authoritarian Brazil Revisited: The Impact of Elections on the Abertura*, in: Stepan, *Democratizing Brazil*, 1989, S. 43-79.

Lamounier, Bolivar [Lamounier, Demokratisierung, 1996], Demokratisierung und Reformen ohne politischen Pakt? – Zur historischen Einordnung der Regierung Cardoso, in: Lateinamerika Analysen-Daten-Dokumentationen, 13/32, 1996, S. 11-30.

_____ /Meneguello, R. [Lamounier/Meneguello, *Parties*, 1985], *Political Parties and Democratic Consolidation: The Brazilian Case* (Working Paper #165), Woodrow Wilson International Center for Scholars, Washington DC, 1985.

_____ /Meneguello, R. [Lamounier/Meneguello, *Partidos*, 1986], *Partidos Políticos e Consolidãçao Democrática: O Caso Brasileiro*, São Paulo, Brasiliense, 1986.

_____ (Hrsg.), *Voto de Desconfiança: Eleições e Mundança Política no Brasil, 1970-1979*, Petropolis, Vozes, 1980, S. 81-115.

Lateinamerika II - Politische Entwicklung seit 1945, in: Informationen zur politischen Bildung, Nr. 244, Bundeszentrale für politische Bildung, 1994.

Lauth, H.-J. [Lauth, Vergleichende Regierungslehre, 2002] Vergleichende Regierungslehre – Eine Einführung in die Theorie und Empirie der Transformationsforschung, Opladen, Westdeutscher Verlag, 2002.

Leer, L., [Leer, *Transition,* 1993], *Transition to Democracy in Brazil,* Universität Oslo, 1993 (Abschlussarbeit).

Lima Jr., O.B. de, *Democracia e instituições políticas no Brasil dos anos 80,* São Paulo, Loyola, 1993.

Linz, J.J. [Linz, *Spain,* 1970], *An Authoritarian Regime: Spain,* in: Allardt, E./Rokkan, E. (Hrsg.), *Mass Politics: Studies in Political Sociology,* New York, The Free Press, 1970.

_____ [Linz, *Spain,* 1964], *An Authoritarian Regime: the Case of Spain,* in: Allardt, Erik/Littunen, Yrjo (Hrsg.), *Cleavages, Ideologies and Party Systems,* Helsinki, Westmark Society, 1964.

_____ [Linz, *Spain,* 1970], *An Authoritarian Regime: Spain,* in: Allardt, E./Rokkan, S. (Hrsg.), *Mass Politics: Studies in Political Sociology,* New York, The Free Press, 1970

_____ /Stepan, A. [Linz/Stepan, *Crafting,* 1989], *Political Crafting and Democratic Consolidation or Destruction: European and South American Comparisons,* in: Pastor, *Democracy,* 1989.

_____ /Stephan, A. [Linz/Stepan, *Problems,* 1996], *Problems of Democratic Transition and Consolidation – Southern Europe, South America, and a Post-Communist Europe,* Baltimore, The John Hopkins University Press, 1996.

_____ [Linz, *Quelebra,* 1987], *La Quelebra de las Democracias,* Madrid, 1987.

_____ Linz, J.J./Stepan, A. [Linz/Stepan, *Democracia,* 1999], *A transição e consolidação da democracia: a experiência do Sul da Europa e da América do Sul,* São Paulo, Paz e terra, 1999.

Lion, K. [Lion, *Public Security,* 2003], *The Brazilian Military`s Role in Public Security: An Obstacle to the Successful End of the Democratic Transition,* The University of Texas – Teresa Lozano Long Institute of Latin American Studies, Austin, 2003, in: http://lanic.utexas.edu/project/etext/llilas/ilassa/2004/lion.pdf (Zugriff: 21.07.2007)

Love, J.L. [Lutz, *Brasil,* 1993], *Federalismo y Regionalismo en Brasil, 1889-1937,* in: Carmagnani, Marcello (Hrsg.), *Federalismo Latinoamericanos: Mexico/Brasil/Argentina,* DF: Fondo de Cultura Economica, 1993.

Lühr, V. [Lühr, Brasilien, 1983], Brasilien: Ein Fall ohne Beispiel, in: Evers et al., Weltwirtschaftsordnung, 1983, S. 207-222.

Lula da Silva, L.I., Rede des brasilianischen Präsidenten vor der 58. Generalversammlung der UN am 23.09.2003 in New York, in: www.mre.gov.br/ingles/politica_externa/discursos/discurso_detalhe.asp?ID_DISCURSO=2162 (Zugriff: 19.01.2008)

Lutz, E. [Lutz, Agriculture, 1998], Agriculture and the Environment – Perspectives on Sustainable Rural Development (Report #18583), The World Bank, Washington DC, 1998.

Macaulay, F., Democratisation and the Judiciary: Competing Reform Agendas, in: Kinzo, M., Brazil since 1985 – Economy, Polity and Society, London, Institute of Latin American Studies, 2003, S. 84-107.

Machado Peixoto, J.P. (Hrsg.), Partidos Políticos no Brasil, Insituto Tancredo Neves/Fundação Friedrich Naumann, Escopo Editora, 1987.

Mainwaring, S./Scully, T.R. [Mainwaring et al., Building, 1995], Building Democratic Institutions – Party Systems in Latin America, Stanford, Standford University Press, 1995.

_____ [Mainwaring, Brazil, 1995], Brazil: Weak Parties – Feckless Democracy, in: Mainwaring et al., Building, 1995, S. 354-398.

_____ [Mainwaring, Survivability, 1999], Democratic Survivability in Latin America, (Working Paper #267), University of Notre Dame - Kellog Institute, Notre Dame, 1999.

_____ /Samuels, D. [Mainwaring/Samuels, Federalism, 1999], Federalism, Constraints on the Central Government, and Economic Reform in Democratic Brazil, 2002 (Working Paper #271), University of Notre Dame - Kellog Institute, Indiana, November 1999.

_____ Grassroot Catholic Groups and Politics in Brazil, 1964-1985 (Working Paper #98), University of Notre Dame - Kellog Institute, Indiana, August 1987.

_____ [Mainwaring, Brazil, 1999], Rethinking Party Systems in the Third Wave of Democratization – The Case of Brazil, Standford, 1999.

_____ The Catholic Church and Politics in Brazil, 1916-1985, Stanford, Stanford University Press, 1986.

_____ The Catholic Youth Workers Movement (JOC) and the Emergence of the Popular Church in Brazil (Working Paper #6), University of Notre Dame - Kellog Institute, Indiana, Juli 1984.

Malloy, J.M. (Hrsg.) [Malloy, Corporatism, 1977], Authoritarianism and Corporatism in Latin America, Pittsburgh, University of Pittsburgh Press, 1977.

Merkel, W. [Merkel, Defekte Demokratie: 1, 2003], Defekte Demokratie: 1 – Theorie, Wiesbaden, VS Verlag für Sozialwissenschaften, 2003.

_____ (Hrsg.) [Merkel, Systemtransformation, 1999], Systemtransformation - Eine Einführung in die Theorie und Empirie der Transformationsforschung, Opladen, Leske + Budrich bei UTB, 1999.

_____ (Hrsg.) [Merkel, Systemwechsel: 1, 1994]:, Systemwechsel: 1 - Theorien, Ansätze und Konzepte der Transitionsforschung, Opladen, Leske + Budrich, 1994.

_____ (Hrsg.) [Merkel, Systemwechsel: 1, 1996]:, Systemwechsel: 1 -Theorien, Ansätze und Konzepte der Transitionsforschung, 2. Auflage, Opladen, Leske + Budrich, 1996.

_____ /Puhle, H.-J. [Merkel/Puhle, Transformationen, 1999], Von der Diktatur zur Demokratie – Transformationen, Erfolgsbedingungen, Entwicklungspfade, Opladen, Westdeutscher Verlag, 1999.

_____ /Thiery, P. [Merkel/Thiery, Systemwechsel, 1999], Systemwechsel, in: Lauth, Hans-Joachim, Vergleichende Regierungslehre – Eine Einführung in die Theorie und Empirie der Transformationsforschung, Opladen, Leske + Budrich, 1999.

_____ /Thiery, P. [Merkel/Thiery, Systemwechsel, 2002], Systemwechsel, in: Lauth, Vergleichende Regierungslehre, 2002, S. 181-213.

Mewes, H. [Mewes, Asienkrise, 1998], Auswirkungen der Asienkrise auf Lateinamerika, in: Dresdner Bank – Lateinamerika AG (Hrsg.), Kurzbericht über Lateinamerika 12, Hamburg, 1998.

Meyer-Stamer, J. [Meyer-Stamer, Strukurwandel, 2000], Über den Verlust von Dekaden und den Verlauf von Lernkurven – Wirtschaftlicher Strukturwandel und die Irrungen und Wirrungen der wirtschaftspolitischen Diskussion in Brasilien (Heft 3), in: Ibero-Analysen (Dokumente, Berichte und Analysen), Ibero-Amerikanisches Institut Preußischer Kulturbesitz, Berlin, Mai 2000.

Moltmann, B. [Moltmann, Brasilien, 1989], Brasilien: Zwanzig Jahre Militärherrschaft – Lande Schatten eines ehrgeizigen Entwicklungsmodells, in: Steinweg, R./Moltmann, B. (Hrsg.), Militärregime und Entwicklungspolitik, Frankfurt/M., 1989, S. 85-103.

_____ [Moltmann, Militär, 1975], Militär in Brasilien – Von Interventionen zum technokratischen Militarismus, in: Sotelo et al., Militär, 1975, S. 167-194.

_____ [Moltmann, Brasilien, 1993], Regionalisierung als Ausweg aus der Krise? Tendenzen der sicherheitspolitischen Entwicklung in Argentinien und Brasilien, in: Daase et al., Regionalisierung, 1993, S. 171-196.

Moreira Alves, M.H. [Moreira Alves, *Opposition*, 1989], *Interclass Alliances in the Opposition to the Military in Brazil: Consequences for the Transition Period*, in: Eckstein/Merino, *Popular Protest*, 1989, S. 278-298.

_____ [Moreira Alves, *Opposition*, 1985], *State and Opposition in Military Brazil*, Austin, University of Texas Pres, 1985.

Moura Castro, C., *What is Happening in Brazilian Education?*, in: Bacha et al., *Brazil*, 1989, S. 263-311.

Müller, K., Globalisierung, Bonn, Campus bei Bundeszentrale für politische Bildung, 2002.

Munck, G.L. [Munck, *Diaggregating*, 1996], *Disaggregating Political Regime: Conseptual Issues in the Study of Democratization* (Working Paper #228), University of Notre Dame - Kellog Institute, Notre Dame, August 1996.

_____ [Munck, *Identity*, 1990], *Identity and Ambiguity in Democratic Struggles*, in: Foweraker et al., *Change*, 1990, S. 23-42.

Muszynski, J./Lamounier, B. [Muszynski/Lamounier, Brasilien, 1993], Brasilien, in : Nohlen, Handbuch, 1993.

Napolitano, M. [Napolitano, *Chronology*, 2006], *A Chronology of Brazilian Political History: 1960/2002*, in: Codato, *Transition*, 2006, S. 151-164.

Neto, P. [Neto, *Intervention*, 1995], *From Intervention to Participation: The Transformation of Military Politics in Brazil, 1974-1992*, New York, Columbia University, 1995 (Ph.D.).

Nicolau, J.M. (Hrsg.) [Nicolau, *Brasil*, 1998], *Dados Eleitorais do Brasil (1982-1996)*, Rio de Janeiro, Editora Revan, 1998.

Nohlen, D., Brasilien, in: Nohlen, D. (Hrsg.), Lexikon Dritte Welt, Hamburg, Rowohlt Taschenbuch Verlag, 2000, S. 119-124.

_____ (Hrsg.), *Descentralizatión politica y consolidacíon democrática, Europa – América del Sur*, Madrid, Síntesis, 1991.

_____ Kleines Lexikon der Politik, Bonn, Bundeszentrale für politische Bildungsarbeit, München, 2001.

_____ (Hrsg.) [Nohlen, Lexikon Dritte Welt, 2000], Lexikon Dritte Welt, Hamburg, Rowohlt Taschenbuch Verlag, 2000.

_____ (Hrsg.) [Nohlen, Lexikon Dritte Welt, 2002], Lexikon Dritte Welt: Länder, Organisationen, Theorien, Hamburg, Rowohlt Taschenbuch Verlag, 2002.

_____ Systemwechsel, in: Nohlen, Dieter, Kleines Lexikon der Politik, München, Bonn, Bundeszentrale für politische Bildungsarbeit, 2001, S. 507-510.

_____ /Schultze, R.-O. [Nohlen/Schultze, Lexikon, 2005], Lexikon der Politikwissenschaft, Band 2 N-Z, 3. Auflage, München, Beck Verlag, 2005.

_____ /Thibaut, B.d [Nohlen/Thibaut, Lateinamerika, 1996], Transitionsforschung zu Lateinamerika: Ansätze, Konzepte, Thesen, in: Merkel, W. (Hrsg.):, Systemwechsel: 1 -Theorien, Ansätze und Konzepte der Transitionsforschung, 2. Auflage, Opladen, Leske + Budrich, 1996, S. 195-229.

Nolte, Detlef [Nolte, Lateinamerika, 1997], Der verunsicherte Jaguar – Lateinamerika zwischen wirtschaftlichem Optimismus und politischer Skepsis, in: Lateinamerika Jahrbuch, Institut für Iberoamerika-Kunde, Bd. 6, Hamburg, 1997, S. 37-57.

_____ [Nolte, Militärregime, 1994], Die Vorherrschaft der Militärregime in den sechziger und siebziger Jahren, in: Lateinamerika II - Politische Entwicklung seit 1945, in: Informationen zur politischen Bildung, Nr. 244, Bundeszentrale für politische Bildung, 1994.

Nylen, W.R. [Nylen, *Brazil*, 2003], *Participatory Democracy versus Elit Democracy: Lessons from Brazil*, New York, Palgrave Macmillan, 2003.

_____ [Nylen, *Owners*, 1993], *Small Business Owners Fight Back: Non-Elite Capital Activism in "Democratizing Brazil" (1978-1990)*, New York, Columbia University, 1993 (Ph.D.).

_____ [Nylen, *The Workers' Party*, 2000], *The Making of a Loyal Opposition – The Workers' Party (PT) and the Consolidation of Democracy in Brazil*, in: Kingstone, *Brazil*, 2000.

Oberreuter, H./Weiland, H. (Hrsg.) [Oberreuter et al., Demokratie, 1994], Demokratie und Partizipation in Entwicklungsländern, Paderborn, Schöningh Verlag, 1994.

O`Donnell, G. (Hrsg.) [O`Donnell, *Modernization,* 1979], *Modernization and Bureaucratic Authoritarianism – Studies in South American Politics*, Berkeley (Institute of International Studies), 1979 (zuerst 1973).

_____ /Schmitter, P.C. [O`Donnell und Schmitter, 1988], *Transições do regime autoritário: primeras conclusões*, Rio de Janeiro, Vértice/Ed. Revista dos Tribunais, 1988.

_____ /Schmitter, P.C./Whitehead, L., [O`Donnell/Schmitter et al., *Transitions,* 1986], *Transitions from Authoritarian Rule: Tentative Conclusions about Uncertain Democracies*, Baltimore, John Hopkins University Press, 1986.

Oliveira, E.R. [Oliveira, *Brasil,* 1976], *As Forças Armadas: Política e Ideologia no Brasil (1964-1969)*, Petrópolis, Vozes, 1976.

Oliveira, E.R. [Oliveira, *Geisel,* 1980], *Conflits et decisions sous la présidence du général Geisel (1974-1979)*, in: Peixoto et al., *Brésil*, 1980, S. 105-139.

Orenstein, M.A. [Orenstein, *New Pension*, 2006], *Transnational Politics and the New Pension Reforms*, Syracuse, Syracuse University – Moynihan Institute of Global Affairs, 2006, in:

http://www.maxwell.syr.edu/psc/Faculty/New%20Pension%20Reform%20CORNELL
%20SUBMISSION.pdf
(Zugriff: 24.11.2007)

Packenham, R.A. [Packenham, *Brazil*, 1999], *The Politics of Economic Liberalization: Argentina and Brazil in Comparative Perspective* (Working Paper #206), University of Notre Dame - Kellog Institute, Notre Dame, April 1994.

Pastor, R.A. [Pastor, *Democracy,* 1989], *Democracy in the Americas: Stopping the Pendulum*, New York, Holmers and Meier, 1989.

Patrinos, H.A. [Patrinos, *Discrimination*, 1994], *The Costs of Discrimination in Latin America* (Report #13801-HROWP), The World Bank, Washington DC, 1994.

Payne, L.A. [Payne, *Industrialists*, 1994], *Brazilian Industrialists and Democratic Change*, Baltimore, The John Hopkins Press, 1994.

Peixoto, A.C. et al. [Peixotzo et al., *Brésil*, 1980], *Les partis militaires en Brésil*, Paris, 1980

Pereira, A.W. [Pereira, *State Violence*, 2000], An *Ugly Democracy? State Violence and the Rule of Law in Postauthoritarian Brazil*, in: Kingstone/Power, *Democratic Brazil*, 2000.

_____ [Pereira, *Political Trials*, 1996-1997], *Law Under Siege: The Origins and Transformation of Brazil`s Political Trials, 1964-1979* (WP # 1996-1997 – 7), Harvard University – David Rockefeller Center for Latin American Studies, 1996-1997.

Pereira, L.C. [Pereira, *Development*, 1984], *Development and Crisis in Brazil 1930-1983*, Boulder, 1984.

Peterson, P.J. [Peterson, *Parties*, 1962], *Brazilian Political Parties: Formation, Organization, and Leadership, 1945-1959*, University of Michigan, 1962 (Ph.D.).

Pollert, A./Kirchner, B./Polzin, J.M. [Pollert et al., Lexikon der Wirtschaft, 2004], Das Lexikon der Wirtschaft – Grundlegendes Wissen von A bis Z, 2. Auflage, Mannheim, Bibliographisches Institut & F. A. Borckhaus AG, 2004 (Lizenzausgabe für die Bundeszentrale für politische Bildung, Bonn, 2004).

Polyglott APA Guide Brasilien [Polyglott Brasilien*,* 2005/2006], München, Langenscheidt KG, 2005/2006.

Poulantzas, N. [Poulantzas, Crise, 1975], *La Crise de Dictatures: Portugal, Grece, Espagne*, Paris, 1975.

Prien, H.-J. [Prien, Situation, 1997], Die religiöse Situation in Brasilien nach dem Ende des katholischen Monopols, Arbeitshefte des Lateinamerika-Zentrums (Nr. 37) - Westfälische Wilhelms-Universität, Münster, 1997.

Przeworski, A., *Democracy and the Market – Political and Economic Reforms in Eastern Europe and Latin America*, Cambridge, Cambridge University Press, 1991.

Queiroz, M. I. P. [Queiroz, *Mandanismo*, 1976], O *Mandanismo Local na Vidal Política Brasileira e outros Ensaios*, Editora Alfa-Omega, São Paulo, 1976.

Randall, V. (Hrsg.) [Randall, *Parties*, 1988], *Political Parties in the Third World*, London, SAGE Publications, 1988.

Remmer, K. [Remmer, *Military Rule*, 1989], *Military Rule in Latin America*, Boston, Unwin Hyman, 1989.

Rodrigues, L.M. [Rodrigues, *Partidos*, 1990], *Partidos e Sindicaztos*, Escritos de Sociologia Política, São Paulo, Ática, 1990.

Roett, R. [Roett, *Brazil*, 1984], *Brazil – Politics in a Patrimonial Society*, 3. Auflage, New York, Praeger, 1984.

Rostow, W.W. [Rostow, *Growth,* 1960], *The Stage of Economic Growth*, Cambridge, Cambridge University Press, 1960.

Rouquié, A. [Rouquié, *L`état*, 1982], *L`état militaire en Amérique Latine*, Paris, 1982.

Rüb, F.W., [Rüb, Herausbildung, 1996], Die Herausbildung politischer Institutionen in Demokratisierungsprozessen, in: Merkel, Wolfgang (Hrsg.), Systemwechsel: 1, 1996, S. 111-141.

Rucht, D., Soziale Bewegungen, in: Nohlen, D./Schultze, R.-O. [Nohlen/Schultze, Lexikon, 2005], Lexikon der Politikwissenschaft, Band 2 N-Z, 3. Auflage, München, Beck Verlag, 2005, S. 902-905

Rumpf, E. [Rumpf, *Parteien*, 2003], Unterentwicklung der politischen Parteien und Dominanz der Eliten in Brasilien, Berlin, 2003 (Diss.), in:
http://www.diss.fu-berlin.de/2004/52 (Zugriff: 20.07.2007)

Sangmeister, H. [Sangmeister, Verschuldung, 1994], Verschuldung und soziale Schuld, in: Junker et al., 1994, S. 104-123.

Schirm, S.A. [Schirm, Brasilien, 1990], Brasilien: Regionalmacht zwischen Autonomie und Dependenz – Außenpolitik, Wirtschaft und Sicherheit im internationalen und lateinamerikanischen Kontext (1979-1988), Hamburg (Institut für Iberoamerikakunde, Schriftenreihe, Bd. 32), 1990.

_____ [Schirm, Märkte, 1999], Globale Märkte, nationale Politik und regionale Kooperation – in Europa und den Amerikas -, Baden-Baden, Nomos Verlagsgesellschaft, 1999.

_____ [Schirm, Macht, 1994], Macht und Wandel: Die Beziehungen der USA zu Mexiko und Brasilien – Außenpolitik, Wirtschaft und Sicherheit, Opladen, Leske + Budrich, 1994 (Diss.).

_____ [Schirm, Strukturpolitik, 2007], Die Rolle Brasiliens in der globalen Strukturpolitik, Bonn, Deutsches Institut für Entwicklungspolitik, 16/2007,
in: http://www.ruhr-uni-bochum.de/lsip (Zugriff: 17.11.2007)

Schneider, R.M. [Schneider, *Brazil*, 1996], *Brazil – Culture and Politics in a New Industrial Powerhouse*, Boulder (Col.), Westview Press, 1996.

_____ [Schneider, *Future*, 1986], *Brazil`s Political Future*, in: Selcher, *Liberalization*, 1986.

_____ [Schneider, *Order and Progress*, 1991], *„Order and Progress" – A Political History of Brazil*, Boulder, Westview Press, 1991.

Schrader, A.[Schrader, Sozialstruktur, 1994], Sozialstruktur, in: Briesemeister, Brasilien, 1994, S. 155-175.

Schwarzmann, S. [Schwarzmann, *Transition*, 1997], *The New Brazilian Transition* (Working Paper #232 – Latin American Program), Woodrow Wilson International Centre for Scholars, Washington DC, Dezember 1997.

_____ [Schwartzmann, *Education*, 1992], *The Future of Higher Education in Brazil* (Working Paper #197 – Latin American Program), Woodrow Wilson International Centre for Scholars, Washington DC, Dezember 1997.

Selcher, W.A. [Selcher, *Dilemmas*, 1986], *Contradictions, Dilemmas, and Actors in Brazil`s Abertura*, in: Selcher, *Liberalization*, 1986.

_____ [Selcher, *Liberalization*, 1986], *Political Liberalization in Brazil*, Boulder, Westview Press, 1986.

Silva, H. [Silva, *Golpe*, 1975], *1964: Golpe ou contragolpe?*, Rio de Janeiro, 1975.

Skidmore, T.E. [Skidmore, *Slow Road*, 1989], *Brazil`s Slow Road to Democratization: 1974-1985*, in: Stepan, *Democratizing Brazil*, 1989, S. 5-43.

_____ [Skidmore, *New Test*, 2000], *A New Test for Brazilian Democracy*, in: Kingstone/Power, *Brazil*, 2000, S. xi-xix.

_____ /Smith, P. [Skidmore/Smith, *Latin America*, 2005], *Modern Latin America*, 6. Auflage, New York, Oxford University Press, 2005.

_____ [Skidmore, *Politics*, 1973], *Politics and Economic Policy-Making in Authoritarian Brazil*, 1937-71, in: Stepan, *Brazil*, 1973, S. 3-46.

_____ [Skidmore, *Politics*, 1967], *Politics in Brazil, 1930-1964: An experiment in democrazy*, New York, Oxford University Press, 1967.

_____ [Skidmore, *Politics*, 1988], *The Politics of Military Rule in Brazil, 1964-1985*, New York, Oxford University Press, 1988.

Smith, P.H. [Smith, *Democracy*, 2004], *Cycles of Electoral Democracy in Latin America, 1900-2000* (Working Paper # 6), University of California – Berkeley, Center for Latin American Studies, Januar 2004.

_____ [Smith, *Illiberal Democracy*, 2005], *The Rise of Illiberal Democracy in Latin America*, in:
http://www.clas.berkeley.edu:7001/Events/fall2004/10-18-04-smith/Smith_Illiberal_Democracy_d2.pdf (Zugriff: 20.07.2007)

Sola, L. [Sola, *Brazil*, 1994], *The State, Structural Reform, and Democratization in Brazil*, in: Acuña et al., *Democracy*, 1994, S. 151-181.

Sotelo, I./Eßer, K./Moltmann, B., [Sotelo, Militär, 1975], Die bewaffneten Technokraten – Militär und Politik in Lateinamerika, Hannover, Fackelträger-Verlag Schmidt-Küster GmbH, 1975.

Souza, J.A. [Souza, *Transformation*, 2004], *Institutional Change and Economic Transformation in Brazil, 1945-2004 – From Industrial Catching-Up to Financial Fragility*, 2004, in:
http://ideas.repec.org/p/anp/en2005/064.html
http://www.anpec.org.br/encontro2005/artigos/A05A064.pdf (Zugriff: 29.03.2007)

Souza, M. [Souza, *Brasil*, 1976], *Estado e Partidos Politicos no Brasil (1930 a 1964)*, 1976.

Stallings, B. (Hrsg.), *Global Change, Regional Response*, Cambridge, Cambridge University Press, 1995.

Steinweg, R./Moltmann, B. (Hrsg.) de [Steinweg/Moltmann, Militärregime, 1989], Militärregime und Entwicklungspolitik, Frankfurt/M., Suhrkamp Verlag, 1989.

Stepan, A. (Hrsg.) [Stepan, *Brazil*, 1973], New Haven, Yale University Press, 1973

Stepan, A. (Hrsg.) [Stepan, *Democratizing Brazil*, 1989], *Democratizing Brazil – Problems of Transition and Consolidation*, New York, Oxford University Press, 1989.

_____ [Stepan, *Brazil*, 1971], *The Military in Politics: Changing Pattern in Brazil*, Princeton, Princeton University Press, 1971.

Ströh, Christiane: Brasilien und Globalisierung - Handlungsspielräume aktueller brasilianischer Wirtschaftspolitik: Herausforderungen, Möglichkeiten und Grenzen der Regierung Lula, Ulm, Polymundo, 2005 (Diplomarbeit).

Sukup, V., Brasilien – „Neue Republik" mit alten Problemen, in: Sukup, V., Zeitbombe Südamerika Ein Kontinent zwischen Diktatur und Demokratie, Köln, Pahl-Rugenstein Verlag, 1988, S. 200-241.

Sukup, V., Zeitbombe Südamerika: Ein Kontinent zwischen Diktatur und Demokratie, Köln, Pahl-Rugenstein Verlag, 1988 (Kleine Bibliothek, 464; Dritte Welt).

Thibaut, B., [Thibaut, Brasilien, 1996], Präsidentialismus und Demokratie in Lateinamerika – Argentinien, Brasilien, Chile und Uruguay im historischen Vergleich, Opladen, Leske + Budrich, 1996.

Thiery, P. [Thiery, Chile, 2000], Transformation in Chile – Institutionaler Wandel, Entwicklung und Demokratie 1973-1996, Frankfurt/M., Vervuert Verlag, 2000 (Diss.)

Töpper, B./Müller-Plantenberg, U. (Hrsg.) [Töpper/Müller-Plantnberg, Transformation, 1994], Transformation im südlichen Lateinamerika – Chancen und Risiken einer aktiven Weltmarktintegration in Argentinien, Chile und Uruguay, Frankfurt/M., Vervuert Verlag, 1994.

Valle, A. [Valle, *Novas Estruturas*, 1977], *As novas Estruturas Políticas Brasileiras*, Rio de Janeiro, Editora Nordica Ltda., 1977.

Veser, E. [Veser, Brasilien, 1993], Die Reorganisation des Parteiensystems in Brasilien von 1979, Frankfurt/M., Lang Verlag, 1993.

Viana, F.L. [Viana, *Castelo Branco*, 1965], *O Governo Castelo Branco*, Rio de Janeiro, Civilização Brasileira, 1965.

Viola, Eduardo [Viola, *Brasil*, 1987], *O movimento ecologico no Brasil (1974-1986) – Do ambientalismo à ecopolitica* (Working Paper #93), University of Notre Dame - Kellog Institute, Notre Dame, 1987.

Waldmann, P./Krumwiede, W. [Waldmann/Krumwiede, Lateinamerika, 1992], Politisches Lexikon Lateinamerika (Beck`sche Reihe Aktuelle Länderkunden), München, Beck Verlag, 1992.

Weiß, W./Herrmann, C. , [Weiß/Herrmann, Welthanselsrecht, 2003], Welthandelsrecht, München, Beck Verlag, 2003.

Wesson, R.G./Fleischer, D.V. [Wesson/Fleischer, *Brazil*, 1983], *Brazil in Transition*, Stanford, Stanford University Press, 1983.

_____ [Wesson, *Democracy*, 1982], *Democracy in Latin America*, New York, Praeger Publishers, 1982.

Weyland, K. [Weyland, *Democracy*, 2005], *The Growing Sustainability of Brazil`s Low-Quality Democracy*, in: Hagopian et al., *Wave*, 2005, S. 90-120.

Wiarda, I.S. [Wiarda, *Brazil, 2000*], *Brazil: The Politics of "A New Order and Progress"*, in: Wiarda, H./Kline, *Politics,* 2000, S. 127-164.

Wiarda, H./Kline, H.F. [Wiarda/Kline, *Politics,* 2000], *Latin American Politics & Development*, 5. Auflage, Boulder, Westview Press, 2000.

Wiarda, H. (Hrsg.) [Wiarda, *Struggle, 1980*], *The Continuing of Struggle for Democracy in Latin Amerca*, Boulder, 1980.

Wöhlcke, M. [Wöhlcke, Brasilien, 1991], Brasilien – Anatomie eines Riesen (Ein Reise- und Studienbegleiter), 3. Auflage, München, Beck Verlag, 1991.

_____ [Wöhlcke, Brasilien, 1994], Brasilien – Diagnose einer Krise, München, Beck Verlag, 1994.

_____ [Wöhlcke, Kosten, 1991], Brasilien: Kosten des Fortschritts, in: Jahrbuch Dritte Welt, 1991, S. 177-195.

Wolf, M., Transformation als Systemwechsel – eine modelltheoretische Annäherung, in: Hopfmann et al., Transformation, 1998, S. 39-64.

World Bank [World Bank, *Privatisation*, 2003], *Analysing Privatisation in Brazil: The Role of Independent Regulatory Agencies* (Report #28733), The World Bank, Washington DC, 2003.

_____ [World Bank, *Boom*, 1994], *Boom, Crisis, and Adjustment – The Macroeconomic Experience of Developing Countries, 1970-1990* (Report #13729), The World Bank, Washington DC, 1994.

_____ [World Bank, *Brazil - Equitable*, 2003], *Brazil – Equitable, Competitive, Sustainable: Contributions for Debate* (Report #27832), Washington DC, World Bank, 2003.

_____ [World Bank, *Conservation*, 1995], *Brazil - Environmental Conservation and Rehabilitation Project* (Report #14585-BR), The World Bank, Washington DC, 1995.

_____ [World Bank, *FUNDESCOLA II*, 1998], *Brazil – FUNDESCCOLA II – Second School Improvement Project*, The World Bank, Washington DC, 1998.

_____ [World Bank, *Impowering the Poor*, 2001], *Impowering the Poor through Decentralization: Brazil Rural Poverty Alleviation Program* (Report #27401), The World Bank, Washington C, 2001.

_____ [World Bank, *Partnership*, 1994], *A Partnership for Environmental Progress* (Report #17509), The World Bank, Washington DC, 1994.

_____ [World Bank, *AIDS Crisis*, 2004], *Responding to the HIV/AIDS Crisis – Lessons from Global Best Practices* (Report #37212), The World Bank, Washington DC, 2004.

Zapata, F. [Zapata, *Reestructuración*, 1993], *Reestructuración economica, democratización political y sindicalismo en América Latina*, in: Dombois et al., *Modernización*, 1993, S. 63-79.

Aufsätze, Periodika, Zeitschriften und Zeitungen

Amann, E./Baer, W. [Amann/Baer, *Neoliberalism*, 1992], *Neoliberalism and its Consequences in Brazil*, in: *Journal of Latin American Studies* 34, 2002, S. 945-959.

Amorim Neto, O./Santos, F. [Amann/Baer, *Connection*, 2001], *The Executive Connection: Presidentially Defined Factions and Party Discipline in Brazil*, in: *Party Politics*, 2001, 7, S. 213-234.

Arceneaux, C. [Arceneaux, *Brazil*, 2001], *Military Regimes and Transition Control in the Southern Cone and Brazil: Implications for Democratization in Latin America*, in: *Journal of Political & Military Sociology*, Winter 2001, 29/2, S. 259-274.

Arinos, Afonso [Arinos, *Constituciao*, 1984], *Por uma nova Constituciao: As aspiraces nacionais*, in: *Revista de Ciência Politica*, Rio de Janeiro, 1984, S. 54-85.

Black, J.K. [Black, *Redmocratization*, 1992], *Brazil`s Limited Redemocratization*, in: *Current History*, Februar 1992, S. 85-89.

Booth, J.A. [Booth, *National Revolts*, 1991], *Socioeconomic and Political Roots of National Revolts in Central America*, in: *Latin American Research Review*, Vol. 26, Nr., 1991, S. 33-73.

Braun, G. [Braun, Schwellenland, 1991], Südafrika: Vom Schwellenland zur Drittwelt-Gesellschaft, in: africa spectrum, 1989, Jg. 24, Nr. 2, S. 173-195.

Buch, H.-C., Ein ruheloser Kontinent, in: Welt am Sonntag v. 11.05.2008, S. 11.

Brühl, D. [Brühl, Verfassung, 1992], Die brasilianische Verfassung von 1988 und die Munizipien, in: Archiv für Kommunalwissenschaften, Bd. 31/1, 1992, S. 41-55.

Calcagnotto, G. [Calcagnotto, Bresser, 1988], Der Plano Bresser – Eine Anleitung zum ordnungspolitischen Wandel?, in: NORD-SÜD aktuell, Vol. 2, Nr.1, 1988, S. 70-73.

Calcagnotto, Gilberto [Calcagnotto, Umweltpolitik, 1990], Umweltpolitik und nachholende Industrialisierung: Das Beispiel Brasilien, in: Nord-Süd aktuell, 1990, S. 86-92.

Cammack, P. [Cammack, *Brazil*, 1991], *Brazil: The Long March to the New Republic*, in: *The New Left Review*, 1991, S. 21-58.

Cavarozzi, M. [Cavarozzi, *Transitions*, 1992], *Beyond Transitions to Democracy in Latin America*, in: *Journal of Latin Amercian Studies*, Vol. 24, Oktober 1992, S. 665-684.

Chalmers, D.A. [Chalmers, *Parties*, 1972], *Parties and Society in Latin America*, in: *Studies in Comparative International Development*, 1972, VII, S. 102-130.

Codato, A.N. [Codato, *Transition*, 2006], *Political Transition and Democratic Consolidation in Brazil: A Historial Perpsective*, in: Codato, Adriano Nervo, *Political Transition, Democratic Consolidation – Studies on Contemporary Brazil*, Hauppauge, Nova Science Publishers, 2006, S. 1-26.

Dassin, J. [Dassin, *Press*, 1984], *The Brazilian Press and the Politics of Abertura*, in: *Journal of Interamerican Studies and World Affairs* 26/3, August 1984, S. 385-414.

Faro de Castro, M. [Faro de Castro/Valladão de Carvalho, *Brazil*, 2003], *Globalization and Recent Political Transitions in Brazil*, in: *International Political Science Review*, Vol. 24, Nr. 4, 2003, S. 465-490.

Faust, J. [Faust, Staatsversagen, 2002], Staatsversagen in Lateinamerika, der „verewigte Leviathan", in: Internationale Politik, 57/2002, 8, S. 17-24.

Filho, Gisálio Cerqueira/Neder, Gizelene [Filho/Neder, *Children*, 2001], *Social and Historical Approaches Regarding Street Children in Rio de Janeiro (Brazil) in the Context of the Transition to Democracy*, in: *Childhood*, 2001, 8/1, S. 11-29.

Flynn, P., *Brazil and Inflation: A Threat to Democracy*, in: *Third World Quarterly*, 1989, vol. 11 Nr. 3, S. 50-70.

Foweraker, J. [Foweraker, *Brazil*, 2001], *Grassroots Movements and Political Activism in Latin America: A Critical Comparison of Chile and Brazil*, in: *Journal of Latin American Studies*, Vol. 33, 2001, S. 839-865.

Freitag, Barbara, Wirtschaftsentwicklung und Bildung in Brasilien, in: Lateinamerika, Analysen, Daten, Dokumentation, Nr. 16 (April 1991), S. 87-102.

Garretón, M.A. [Garretón, *Problems,* 1988], *Problems od Democracy in Latin America: On the Process of Transition and Consolidation*, in: *International Journal*, XLIII, 1988, S. 357-377.

Geddes, Barbara/Neto, Artur R. [Geddes/Neto, *Brazil*, 1992], *Institutional Sources of Corruption in Brazil*, in: *Third World Quarterly*, Bd. 13, Heft 4, 1992, S. 641-661.

Haber, P.L. [Garretón, *Identity,* 1996], *Identity and Political Process: Recent Trends in the Study of Latin American Social Movements*, in: *Latin American Research Review*, Vol. 31, Nr. 1, 1996, S. 171-188.

Hagopian, F. [Hagopian, *Change*, 1993], *After Regime Change: Authoritarian Legacies, Political Representation, and the Democratic Future of South America*, in: *World Politics* 45, 3 (April 1993), S. 464-500.

_____ [Hagopian, *Brazil,* 1990], *Democracy by Undemocratic Means?: Elites, Political Pacts, and Regime Transition in Brazil*, in: *Comparative Political Studies* 23, 2 (Juli 1990), S. 147-170.

_____ /Mainwaring, S. [Hagopian, *Brazil,* 1987], *Democracy in Brazil: Problems and Prospects*, in: *World Policy Journal*, 4 (1987), 3, S. 485-514.

Haubrich, W., Der lange Weg von der Diktatur zur Demokratie, in: Internationale Politik 51 (7), S. 11-17.

Hecking, C., Vergessen Sie die Copacabana, in: Welt am Sonntag, 30.09.2007.

Heinz, W. [Heinz, Verfassung, 1996], Der Beitrag der Verfassung von 1988 zum Demokratisierungsprozess in Brasilien, in: NORD-SÜD aktuell, 1/1996, S. 107-114.

Hornberger, N., *Literacy in South America, Annual Review of Applid Linguistics* 2, 1992, S. 190-215.

Hunter, W., *Politicians against Soldiers: Contesting the Military in Postauthoritarian Brazil*, in: *Comparative Politics*, Bd. 27, Heft 4, 1995, S. 425-443.

Huntingtion, Samuel [Huntington, *One Soul*, 1988], *One Soul at a Time: Political Science and Politcal Reform*, in: *American Political Science Review*, Vol. 82, Nr. 1, März 1988.

Karl, T.L. [Karl, *Dilemmas*, 1992], *Dilemmas of Democratization in Latin America*, in: *Comparattive Politics* (23) 1, 1992, S. 1-22.

Lamounier, Bolivar [Lamounier, Demokratisierung, 1996], Demokratisierung und Reformen ohne politischen Pakt? – Zur historischen Einordnung der Regierung Cardoso, in: Lateinamerika Analysen-Daten-Dokumentationen, 13/32, 1996, S. 11-30.

Krell, A. [Krell, Bundesverfassung, 1999], 10 Jahre brasilianische Bundesverfassung – Rechtsdogmatische und rechtssoziologische Aspekte der Entwicklung des Grundrechtsschutzes, in: Verfassung und Recht in Übersee, Bd. 32/1, 1999, S. 8-31.

Leeds, A. [Leeds, *Social Structure*, 1964], *Brazilian Careers and Social Structure: A Case History and Model*, in: *American Anthropologist* 66, 1964, S. 1321-1347 (PDF).

Levine, R.M. [Levine, *Slavery*, 1989], *"Turning on the Lights": Brazilian Slavery Reconsidered One Hundred Years after Abolition*, in: *Latin American Research Review*, 1989, Bd. 24, Nr. 2, S. 201-217.

Lins da Silva, C.E. [Lins da Silva, *Democracy*, 1993], *Brazil`s Struggle with Democrazy, in: Current History*, Bd. 92, Heft 572 (1993), S. 126-129.

Linz, J.J. [Karl, *Transiciones*, 1992], *Transiciones a la Democracia*, in: *Revista Espagnola de Investigaciones Sociologicas*, Madrid, 51, S. 7-33.

Lipset, S. M./Kyoung-Ryoug, S./Torres, J.C. [Lipset et al., *Democracy*, 1993], *A Comparative Analysis of the Social Requisites of Democracy*, in: *Innovation in Industry, Technology and Society, International Social Science Journal*, 135, Blackwell Publischers – UNESCO, 1993, S. 155-172.

Lipset, S.M. [Lipset, *Democracy*, 1959], *Social Requisites of Democracy: Economic Development and Political Legitimacy*, in: *American Political Science Review*, 1959, 53, S. 69-105.

Mainwaring, S. [Mainwaring, *Underdevelopment*, 1992/1993], *Brazilian Party Underdevelopment in Comparative Perspective*, in: *Political Science Quarterly*, Vol. 107, Nr. 4, Winter 1992/1993, S. 677-707.

_____ [Mainwaring, *Democracy in Brazil,* 1995], *Democracy in Brazil and the Southern Cone: Achievements and Problems,* in: *Journal of Interamerican Studies and World Affairs,* Vol. 37, Nr. 1, Frühling 1995, S. 113-179.

_____ [Mainwaring, *Brazil,* 1988], *Political Parties and Democratization in Brazil and the Soutern Cone,* in: *Comparative Politics* 21, Oktober 1988, S. 91-120.

_____ /Viola, E. [Mainwaring/Viola, *Brazil,* 1985], *Transitions to Democracy: Brazil and Argentina in the 1980s,* in: *Journal of International Affairs,* 1985, 38, S. 193-219.

_____ [Mainwaring, *Transition,* 1986], *The Transition to Democracy in Brazil,* in: *Journal of Interamerican Studies and World Affairs,* Vol. 28, Nr. 1, 1986, S. 149-179 (PDF).

_____ [Mainwaring, *Democratization,* 1987], *Urban Popular Movements, Identity, and Democratization in Brazil,* in: *Comparative Politcal Studies,* 20, Nr. 2, Juli 1987, S. 131-159.

McDonough, P./Shin, D.C./Moises, J.A. [McDonough et. al., *Democratization,* 1998], *Democratization and Participation: Comparing Spain, Brazil, and Korea,* in: *Journal of Politics* 60 (4), November 1998, S. 919-953.

Melchers, I. [Melchers, Agrarreform, 2002], Agrarreform und Armutsbekämpfung in Brasilien, in: E+Z, Nr. 11, November 2002, S. 316-318. (https://www.inwent.org/E+Z/1997-2002/ez1102-9.htm, 5 Seiten, Zugriff: 24.06.2007)

Merkel, W./C., Aurel, Formale und informale Institutionen in defekten Demokratien, in: PVS, 2000, Heft 1, S. 3-30.

Moore, M., *Democracy and Development in Cross-National Perspective – A New Look at the Statistics,* in: *Democratization,* 2/2, 1995, S. 1-19.

Moura R.B. [Moura, *Constitution,* 1989], *The Brazilian Constitution of 1988,* in: Zeitschrift für ausländisches öffentliches Recht und Völkerrecht, Bd. 49/1, 1989, S. 61-86.

Müller, Anton P. [Müller, Brasilien, 1991], Zwischen Schuldenerlass und Staatsbankrott – Brasilien in der permanenten Zahlungskrise, in: APuZ, Nr. B39/91 (20.09.1991), S. 29-38.

Nohlen, D./Zilla, C. [Nohlen/Zilla, Cardoso, 2000], Fernando Henrique Cardoso – Abhängigkeit und Entwicklung in Lateinamerika, in: E+Z, 2000, S. 288-291.

_____ [Nohlen, Demokratie, 1988], Mehr Demokratie in der Dritten Welt? Über Demokratisierung und Konsolidierung der Demokratie in vergleichbarer Perspektive, in: APuZ, B25/26, 1988, S. 3-18.
_____ [Nohlen, Militärregime, 1986], Militärregime und Redemokratisierung in Lateinamerika, in: APuZ B9, 1986, S. 3-16.

_____ /Barrios, H. [Nohlen, Redemokratisierung, 1989], Redemokratisierung in Südamerika, in: APuZ B4, 1989, S. 3-25,

O`Donnell, G., *Delegative Democracy*, in: *Journal of Democracy*, Vol. 5, No.1, Januar 1994.

Onis, J. [Onis, *Brazil*, 1989], *Brazil on the Tightrope toward Democracy*, in: Foreign Affairs, 1989, 68 (4), S. 127-143.

Przeworski, A./Limongie F., *Modernization – Theories and Facts*, in: *World Politics*, 49, Januar 1997, S. 155-183.

Przeworski, A. et al., *What makes Democracies endure?*, in: *Journal of Democracy*, 7/1, 1996, S. 39-55.

Sangmeister, H. [Sangmeister, Reformpolitik, 1991], Reformpolitik in Lateinamerika – Chancen und Risiken des wirtschaftspolitischen Paradigmenwechsels, in: APuZ, 39/1991, S. 3-17.

Sangmeister, Hartmut [Sangmeister, Wirtschaftsreformen, 1993], Wirtschaftsreformen in Lateinamerika, in: APuZ, Nr.B12-13/93 (19.03.1993), S. 29-39.

Schedler, A. [Schedler, *Democratic Consolidation*, 2001], *Measuring Democratic Consolidation*, in: *Studies in Comarative International Development*, Frühling 2001, Vol. 36, Nr. 1, S. 66-92.

Schirm, S.A. [Schirm, Mercosur, 2002], Zielkonflikte, Wahrnehmungsprobleme und Institutionen im Mercosur, in: Lateinamerika Analysen 1 (1), 2002, S. 179-182.

Sives, A. [Sives, *Elites*, 1993], *Elites Behaviour and Corruption in the Consolidation of Democracy in Brazil*, in: *Parliamentary Affairs* 46 (4), 1993, S. 549-562.

Smallman, S.C., *Shady Business – Corruption in the Brazilian Army before 1954*, in: *Latin American Research Review*, Bd. 32/3, S. 39-62.

Ströh, C., Mikrofinanzen und Armutsbekämpfung in Lateinamerika: Ist Brasilien unter Lula ein Modell? Der Eintritt der Banken in den brasilianischen Mikrofinanzsektor, in: Lateinamerika: Analysen und Berichte, 13, Februar 2006, S. 121-147.

Treisman, D., *Cardoso, Menem, and Machiavelli: Political Tactics and Privatization in Latin America*, UCLA, in:
http://www.polisci.ucla.edu/faculty/treisman/card06.pdf (Zugriff: 20.07.2007)
(= *Studies in Comparative Development*, Herbst 2003, 38, S. 93-109.

Veja, 29.09.1988, S. 5-8: *Sarney parece Figureido*.

Weyland, K. [Weyland, Collor, 1993], *The Rise and Fall of President Collor and its Impact on Brazilian Democracy*, in: *Journal of International Studies and World Affairs*, 1993, 35, 1, S. 1-37.

Whitehead, L. [Whitehead, *Alternatives*, 1992], *The Alternatives to „Liberal Democracy": a Latin American Perpsective*, in: Held, D. (Hrsg.), *Prospects for Democracy*, in: *Political Studies* 40 (special issue), Oxford, 1992, S. 146-159.

Windfuhr, M. [Windfuhr, Ernährungssicherheit, 1997], Die Rolle des Agrarsektors –
Politische und rechtliche Rahmenbedingungen von Ernährungssicherheit, in:
Gabbert, Karin et al., Lateinamerika – Analysen und Berichte 21: Land und Freiheit,
1997, S. 17-32.

Internetquellen

ABIN, in:
http://en.wikipedia.org/wiki/Ag%C3%AAncia_Brasileira_de_Intelig%C3%AAncia
(Zugriff: 07.07.2007).

Brasilien 1889-1985 – Von der Ersten Republik bis zum Ende der Militärdiktatur,
Institut für Geschichte (Dr. Ursula Prutsch), Universität Wien, 2005, in:
http://www.lateinamerika-studien.at/content/geschichtepolitik/brasilien/brasilien-
90.html (Zugriff: 25.03.2007)

Brasilien - Bertelsmann-Transformation-Index 2006 (Deutsch und Englisch):
http://www.bertelsmann-transformation-index.de/110.0.html (Zugriff: 25.10.2006)

Brasilien – Bildungsstatistik (Stand: Juni 2006):
http://www.uis.unesco.org/profiles/EN/EDU/countryProfile_en.aspx?code=760,
Zugriff: 23.10.2006)

Brasilien – generelle Informationen: http://portal.unesco.org/geography/en/ev.php-
URL_ID=2491&URL_DO=DO_TOPIC&URL_SECTION=201.html
(Zugriff: 23.10.2006).

Brasilien – Karte:
- http://www.lib.utexas.edu/maps/americas/brazil.jpg, (Zugriff: 11.03.2007)

- http://de.wikipedia.org/wiki/Brasilien (Zugriff: 18.03.2007)

Brasilien – Wikipedia: http://de.wikipedia.org/wiki/Brasilien (Zugriff: 18.03.2007)

Brazil (Background Note), in: http://www.state.gov/r/pa/ei/bgn/35640.htm
(Zugriff: 25.02.2007)

BSA (Brazilian Student Association) – Internetliste (US Universitäten):
http://www.abep.org.uk/FAPEBE/recursos.html (Zugriff: 28.07.2007)

Bulletin und Bekanntmachungen der brasilianischen Botschaft, Berlin, in: (teilweise)
http://www.brasilianische-botschaft.de

„EU-Kommission schlägt engere Partnerschaft mit Brasilien vor" (Artikel vom 30.05.2007), in: http://www.finanzen.net/news/news_detail.asp?NewsNr=532156, (Zugriff: 02.06.2007).

Ibero-Analysen (Dokumente, Berichte und Analysen), in: Ibero-Amerikanisches Institut Preußischer Kulturbesitz, Berlin: http://www.ibero-analysen.de (Zugriff: 10.02.2007)

Latin American Studies Centers in the US/Canada/UK, in: http://www.umich.edu/~iinet/lacs/resources/centers1.htm (Zugriff: 24.07.2007)

PTB, in: http://pt.wikipedia.org/wiki/PTB (Zugriff: 15.08.2007).

Revista Fuerzas Armadas y Sociedad, Publikation von Flasco-Chile: http://www.fasoc.cl (Zugriff: 01.09.2007)

SNI, in: http://en.wikipedia.org/wiki/National_Intelligence_Service_of_Brazil (Zugriff: 07.07.2007).

UNjobs.org (Namendatenbank, geeignet für die Recherche zu Papers), in: http://unjobs.org/authors/peter-r.-kingstone (Zugriff; 20.07.2007)

UN-Weltdekade „Bildung für nachhaltige Entwicklung (2005-2014) - Einführung: http://www.dekade.org/sites/einfuehrung.htm (Zugriff: 23.10.2006).

Wikipedia:
- Mercosur, in: http://de.wikipedia.org/wiki/Mercosur (Zugriff: 12.03.2007).

Wichtige Internet-Adressen

http://www.mre.gov.br/ingles/politica_externa/discursos
(Außenministerium, Veröffentlichungen von Reden, Artikeln und Interviews)

www.brazil.gov.br (Bundesregierung)

www.camara.gov.br (Kongress)

www.senado.gov.br (Senat)

http://www.senado.gov.br/sf/legislacao/const/ (bras. Verfassung, 1988)

http://www.senado.gov.br/sf/legislacao/const/ (bras. Verfassung, 2007)

www.rau.edu.uy/mercosur (Mecosur-Homepage)

http://revistaepoca.globo.com (Epoca Online)

http://www.estado.com.br (Estado Online)

http://www.folha.uol.com.br (Folha Online)

http://vejaonline.abril.com.br/notitia/servlet/newstorm.ns.presentation.NavigationServl
et?publicationCode=1 (Veja Online)

Working Papers – Publications - Reports

Publications, Center for Strategic and Internatioanal Studies, in:
 http://www.csis.org/media/csis/pubs (Zugriff: 05.11.06)

Analysen – Kurzberichte etc, Friedrich-Ebert-Stiftung, Digitale Bibliothek (Brasilien),
in:
http://library.fes.de/cgi-
bin/populo/digbib.pl?f_RSW=brasilien&t_dirlink=x&sortierung=jab
(Zugriff: 19.08.2007)

Working Papers, The George Washington University – The Centre for Latin American
Issues (CLAI), Washington DC, in:
http://www.gwu.edu/~clai/working_papers/index.htm (Zugriff: 09.02.2007)

Working Papers, Harvard University – David Rockefeller Center for Latin American
Studies, Cambridge (MA), in:
http://drclas.fas.harvard.edu/index.pl/publications/working_papers
(Zugriff: 13.07.2007)

Working Papers – Publications - Reports, International Monetary Fund, Washington
DC, in:
http://www.imf.org/external/pubind.htm (Zugriff: 22.07.2007)

Working Papers, OECD – Economic Department, in:
http://www.olis.oecd.org/olis/2007doc.nsf
www.oecd.org/eco/Working_Papers (Zugriff: 05.03.2007)

Working Papers, Oxford University – Centre for Brazilian Studies (CBS), Oxford, in:
http://www.brazil.ox.ac.uk/papers.html (Zugriff: 09.02.2007)

Working Papers, Stanford University – Centre for International Development, in:
http://scid.stanford.edu/publications/latin_pubsList.html (Zugriff: 13.03.2007)

Working Papers, Universität Bielefeld – Transnationalisation and Development
Research Centre (TDRC), Bielefeld, in:
http://www.uni-bielefeld.de/tdrc/publications/publications_d.htm

Working Papers, University of California – Berkeley, Center for Latin American
Studies, Berkeley, in:
http://ist-socrates.berkeley.edu:7001/Publications/workingpapers/index.html
(Zugriff: 14.07.2007)

Working Papers, University of Notre Dame – Kellog Institute, Notre Dame (Indiana), in: http://kellogg.nd.edu/publications/workingpapers/WPS (Zugriff: 03.11.06)

Working Papers, Woodrow Wilson International Centre for Scholars - Latin American Program, Washington DC, in: http://www.wilsoncenter.org/index.cfm?fuseaction=publications.welcome (Zugriff: 05.03.2007)

Working Papers, Publications, Reports, The World Bank / World Bank Institute, Washington DC, in: http://www-wds.worldbank.org (Zugriff: 21.07.2007)

Verwendete Periodika

American Anthropologist

American Political Science Review

APuZ

Brennpunkt Lateinamerika (1990-2005, seit 2005 / Titel: GIGA-focus)

Bulletin of Latin American Research

Bulletin of Latin American Studies

Childhood

Comparative Political Studies

Comparative Politics

Current History

Dados

Die Zeit

The Economist

Electoral Studies

E+Z

FAZ

Folha de São Paulo

Foreign Affairs

FR

Freiburger Schriften zu Entwicklung und Politik

GIGA-focus / Lateinamerika (ehemaliger Titel: Brennpunkt Lateinamerika, 1990-2005)

Government and Opposition, Oxford

Harper`s Magazine

Hispanic American Historical Review

Ibero-Amerikanisches Archiv (Zeitschrift für Sozialwissenschaften und Geschichte)

Ibero-Analysen

INEF Report, Duisburg

Inter-American Economic Affairs

International Affairs Bulletin

Internationale Politik

Internationale Politik und Gesellschaft (FES/ehemals Vierteljahresberichte)

International Journal

International Labor and Working-Class History

International Social Science Journal

Istóe

Jahrbuch Dritte Welt

Journal of Democracy

Journal of Iberian and Latin American Studies

Journal of Interamerican Studies and World Affairs

Journal of Latin American Studies

Journal of Political & Military Sociology

Lateinamerika – Analysen und Berichte, Unkel/Bad Honnef (seit 1997)
(Gabbert, Karin et. al. (Hrsg.))

Lateinamerika: Analysen, Daten, Dokumentation, Hamburg (seit 1984)
Seit 1984 34 Hefte und 15 Beihefte (Stand: 2000)
Beiheft Nr. 15: Stabilisierung in Brasilien: Eine Zwischenbilanz des Plano Real
Nr. 16 (April 1991): Brasiliens Modernisierung unter Collor: ein politisch-
                     wirtschaftlicher Neubeginn?
Nr. 32 (Dezember 1996): Wirtschaftsreformen ohne Konsens? – Brasilien zur Halb-
zeit der Regierung Cardoso.

Lamounier, Bolivar, Demokratisierung und Reformen ohne politischen Pakt? – Zur
historischen Einordnung der Regierung Cardoso.
Nr. 40 (September 1999): Die Währungskrise in Brasilien – Globale Ursachen, lokale
                     Folgen?

Lateinamerika Jahrbuch, Frankfurt/M. (seit 1992)
(Bodemer, Klaus/Krumwiede, Heinrich-W./Nolte, Detlef/Sangmeister, Hartmut
(Hrsg.))

Latin American Politics and Society

Latin American Research Review

Münchner Merkur

Neue Zürcher Zeitung

NORD-SÜD aktuell

Parliamentary Affairs

Party Politics

Peripherie

Political Studies

Politische Vierteljahr(es)schrift

Publius

Revista de Ciência Politica

Revista Espagnola de Investigaciones Sociologicas

Revista Fuerzas Armadas y Sociedad

Strategic Insights

Studies in Comparative Development

Studies in Comarative International Development

Süddeutsche Zeitung

Third World Quarterly

Transit

Veja

Vierteiljahresberichte (FES / Fortsetzung: Internationale Politik und Gesellschaft)

Washington Quarterly

Welt am Sonntag

Welt Trends

World Development

World Policy Journal

World Politics

Abkürzungsverzeichnis

ABI	*Associação Brasileira de Impresa* - Brasilianische Pressevereinigung
ABIN	*Agência Brasileira de Inteligência* - Nationale Nachrichtendienst
ACDA	*Arms Control and Disarmament Agency*
ALCA	*Área de Livre Comercio das Américas* (Freihandelszone der Amerikas)
ANL	*Alianza Nacional Libertadora*
APuZ	Aus Politik und Zeitgeschichte
ARENA (später PDS)	*Aliança Renovadora Nacional* – Allianz der Nationalen Erneuerung Partei, 1965-79[i]
BMZ	Bundesministerium für wirtschaftliche Zusammenarbeit und Entwicklung
BIP	Bruttoinlandsprodukt
BSP	Bruttosozialprodukt
CEPAL	*Comisión Económica para América Latina y el Caribe* (Wirtschaftskommission der Vereinten Nationen für Lateinamerika und die Karibik[ii])
(auch ECLA genannt	*Economic Comission for Latine America*)
CHERI	*The Centre for Higher Education Research and Information*
CNBB	*Conferência Nacional dos Bispos do Brasil* - Brasilianische Bischofskonferenz
Cono Sur	gemeinsamer Markt des Südens
CONTAG	Nationaler Vereinigung der Agrararbeiter
CUT	*Central Unica dos Trabalhadores*
DOPS	Büro für politische und soziale Ordnung
GDP (=BIP)	Bruttoinlandsprodukt

FAZ   Frankfurter Allgemeine Zeitung

FES   Friedrich-Ebert-Stiftung

FR   Frankfurter Rundschau

GDP   BIP

GNP   BSP

HDW   Handbuch Dritte Welt

HRO   *Human Resources Development and Operations Policy*
                               (World Bank Working Papers Series)

INCRA   *Institutio Nacional de Colonização e Reforma Agrária*
                               (Nationalbehörde für Kolonisierung und Bodenreform)

IPEA   *Institute of Applied Economic Research*

ISI   importsubstitiuierte Industrialisierung

IUPERJ   *Instituto Universitário de Pesquisas do Rio de Janeiro*

IWF   Internationaler Währungsfonds

KAS   Konrad-Adenauer-Stiftung

MDB (später PMDB)   *Movimento Democrático Brasileiro*

MERCOSUR (Spanisch)   *Mercado Común del Cono Sur*
                               gemeinsamer Markt des Südens
MERCOSUL (Portug.)   *Mercado Comum do Sul*

MST   *Movimiento dos Sem Terra*

NRO   Nichtregierungsorganisation

OAB   *Ordem dos Advogados do Brasil*
                               - Brasilianische Rechtsanwaltsvereinigung

OECD   *Organisation for Economic Co-operation and
                               Development*

OPEC   *Organization of Petroleum Exporting Countries*

p.a.   *per anno*

PAN   *Partido Agrário Nacional*

PCB   *Partido Comunista Brasileiro*

PDC	*Partido Democrata Cristão* – Christlich Demokratische Partei
PDS (früher ARENA)	*Partido Democrático e Social* - Soziale und Demokratische Partei
PDT	*Partido Democrático Trabalhista* - Demokratische Partei des Trabalhismo
PFL	*Partido fa Frente Liberal* - Partei der Liberalen Front
PH	Humanistische Partei
PJ	Jugendpartei
PL	Liberale Partei
PMDB (früher MDB)	*Partido do Movimento Democrático Brasileiro* - Partei der demokratischen brasilianischen Bewegung
PMN	Nationale Mobilisierungspartei
PP`	*Partido Popular* – Volkspartei
PP``	*Partido Progressista* - Fortschrittspartei
PPB	*Partido Popular Brasileiro*
PPR	*Reformist Progressive Party*
PPS	*Partido Popular Sindicalista*
PPS	*Popular Socialist Party*
PRN	*Partido das Reconstrução Nacional / Partido de Renovação Nacional* - Partei der nationalen Erneuerung
PRS	Partei für Sozialreformen
PSB	*Partido Socialista Brasiliero –* (Brasilianische Sozialistische Partei)
PSC	Soziale Christliche Partei
PSD	Demokratische Soziale Partei
PSDB	*Partido da Social Democracia Brasileira* – Sozialdemokratische Partei Brasiliens

PST	Soziale Arbeitspartei
PT	*Partido Trabalhista / Partido dos Trabalhadores* - Arbeiterpartei
PTB	*Partido Trabalhista Brasileiro* - Brasilianische Partei des Trabalhismo
PTR	*Renovating Labour Party*
PV	*Partido Verde* Grüne Partei
SNI	*Serviço Nacional de Informações* - Nationaler Nachrichtendienst
UDN	*União Democrática Nacional* - Unionspartei
WP	Working Paper

Fremdwörter

abertura	die politische "Öffnung" durch das Militär
cassações	
linha branda	„weiche" Linie
linha dura	„harte" Linie

Parteien

Regimeunterstützende Parteien und Oppositionsparteien

<u>Regimeunterstützende Parteien</u>

- **ARENA** (ab 1979 **PDS**)
- *Partido Democrático Social* (**PDS**)
- *Partido da Frente Liberal* (**PFL**)
- Liberale Partei (**PL**)
- *Partido Trabalhista Brasileiro* (**PTB**)
- Partei der nationalen Erneuerung (**PRN**)
- Partei für Sozialreformen (**PRS**)
- Soziale Christliche Partei (**PSC**)
- *Partido Social Democrata* (**PSD**)
- Soziale Arbeitspartei (**PST**)
- Renovating Labour Party (**PTR**)

<u>Oppositionsparteien</u>

- **MDB** (später **PMDB**)
- *Partido Comunista Brasileiro* (**PCB**)
- *Partido Comunista do Brasil* (PC do B)
- *Partido Democrático Trabalhista* (**PDT**)
- *Partido do Movimento Democrático Brasileiro* (**PMDB**)
- Nationale Stadtpartei (**PMN**)
- *Popular Socialist Party* (**PPS**)
- *Partido Socialista Brasiliero* (**PSB**)
- Partei der Brasilianischen Sozialdemokratie (**PSDB**)
- *Partido Trabalhista* (**PT**)

Parteienspektrum und Politische Parteien Brasiliens[iii]

1945-1964

<u>Linkes Spektrum</u>

PCB   (1947 verboten)
PSB   (1946 von Abweichlern gegründet)

<u>Populistische Parteien</u>

PTB
PTN   (1945 gegründet)
PSP
PST   (1946 gegründet)
MTR

<u>Zentrum</u>

PSD
PDC

<u>Konservative Parteien</u>

UDN   (zweitgrößte Partei bis zu den Kongresswahlen 1962)
PL   (am stärksten in Rio Grande do Sul)
PR
PRP
PPS
PRT   (1950 gegründet)

1979-1993

<u>Links</u>

PC do B   (albanisch orientiert)
PT
PCB/PPS   (1992 in PPS umbenannt)
PSB

<u>Zentrum Links</u>

PDT
PSDB   (1988 von Abweichlern der PMDB gegründet)

<u>Zentrum</u>

PMDB   (1966 als offizielle Oppositionspartei von den Militärs gegründet)

<u>Zentrum Rechts</u>

PTB
PDC   (mit der PDS zur Gründung der PPR 1993 zusammengeschlossen)

<u>Rechts</u>

PL
PMN
PP
PRN
PRONA
PFL
PDS   (mit der PDC zur Gründung der PPR zusammengeschlossen)
PPR   (1993 aus dem Zusammenschluss von PDS und PDC gegründet)
PSC
PSD
PSDC
PSL
PST

Parteiengröße (Stand: Januar 1998)[iv]

<u>Große Parteien</u>

71,5 % des Kongresses bestehen (mit jeweils ca. 80 Abgeordneten) aus **PMDB**, **PFL**, **PPB** und **PSDB**.

<u>Mittelgroße Parteien</u>

Jeweils 20-50 Abgeordnete im Kongress mit 103 Abgeordneten (20,1%) und 12 Senatoren (14,8%): **PT**, **PTB** und **PDT** (Stand: Mitte 1996).

<u>Kleine Parteien</u>

1997 waren 9 kleine Parteien im Kongress vertreten: **PSB**, **PCB**, **PL**, **PSD**, **PSL**, **PPS**, **PMN**, **PSC** und **PV**

<u>Weitere kleine Parteien</u>

- *Partido Agrário Nacional* (**PAN**)

- *Partido Popular* (**PP`**, ehemals **PPB**)

- *Partido Progressista* (**PP``**)

- *Partido Popular Brasileiro* (**PPB,** später **PP`**)

- *Partido Popular Sindicalista* (**PPS**)

- **PRN**

- *National Order Restructuring Party* (**PRONA**)

- *Partido Republicano Progressista* (**PPS**)

- *Partido Republicano Progressista* (PRP)

- Christlich Soziale Demokratische Partei (**PSDC**)

- Soziale Liberale Partei (**PSL**)

- *Partido Social Progressista* (PSP, entstanden aus PRP/PPS/PAN)

- Brasilianische Arbeitspartei (**PTB**)

Regierungszeiten[v]

03.11.1930-29.10.1945	Getúlio Dornelles **Vargas**
1946-1951	General Gaspar **Dutra**
31.01.1951-24.08.1954	Getúlio Dornelles **Vargas**
24.08.1954-09.11.1955	João Café **Filho**

1955-1956	**Caretak**er
09.11.1955-11.11.1955	Carlos **Luz**
11.11.1955-31.01.1956	Nereu **Ramos**
31.01.1956-31.01.1961	Juscelino **Kubitschek**
31.01.1961-25.08.1961	Jânino **Quadros**
25.08.1961-08.09.1961	Ranieri **Mazzilli**
1961-1964	João **Goulart-Jango**
08.04.1964-15.03.1967	Marschall Humberto **de Alencar Castelo Branco**
15.03.1967-07.09.1969	Marechal Arthur **da Costa e Silva**
07.09.1969-30.10.1969	*Junta Militar*
	- General Aurélio **de Lira Tavares**
	- Almirante Augusto **Rademaker Grunewald**
	- Marschall Márcio **de Sousa de Melo**
30.10.1969-15.03.1974	General Emílio Garrastazu **Médici**
15.11.1974-15.03.1978	General Ernesto **Geisel**
15.03.1978 –03.01. 1985	General João Baptista de Oliveira **Figueiredo**
1979	João Baptista **Figueiredo** wird Präsident
15.01.1985	Tancredo **Neves** wird zum Präsidenten gewählt
15.03.1985-15.03.1990	José **Sarney**
15.03.1990-29.09.1992	Fernando **Collor de Mello**
29.09.1992-29.12.1992	Itamar **Franco**
02.10.1992-01.01.1995	Itamar **Franco**
01.01.1995-01.01.2003 04.10.1998	Fernando **Henrique Cardoso** Wiederwahl Cardosos
01.01.2003- Oktober 2006	Regierung Luis Inácio **da Silva** („Lula") Wiederwahl Lulas

Phasen des Systemwandels in Brasilien (nach Smith)[vi]

1900-29	oligarchisch
1930-45	nicht-demokratisch
1946-53	demokratisch
1954-55	nicht-demokratisch
1956-63	demokratisch
1964-84	nicht-demokratisch
1985-89	semi-demokratisch
1990-	demokratisch

---

[i] Hagopian, *Politics*, 1996, S. xvi.
[ii] Töpper/Müller-Plantenberg, Transformation, 1994, S. 7.
[iii] De Souza, *Reform*, 2004, S. iv. Vgl. auch Mainwaring, *Brazil*, 1995, S. 356 f.
[iv] Fleischer, *Parties*, 1998, S. 77.
[v] Dressel, Brasilien, 1995, S. 9.
[vi] Smith, *Democracy*, 2004, S. 33.